Die Beteiligung an einer Schlägerei (§ 231 StGB)

Schriften zum Strafrecht und Strafprozeßrecht

Herausgegeben von Manfred Maiwald

Band 82

PETER LANG
Frankfurt am Main · Berlin · Bern · Bruxelles · New York · Oxford · Wien

Matthias Saal

Die Beteiligung an einer Schlägerei (§ 231 StGB)

Ein Plädoyer für die Streichung der schweren Folge

PETER LANG
Europäischer Verlag der Wissenschaften

Bibliografische Information Der Deutschen Bibliothek
Die Deutsche Bibliothek verzeichnet diese Publikation in der Deutschen Nationalbibliografie; detaillierte bibliografische Daten sind im Internet über <http://dnb.ddb.de> abrufbar.

Zugl.: Bochum, Univ., Diss., 2004

D 294
ISSN 0938-6181
ISBN 3-631-53361-6

www.peterlang.de

Meinen Eltern

Vorwort

Die Arbeit hat im Sommersemester 2004 der Fakultät für Rechtswissenschaften der Ruhr-Universität Bochum als Dissertation vorgelegen. Rechtsprechung und Literatur sind bis Januar 2004 berücksichtigt worden.

Mein Dank gilt zunächst meinem akademischen Lehrer, Herrn Professor Dr. Ulrich Berz, für die jahrelange Unterstützung und Förderung, die ich als studentische Hilfskraft und später auch als wissenschaftlicher Mitarbeiter an seinem Lehrstuhl erfahren habe. Besonderen Dank bin ich meinem Doktorvater, Herrn Professor Dr. Gereon Wolters, schuldig, der die Fertigstellung der Dissertation durch seine freundliche Betreuung gefördert hat. Danken möchte ich ferner Herrn Professor Dr. Klaus Bernsmann für die zügige Erstellung des Zweitgutachtens und Herrn Professor Dr. Manfred Maiwald für die freundliche Aufnahme in die von ihm herausgegebene Schriftenreihe.

Dank gebührt außerdem meinem Bruder Dr. Martin Saal für wertvolle Ratschläge, Jörn vom Bruch für die Hilfestellung bei der Formatierung der Arbeit und besonders Agnes Piatkowski für intensives Korrekturlesen und ihren liebevollen Beistand während der Erstellung der Dissertation.

Danken möchte ich schließlich ausdrücklich meinen Eltern Marianne und Egon Saal für ihre jahrelange wohlwollende und großzügige Unterstützung. Ihnen ist diese Arbeit gewidmet.

Bochum, im August 2004 Matthias Saal

Inhaltsverzeichnis

Literaturverzeichnis

Arzt, Gunther / Weber, Ulrich	Strafrecht, Besonderer Teil, Bielefeld 2000 (zitiert: Arzt/Weber, BT)
Baumann, Jürgen / Weber, Ulrich / Mitsch, Wolfgang	Strafrecht, Allgemeiner Teil, 10. Auflage, Bielefeld 1995 (zitiert: Baumann/Weber/Mitsch, AT)
Beling, Ernst	Reichsstrafprozeßrecht, Berlin 1928 (zitiert: Beling, Reichstrafprozeßrecht)
Bemmann, Günter	Zur Frage der objektiven Bedingungen der Strafbarkeit, Göttingen 1957 (zitiert: Bemmann, Objektive Bedingungen der Strafbarkeit)
Berz, Ulrich	Grundlagen des Versuchsbeginns, Jura 1984, S. 511 ff.
ders.	Die entsprechende Anwendung von Vorschriften über die tätige Reue am Beispiel der Unternehmensdelikte, Festschrift für Stree, Walter und Wessels, Johannes, S. 331 ff., Heidelberg 1993 (zitiert: Berz, FS-Stree/Wessels)
ders.	Formelle Tatbestandsverwirklichung und materieller Rechtsgüterschutz, München 1986 (zitiert: Berz, Tatbestandsverwirklichung)

ders. | Zum Anwendungsbereich der „Angriffs"-Alternative des § 231 StGB, Bochumer Beiträge zu aktuellen Strafrechtsthemen, Vorträge anlässlich des Symposiums zum 70. Geburtstag von Gerd Geilen, S. 17 ff., Köln 2003 (zitiert: Berz, Bochumer Beiträge)

Beulke, Werner | Strafprozeßrecht, 6. Auflage, Heidelberg 2002 (zitiert: Beulke, StPO)

Birkhahn, Raimund | Teilnahme nach Eintritt der schweren Folge?, MDR 1962, S. 625 ff.

Bohnert, Joachim | Die Abstraktheit der abstrakten Gefährdungsdelikte – BGH, NJW 1982, 2329, JuS 1984, S. 182 ff.

Dreher, Eduard | Das Dritte Strafrechtsänderungsgesetz, JZ 1953, S. 421 ff.

Eisele, Jörg | Die „unverschuldete" Beteiligung an einer Schlägerei, ZStW 110 (1998), S. 69 ff.

ders. | Zur Bedeutung des § 231 II StGB nach dem 6. Strafrechtsreformgesetz, JR 2001, S. 270 ff.

ders. | Anmerkung zu BGH, Urt. v. 22.11.2000 – 3 StR 331/00, NStZ 2001, S. 416 ff.

Engländer, Armin | Vorwerfbare Notwehrprovokation: Strafbarkeit wegen fahrlässiger Tötung aufgrund rechtswidrigen Vorverhaltens trotz gerechtfertigten Handelns?, Jura 2001, S. 534 ff.

Eser, Albin | Juristischer Studienkurs, Strafrecht III,
2. Auflage, München 1981
(zitiert: Eser, Studienkurs III)

Feuerbach, Paul Johann Anselm | Lehrbuch des gemeinen in Deutschland gültigen peinlichen Rechts,
13. Auflage, Gießen 1840
(zitiert: Feuerbach)

Frank, Reinhard | Das Strafgesetzbuch für das Deutsche Reich,
18. Auflage, Tübingen 1931
(zitiert: Frank)

Freund, Georg | Der Entwurf eines 6. Gesetzes zur Reform des Strafrechts,
ZStW 109 (1997), S. 455 ff.

Frister, Helmut | Schuldprinzip, Verbot der Verdachtsstrafe und Unschuldsvermutung als materielle Grundprinzipien des Strafrechts,
Berlin 1988
(zitiert: Frister, Schuldprinzip)

Geilen, Gerd | Strafrecht, Allgemeiner Teil,
5. Auflage, Bochum 1980
(zitiert: Geilen, AT)

Geisler, Claudius | Objektive Strafbarkeitsbedingungen und „Abzugsthese" – Methodologische Vorüberlegungen zur Vereinbarkeit objektiver Strafbarkeitsbedingungen mit dem Schuldprinzip –,
GA 2000, S. 166 ff.

ders. | Zur Vereinbarkeit objektiver Bedingungen der Strafbarkeit mit dem Schuldprinzip – Zugleich ein Beitrag zum Freiheitsbegriff des modernen Schuldstrafrechts,
Berlin 1998
(zitiert: Geisler, Objektive Bedingungen der Strafbarkeit)

Geppert, Klaus Jura-Kartei (JK) 1994, StGB § 227/1, Strafbare Beteiligung am Raufhandel bei Tötung eines Kontrahenten in Notwehr
(zitiert: Geppert, JK 94, StGB § 227/1)

Gloede, Wolfram Der Raufhandel im geltenden Recht und im Entwurf eines Strafgesetzbuches (StGB) E 1962, Berlin 1967
(zitiert: Gloede, Raufhandel)

Goltdammer, Theodor Die Materialien zum Strafgesetzbuch für die Preußischen Staaten, Theil II, Berlin 1852
(zitiert: Goltdammer, Materialien)

Gottwald, Stefan Die objektive Bedingung der Strafbarkeit, JA 1998, S. 771 ff.

Gropp, Walter Strafrecht, Allgemeiner Teil, 2. Auflage, Berlin, Heidelberg, New York 2001
(zitiert: Gropp, AT)

Günther, Hans-Ludwig Anmerkung zu BGH, Urt. v. 20.12.1984 – 4 StR 679/84, JZ 1985, S. 585 ff.

Günther, Louis Über die Hauptstadien der geschichtlichen Entwicklung des Verbrechens der Körperverletzung und seiner Bestrafung, Erlangen 1884
(zitiert: L. Günther, Hauptstadien)

Hansen, Erhard Der Raufhandel im geltenden Reichsstrafrecht (§ 227 St.G.B.) und in den neueren Strafgesetzentwürfen, Kiel 1934
(zitiert: Hansen, Raufhandel)

Hardtung, Bernhard Anmerkung zu BGH, Urt. v. 9.10.2002 – 5 StR 42/02, NStZ 2003, S. 261 ff.

Hassemer, Winfried	Anmerkung zu BGH, Urt. v. 20.12.1984 – 4 StR 679/84, JuS 1985, S. 485 ff.
Hassemer, Winfried / Lüderssen, Klaus / Naucke, Wolfgang	Hauptprobleme der Generalprävention, Frankfurt a. M. 1979 (zitiert: Hassemer/Lüderssen/Naucke, Hauptprobleme)
Heger, Martin	Anmerkung zu BGH, Urt. v. 9.10.2002 – 5 StR 42/02, JA 2003, S. 455 ff.
Henke, Marga	Beteiligung an einer Schlägerei (§ 227 StGB) – BGH NJW 1985, 871 = MDR 1985, 334 –, Jura 1985, S. 585 ff.
Hirsch, Hans Joachim	Hauptprobleme einer Reform der Delikte gegen die körperliche Unversehrtheit, ZStW 83 (1971), S. 140 ff.
Hohmann, Olaf / Sander, Günther M.	Strafrecht, Besonderer Teil II, Delikte gegen die Person und gegen die Allgemeinheit, München 2000 (zitiert: Hohmann/Sander, BT II)
Horn, Eckard	Konkrete Gefährdungsdelikte, Köln 1973 (zitiert: Horn, Konkrete Gefährdungsdelikte)
Hund, Horst	Beteiligung an einer Schlägerei – Ein entbehrlicher Straftatbestand?, Mainz 1988 (zitiert: Hund, Beteiligung an einer Schlägerei)
Jäger, Christian	Die Delikte gegen Leben und körperliche Unversehrtheit nach dem 6. Strafrechtsreformgesetz – Ein Leitfaden für Studium und Praxis, JuS 2000, S. 31 ff.

Jakobs, Günther — Strafrecht, Allgemeiner Teil, Die Grundlagen und die Zurechnungslehre, 2. Auflage, Berlin, New York 1991 (zitiert: Jakobs, AT)

Jarass, Hans D. / Pieroth, Bodo — Grundgesetz für die Bundesrepublik Deutschland, 6. Auflage, München 2002 (zitiert: Jarass/Pieroth)

Jescheck, Hans-Heinrich / Weigend, Thomas — Lehrbuch des Strafrechts, Allgemeiner Teil, 5. Auflage, Berlin 1996 (zitiert: Jescheck/Weigend, AT)

Joecks, Wolfgang — Studienkommentar StGB, 4. Auflage, München 2003 (zitiert: Joecks)

Jung, Heike — Anmerkung zu BGH, Urt. v. 24.8.1993 – 1 StR 380/93, JuS 1994, S. 263 ff.

Karlsruher Kommentar — Strafprozeßordnung, Gerichtsverfassungsgesetz, Hrsg.: Pfeiffer, Gerd, 5. Auflage, München 2003 (zitiert: KK-*Bearbeiter*)

Kindhäuser, Urs — Strafgesetzbuch, Lehr- und Praxiskommentar, Baden-Baden 2002 (zitiert: Kindhäuser)

ders. — Lehrbuch des Strafrechts, Besonderer Teil I, Straftaten gegen Persönlichkeitsrechte, Staat und Gesellschaft, Baden-Baden 2003 (zitiert: Kindhäuser, BT I)

KMR — Loseblattsammlung zur Strafprozeßordnung, Hrsg.: Fezer, Gerhard u.a., Stand: 35. Lieferung (März 2003), Neuwied 2003 (zitiert: KMR-*Bearbeiter*)

Kratzsch, Dietrich Verhaltenssteuerung und Organisation im Strafrecht,
Berlin 1985
(zitiert: Kratzsch, Verhaltenssteuerung)

Kretschmer, Joachim „Ein folgenschweres letztes Bier“, Übungsklausur Strafrecht,
Jura 1998, S. 244 ff.

Krey, Volker Strafrecht, Besonderer Teil, Band 1, Besonderer Teil ohne Vermögensdelikte,
12. Auflage, Stuttgart 2002
(zitiert: Krey, BT 1)

Kriegsmann, N. Hermann Mittäterschaft und Raufhandel seit Feuerbach, Strafrechtliche Abhandlungen, Heft 80,
Breslau 1907
(zitiert: Kriegsmann, Mittäterschaft und Raufhandel)

Kühl, Kristian Strafrecht, Allgemeiner Teil,
4. Auflage, München 2002
(zitiert: Kühl, AT)

ders. Anmerkung zu BGH, Urt. v. 9.10.2002 – 5 StR 42/02,
JZ 2003, S. 637 ff.

Kühne, Hans-Heiner Strafprozeßrecht,
6. Auflage, Heidelberg 2003
(zitiert: Kühne, StPO)

Küper, Wilfried Strafrecht, Besonderer Teil, Definitionen mit Erläuterungen,
5. Auflage, Heidelberg 2002
(zitiert: Küper, BT)

Kuhlen, Lothar / Roth, Frank „Der praktische Fall – Strafrecht: Ein Experiment in der U-Bahn“, Übungsklausur Strafrecht,
JuS 1995, S. 711 ff.

Lackner, Karl / Kühl, Kristian
Strafgesetzbuch mit Erläuterungen,
24. Auflage, München 2001
(zitiert: Lackner/Kühl)

Lampe, Ernst-Joachim
Gefährliche Körperverletzung und körperliche Gefährdung,
ZStW 83 (1971), S. 177 ff.

Laue, Christian
Ist der erfolgsqualifizierte Versuch einer Körperverletzung mit Todesfolge möglich? – BGH, NJW 2003, 150,
JuS 2003, S. 743 ff.

Leipziger Kommentar
Kommentar zum Strafgesetzbuch,
Hrsg.: Jähnke, Burkhard u.a.,
11. Auflage, Berlin, New York 1992-2003
(zitiert: LK-*Bearbeiter*)

Lesch, Heiko H.
Das Sechste Gesetz zur Reform des Strafrechts (6. StrRG),
JA 1998, S. 474 ff.

Lilie, Hans / Teyssen, Johannes
„Wirtshauskrach und blutige Rache“,
Übungsklausur Strafrecht,
JuS 1985, S. 297 ff.

Löffler, Alexander
Die Schlägerei, Vergleichende Darstellungen des Deutschen und Ausländischen Strafrechts,
Besonderer Teil, Band 5, S. 311 ff.
Berlin 1905
(zitiert: Löffler, Die Schlägerei)

Longard, Leonhard
Der Raufhandel (§ 227) im geltenden Recht und in den Vorentwürfen,
Heidelberg 1912
(zitiert: Longard, Raufhandel)

Marti, Robert
Der Raufhandel mit Berücksichtigung des Französ. und Schweizer. Rechts,
Bern 1891
(zitiert: Marti, Raufhandel)

Maurach, Reinhart	Strafrecht, Allgemeiner Teil, Heidelberg 1956 (zitiert: Maurach, AT)
Maurach, Reinhard / Schroeder, Friedrich-Christian / Maiwald, Manfred	Strafrecht, Besonderer Teil, Teilband 1, Straftaten gegen Persönlichkeits- und Vermögenswerte, 9. Auflage, Heidelberg 2003 (zitiert: Maurach/Schroeder/Maiwald, BT 1)
Mayer, Hellmuth	Das Strafrecht des Deutschen Volkes, Stuttgart 1936 (zitiert: Mayer)
Meyer-Goßner, Lutz	Strafprozessordnung, 46. Auflage, München 2003 (zitiert: Meyer-Goßner)
Montenbruck, Axel	Zur „Beteiligung an einer Schlägerei" – zugleich ein Beitrag zur gebotenen restriktiven Auslegung der Tateinheit gem. § 52 StGB –, JR 1986, S. 138 ff.
Münchener Kommentar StGB	Münchener Kommentar zum Strafgesetzbuch, Band 3, §§ 185-262 StGB, Hrsg.: Miebach, Klaus; Sander Günther M., München 2003 (zitiert: MüKo-*Bearbeiter*)
Naucke, Wolfgang	Strafrecht, Eine Einführung, 9. Auflage, Neuwied 2000 (zitiert: Naucke)
Nomos-Kommentar	Kommentar zum Strafgesetzbuch, Hrsg.: Puppe, Ingeborg u.a., Stand: 13. Lieferung (März 2003), Baden-Baden 2003 (zitiert: NK-*Bearbeiter*)
Oetker, Friedrich	Durchbrechung des Schuldprinzips, GS 100 (1931), S. 29 ff.

Otto, Harro	Grundkurs Strafrecht, Die einzelnen Delikte, 6. Auflage, Berlin, New York 2002 (zitiert: Otto, BT)
Pfeiffer, Gerd	Strafprozessordnung, Gerichtsverfassungsgesetz, 4. Auflage, München 2002 (zitiert: Pfeiffer)
Pfeiffer, Gerd / Maul, Heinrich / Schulte, Benno	Strafgesetzbuch, Kommentar, Essen 1969 (zitiert: Pfeiffer/Maul/Schulte)
Puppe, Ingeborg	Anmerkung zu BGH, Urt. v. 9.10.2002 – 5 StR 42/02, JR 2003, S. 123 ff.
Regendanz, Wilhelm	Beiträge zur Lehre von der Beteiligung am gefährlichen Raufhandel, Tübingen 1906 (zitiert: Regendanz, Raufhandel)
Rengier, Rudolf	Strafrecht, Besonderer Teil II, Delikte gegen die Person und die Allgemeinheit, 5. Auflage, München 2003 (zitiert: Rengier, BT 2)
ders.	Die Reform und Nicht-Reform der Körperverletzungsdelikte durch das 6. Strafrechtsreformgesetz, ZStW 111 (1999), S. 1 ff.
ders.	Gedanken zur Problematik der objektiven Zurechnung im Besonderen Teil des Strafrechts, Festschrift für Roxin, Claus zum 70. Geburtstag, S. 811 ff., Berlin, New York 2001 (zitiert: Rengier, FS-Roxin)
Reuter, Rudolf	Der Raufhandel im deutschen Reichsstrafgesetzbuch, Breslau 1899 (zitiert: Reuter, Der Raufhandel)

Rittler, Theodor — Der Grundsatz der Schuldhaftung und die objektiven Bedingungen der Strafbarkeit,
ÖstrZStr, Jahrgang 8 (1918-1920), S. 323 ff.

Rönnau, Thomas / Bröckers, Kurt — Die objektive Strafbarkeitsbedingung im Rahmen des § 227 StGB,
GA 1995, S. 549 ff.

Roxin, Claus — Strafrecht, Allgemeiner Teil, Band I,
Grundlagen, Aufbau der Verbrechenslehre,
3. Auflage, München 1997
(zitiert: Roxin, AT I)

ders. — Strafrecht, Allgemeiner Teil, Band II,
Besondere Erscheinungsformen der Straftat,
München 2003
(zitiert: Roxin, AT II)

ders. — Strafverfahrensrecht,
25. Auflage, München 1998
(zitiert: Roxin, StPO)

ders. — Tatentschluß und Anfang der Ausführung beim Versuch,
JuS 1979, S. 1 ff.

ders. — Anmerkung zu BGH, Urt. v. 22.11.2000 – 3 StR 331/00,
JZ 2001, S. 667 ff.

Sachs — Grundgesetz, Kommentar,
Hrsg.: Sachs, Michael,
3. Auflage, München 2003
(zitiert: Sachs-*Bearbeiter*)

Schlüchter, Ellen — Kernwissen Strafprozeßrecht,
3. Auflage, Thüngersheim, Frankfurt a. M. 1999
(zitiert: Schlüchter, StPO)

dies. — Strafrecht, Allgemeiner Teil in aller Kürze,
3. Auflage, Thüngersheim, Frankfurt a. M. 2000
(zitiert: Schlüchter, AT)

Schmidhäuser, Eberhard	Strafrecht, Besonderer Teil, 2. Auflage, Tübingen 1983 (zitiert: Schmidhäuser, BT)
ders.	Objektive Strafbarkeitsbedingungen, ZStW 1971 (1959), S. 545 ff.
Schnaidt, Christof	Die objektiven Bedingungen der Strafbarkeit, Tübingen 1949 (zitiert: Schnaidt, Objektive Bedingungen der Strafbarkeit)
Schönke / Schröder	Strafgesetzbuch, 26. Auflage, München 2001 (zitiert: Sch/Sch-*Bearbeiter*)
Schönke / Schröder	Strafgesetzbuch, 21. Auflage, München 1982 (zitiert: Sch/Sch-*Bearbeiter*, 21. Aufl.)
Schönke / Schröder	Strafgesetzbuch, 16. Auflage, München 1972 (zitiert: Sch/Sch, 16. Aufl.)
Schröder, Horst	Die Gefährdungsdelikte im Strafrecht, ZStW 81 (1969), S. 7 ff.
ders.	Abstrakt-konkrete Gefährdungsdelikte, JZ 1967, S. 522 ff.
Schulz, Joachim	Anmerkung zu BGH, Urt. v. 20.12.1984 – 4 StR 679/84, StV 1986, S. 250 f.
Schumacher, Henning	Bochumer Erläuterungen zum 6. Strafrechtsreformgesetz, Hrsg.: Schlüchter, Ellen, Thüngersheim, Frankfurt a. M. 1998 (zitiert: Schumacher, Bochumer Erläuterungen)

Schumacher, Willi Gruppendynamik und Strafrecht – Ein Beitrag zur Integration von Strafrecht und empirischer Wissenschaft,
NJW 1980, S. 1880 ff.

ders. Gruppendynamik und strafrechtliche Schuldfähigkeit,
StV 1993, S. 549 ff.

Schwind, Hans-Dieter „Rationale" Kriminalpolitik als Zukunftsaufgabe,
Festschrift für Blau, Günter zum 70. Geburtstag, S. 573 ff.,
Berlin, New York 1985
(zitiert: Schwind, FS-Blau)

ders. Kriminologie,
13. Auflage, Heidelberg 2003
(zitiert: Schwind, Kriminologie)

Seitz, Helmut Anmerkung zu BGH, Urt. v. 24.8.1993 – 1 StR 380/93,
NStZ 1994, S. 184 ff.

Sowada, Christoph Die „Gubener Hetzjagd": Versuchte Körperverletzung mit Todesfolge,
Jura 2003, S. 549 ff.

Stächelin, Gregor Das 6. Strafrechtsreformgesetz – Vom Streben nach Harmonie, großen Reformen und höheren Strafen,
StV 1998, S. 98 ff.

Stratenwerth, Günter Strafrecht, Allgemeiner Teil I, Die Straftat,
4. Auflage, Köln, Berlin, Bonn, München 2000
(zitiert: Stratenwerth, AT)

Stree, Walter Anmerkung zu BGH, Urt. v. 24.8.1993 – 1 StR 380/93,
JR 1994, S. 370 f.

ders.	Objektive Bedingungen der Strafbarkeit, JuS 1965, S. 465 ff.
ders.	Probleme des Schlägereitatbestandes, Festschrift für Schmitt, Rudolf zum 70. Geburtstag, S. 215 ff., Berlin, New York 1992 (zitiert: Stree, FS-Schmitt)
ders.	Beteiligung an einer Schlägerei – BGHSt 16, 130, JuS 1962, S. 93 ff.
Streng, Franz	Schuld, Vergeltung, Generalprävention, ZStW 92 (1980), S. 637 ff.
Strenger, Friedrich Wilhelm	Das Raufhandelsdelikt des § 227 R.St.G.B. und seine Berücksichtigung in den Entwürfen, Erlangen 1930 (zitiert: Strenger, Raufhandel)
Systematischer Kommentar zum Strafgesetzbuch	Kommentar zum Strafgesetzbuch, Hrsg.: Rudolphi, Hans-Joachim u.a., Stand: AT: 38. Lieferung (April 2003), BT: 57. Lieferung (August 2003) Neuwied 2003 (zitiert: SK-*Bearbeiter*)
Systematischer Kommentar zur Strafprozeßordnung	Kommentar zur Strafprozessordnung und zum Gerichtsverfassungsgesetz, Hrsg.: Rudolphi, Hans-Joachim u.a., Stand: 20. Lieferung (Oktober 1999), Neuwied 1999 (zitiert: SK-StPO-*Bearbeiter*)
Tröndle. Herbert / Fischer, Thomas	Strafgesetzbuch und Nebengesetze, 51. Auflage, München 2003 (zitiert: Tröndle/Fischer)
Tröndle, Herbert / Fischer, Thomas	Strafgesetzbuch und Nebengesetze, 50. Auflage, München 2001 (zitiert: Tröndle/Fischer, 50. Aufl.)

Wagner, Heinz
Anmerkung zu BGH, Urt. v. 24.8.1993 – 1 StR 380/93,
JuS 1995, S. 296 ff.

Wallschläger, René
Die Körperverletzungsdelikte nach dem 6. Strafrechtsreformgesetz,
JA 2002, S. 390 ff.

Welzel, Hans
Das Deutsche Strafrecht,
11. Auflage, Berlin 1969
(zitiert: Welzel)

Wessels, Johannes / Beulke, Werner
Strafrecht, Allgemeiner Teil,
Die Straftat und ihr Aufbau,
33. Auflage, Heidelberg 2003
(zitiert: Wessels/Beulke, AT)

Wessels, Johannes / Hettinger, Michael
Strafrecht, Besonderer Teil / 1,
Straftaten gegen Persönlichkeits- und Gemeinschaftswerte,
27. Auflage, Heidelberg 2003
(zitiert: Wessels/Hettinger, BT 1)

Wolters, Gereon
Die Neufassung der Körperverletzungsdelikte,
JuS 1998, S. 582 ff.

Zopfs, Jan
Die „schwere Folge" bei der Schlägerei (§ 231 StGB),
Jura 1999, S. 172 ff.

Quellenverzeichnis

- Alternativ-Entwurf eines Strafgesetzbuches, Besonderer Teil, Straftaten gegen die Person, Halbband 1, Tübingen 1970 (zitiert: Begründung zum AE)

- Bundestagsdrucksachen zum Sechsten Gesetz zur Reform des Strafrechts (6. StrRG) (zitiert: BT-Drucks.)

- Das Criminalgesetzbuch für das Herzogthum Braunschweig, nebst den Motiven der Herzogl. Landesregierung und Erläuterungen aus den ständischen Verhandlungen, Braunschweig 1840 (zitiert: Criminalgesetzbuch für das Herzogthum Braunschweig)

- Entwurf eines Strafgesetzbuches (StGB) E 1962 (mit Begründung) (zitiert: Begründung zum E 1962)

- Niederschriften über die Sitzungen der Großen Strafrechtskommission, 14 Bände, 1956-1960 (zitiert: Niederschriften, Bd.)

- Verhandlungen der Ersten und Zweiten Kammer über die Entwürfe des Strafgesetzbuchs für die Preußischen Staaten und des Gesetzes über die Einführung desselben vom 10. Dezember 1850, Berlin 1851 (zitiert: Verhandlungen)

Erster Teil: Einleitung

„Mitgerauft, mitbestraft"[1]. Durch diese – von *Maurach* begründete[2] – schlagwortartige Formulierung brachte der Bundesgerichtshof schon 1967 prägnant den Deliktscharakter zum Ausdruck, den er dem damaligen § 227 StGB zuschrieb und den er bis heute seinen Entscheidungen zugrunde legt: Jeder an einer folgenschweren Schlägerei Beteiligte wird schon allein wegen dieser Beteiligung bestraft, auch wenn er zum Eintritt des Schlägereierfolges nicht selbst beigetragen hat.

Der frühere § 227 StGB entspricht dem heutigen § 231 StGB, der 1998 durch das 6. Strafrechtsreformgesetz seine jetzige Fassung erhielt[3]. § 231 StGB stellt denjenigen Täter unter Strafe, der sich vorsätzlich an einer Schlägerei oder an einem von mehreren verübten Angriff beteiligt, wenn durch die Schlägerei oder den Angriff der Tod eines Menschen oder eine schwere Körperverletzung im Sinne des § 226 StGB verursacht wird. Die Verbotsnorm, deren Übertretung geahndet wird, lautet: „Du sollst dich nicht an einem Raufhandel[4] beteiligen". Zugleich macht das Gesetz aber eine Einschränkung in der folgenden Weise: „Du wirst nur dann bestraft, wenn aus dem Geschehen der Tod eines Menschen oder eine schwere Körperverletzung hervorgegangen ist".

§ 231 StGB lautet[5]:

> **„(1) Wer sich an einer Schlägerei oder an einem von mehreren verübten Angriff beteiligt, wird schon wegen dieser Beteiligung mit Freiheitsstrafe bis zu drei Jahren oder mit Geldstrafe bestraft, wenn durch die Schlägerei oder den Angriff der Tod eines Menschen oder eine schwere Körperverletzung (§ 226) verursacht worden ist.**
>
> **(2) Nach Absatz 1 ist nicht strafbar, wer an der Schlägerei oder dem Angriff beteiligt war, ohne daß ihm dies vorzuwerfen ist".**

Auf den ersten Blick erscheint es verwunderlich, dass von § 231 StGB Handlungen erfasst werden, die bereits in anderen Vorschriften sanktioniert werden.

---

[1] BGH 1 StR 162/67 v. 23.05.67 bei *Pfeiffer/Maul/Schulte*, § 227 Anm. 1.

[2] *Maurach*, AT, S. 89.

[3] Um unnötige Verständnisschwierigkeiten zu vermeiden, soll im Folgenden überall dort, wo noch von § 227 StGB gesprochen wird, nunmehr von § 231 StGB ausgegangen werden.

[4] Der – anscheinend – veraltete Begriff „Raufhandel" soll in der folgenden Untersuchung für die Tatbestandsmerkmale „Schlägerei" und „Angriff mehrerer" verwendet werden.

[5] Fassung des 6. StrRG vom 26.01.1998 (BGBl. I S. 164).

Die Tötung eines anderen Menschen wird nach den §§ 211 ff. StGB, der schwere Körperverletzungserfolg gemäß § 226 StGB bestraft. Die Beteiligungshandlung als solche wird in der Regel durch das Zuschlagen oder Zutreten den Tatbestand der einfachen – möglicherweise auch nach § 224 StGB qualifizierten – Körperverletzung (§ 223 StGB) erfüllen. Somit stellt sich schon unter diesem Gesichtspunkt die hier zu diskutierende Frage, welchen Sinn der § 231 StGB im strafrechtlichen Gesamtgefüge beziehungsweise innerhalb der Delikte gegen die körperliche Unversehrtheit im Speziellen einnehmen soll, wenn doch bereits die einzelnen hierin normierten Handlungen unter Strafe gestellt sind.

A. Bedeutung des § 231 StGB in der Rechtspraxis

Alle Verurteilungen, in denen §§ 223, 224 StGB mit der Beteiligung an einer Schlägerei konkurrieren, werden in der polizeilichen Kriminalstatistik nicht unter § 231 StGB ausgewiesen, sondern unter dem jeweiligen Körperverletzungsdelikt. Selbst wenn lediglich eine Teilnahme an §§ 223, 224 StGB oder ein Versuch der gefährlichen Körperverletzung vorliegt, wird § 231 StGB nicht aufgeführt. Somit ergibt sich, dass derjenige, der in der polizeilichen Kriminalstatistik unter § 231 StGB aufgeführt wird, im selben Urteil nicht wegen §§ 223 ff. StGB verurteilt worden ist, was höchst selten der Fall ist. Leider legt die polizeiliche Kriminalstatistik die Körperverletzungsdelikte in einer Rubrik zusammen, so dass an dieser Stelle genaue Zahlen nicht genannt werden können. Dies mahnt schon zu Zurückhaltung bei der Argumentation mit der Strafverfolgungsstatistik[6]. Verwiesen werden kann auf die bei *Hund* aufgeführten älteren Zahlen[7].

Insgesamt kommt dem § 231 StGB in der Rechtspraxis eine eher geringe Bedeutung zu. Dies lässt sich natürlich darauf zurückführen, dass zumeist wegen der tateinheitlich begangenen Körperverletzungsdelikte verurteilt wird. Schließlich werden letztendlich doch nur diejenigen Beteiligten an einer Schlägerei verurteilt, die zum Eintritt des Todes oder der schweren Körperverletzung unmittelbar beigetragen haben. Gerade diesen Tätern kann man dann aber zumeist auch ein Körperverletzungs- beziehungsweise Tötungsdelikt nachweisen.

Untersucht man die Frage nach der praktischen Bedeutung des § 231 StGB, darf hingegen nicht verkannt werden, dass die Anzahl von Schlägereien keineswegs in den letzten Jahren abgenommen hat. Tatsächlich steigt die Bedeutung der Angriffsmodalität. Viel zu häufig ist bis in die jüngste Zeit von Attacken oder Überfällen rechtsradikaler Jugendlicher oder Heranwachsender auf Ausländer zu

---

[6] *Seitz*, NStZ 1994, 185 (186).

[7] *Hund*, Beteiligung an einer Schlägerei (1988), S. 133.

hören, die strafrechtlich durchaus von § 231 StGB erfasst werden könnten[8]. Die Praxis sieht hierfür aber zumeist keinerlei Bedürfnis, da an sich die Körperverletzungsdelikte der §§ 223 ff. StGB ausreichen, um die notwendigen Sanktionen auszulösen.

Trotzdem greifen die Körperverletzungsdelikte bei weitem nicht bei jeder Schlägerei. Die Unübersichtlichkeit der Tatbeiträge bei einer Schlägerei bereitet erhebliche Beweisschwierigkeiten bei strafrechtlichen Ermittlungen[9]. Der Versuch, die Urheber bestimmter folgenschwerer Verletzungen zu ermitteln, scheitert häufig daran, dass sich im Laufe einer Schlägerei Angriffe, Verteidigungshandlungen und Gegenangriffe rasch abwechseln. Im Rahmen einer unübersichtlichen, nicht selten tumultartigen Auseinandersetzung besteht also die unüberwindliche Schwierigkeit, das anteilige Mitwirken der Beteiligten zu isolieren. So kann als Ergebnis der polizeilichen Ermittlungen oftmals nur festgestellt werden, dass aus der Schlägerei oder dem Angriff mehrerer eine schwere Folge hervorgegangen ist. Der Rechtsanwender kann sich in solchen Fällen nicht auf die Vorschrift des § 25 Abs. 2 StGB berufen, da es im Rahmen eines Raufhandels regelmäßig an einer gemeinsamen Tatverabredung fehlt. Wie *Kriegsmann* bereits 1907 trefflich feststellte, kennt das geltende Strafrecht keine über die Grundsätze der Mittäterschaft hinausgehende „Solidarhaftung", mit deren Hilfe man die vorliegenden Beweisschwierigkeiten bei Schlägereien überwinden könnte[10].

Folglich kann ein Tatbestand, der sich mit einer solchen Auseinandersetzung befasst, nur einen Gesamtvorgang strafrechtlich würdigen; die Aufspaltung in die einzelnen Angriffs- und Verteidigungshandlungen würde nicht hinreichend rekonstruierbar sein. Durch die Schaffung des Schlägereitatbestandes sollte also vermieden werden, dass mangels einer hinreichenden Aufklärungsmöglichkeit der untragbare und schadenstiftende Vorfall ungeahndet bleibt[11].

B. Die Bedeutung des § 231 StGB in der Rechtslehre

Arzt und *Weber* nennen § 231 StGB einen „Sondertatbestand"[12]. Schon hieraus und vor allem aus der Tatsache, dass die Lehrbuchausführungen zur Beteiligung an einer Schlägerei erfahrungsgemäß eher kurz ausfallen, könnte man schließen, dass § 231 StGB auch in der Rechtslehre eine eher untergeordnete Rolle spielt.

---

[8] Dazu aktuell BGH, NJW 2003, 150 ff. und unten Vierter Teil, C., V., 3., b).

[9] Statt vieler Sch/Sch-*Stree*, § 231 Rn. 1.

[10] *Kriegsmann*, Mittäterschaft und Raufhandel (1907), S. 101.

[11] Sch/Sch-*Stree*, § 231 Rn. 1

[12] *Arzt/Weber*, BT, § 6 Rn. 86.

Eine solche Beurteilung würde aber außer Acht lassen, dass vielfach Entscheidungen des Bundesgerichtshofs ergangen sind, welche zum Teil heftigste Diskussionen in der Literatur ausgelöst haben, die ihren Einschlag in vielen Entscheidungsanmerkungen und Aufsätzen gefunden haben. Soweit sich der Bundesgerichtshof mit dem Schlägereitatbestand beschäftigt hat, ist die Tendenz zu einer extensiven Auslegung festzustellen, die allerdings vom Wortlaut der Vorschrift durchweg gestützt wird[13].

So setzte sich die Literatur vertieft mit den Entscheidungen des Bundesgerichtshofs auseinander, die sich damit befassten, ob derjenige Beteiligte an einer Schlägerei nach § 231 StGB zu bestrafen ist, der vor dem Eintritt des Todes eines anderen oder einer schweren Körperverletzung im Sinne des § 226 StGB seine Beteiligung aufgab. Ebenso umstritten ist nach wie vor, ob zu bestrafen ist, wer sich erst nach dem Eintritt der schweren Folge an der Auseinandersetzung beteiligt. Die Urteile des Bundesgerichtshofs vom 5. Februar 1960[14] und vom 16. Juni 1961[15] zogen eine Vielzahl von Anmerkungen und Kommentierungen nach sich, die zum Teil Zustimmung zu den in den Urteilen aufgestellten Grundsätzen signalisierten, aber zum großen Teil auch heftigste Ablehnung. Ein Gleiches löste der Bundesgerichtshof zum einen mit der Feststellung aus, dass der Schlägereitatbestand selbst dann Anwendung findet, wenn der Angegriffene bei einer Auseinandersetzung einen der Angreifer in Notwehr tötet[16]. Zum anderen ist bis in die jüngste Zeit umstritten, ob der Verletzte selber oder seine Mitangreifer beziehungsweise -schläger Täter des § 231 StGB sein können[17].

Die Literatur befasste sich also unentwegt mit Auslegungsproblematiken rund um die Raufhandelsvorschrift, obwohl die praktische Relevanz sehr gering war und es bis heute auch geblieben ist. Schließlich sind veröffentlichte Entscheidungen zum Schlägereitatbestand relativ selten. So wurde auch schon der Ruf nach der Streichung des Raufhandelstatbestandes laut. Ebenso wie *Hund* es in seiner Dissertation vorgeschlagen hat[18], wurde im Rahmen der Vorschläge zum 6. Strafrechtsreformgesetz diskutiert, ob dem Schlägereitatbestand ein Platz im Strafgesetzbuch zusteht. Obwohl letztendlich § 231 StGB nicht gestrichen worden ist, behalten die vor allem von *Hund* angestellten Überlegungen ihre Gültigkeit und verdienen näherer Untersuchung[19].

---

[13] Vergleiche dazu unten im Dritten Teil.

[14] BGHSt 14, 132.

[15] BGHSt 16, 130.

[16] BGHSt 39, 305.

[17] Vergleiche beispielsweise BGHSt 33, 100.

[18] *Hund*, Beteiligung an einer Schlägerei (1988), S. 131.

[19] Vergleiche unten Vierter Teil, B., III.

Soweit Schlägereiprobleme rechtlicher Art in Frage stehen, ist eine befriedigende Lösung noch nicht gefunden. Kuriose Fallgestaltungen, mit denen sich der Bundesgerichtshof immer wieder auseinanderzusetzen hat, werden auch in der Zukunft die strafrechtliche Literatur beschäftigen.

C. Ziel der Untersuchung

Die folgende Untersuchung widmet sich den mannigfaltigen Rechtsproblemen des § 231 StGB. Ziel ist es, zur Klärung der Strafvorschrift dadurch beizutragen, dass für die einzelnen Rechtsprobleme ein einheitlicher Lösungsweg entwickelt wird. Dabei soll nach einer dogmatischen Einordnung der Vorschrift, die sich insbesondere mit ihrer Tatbestandsstruktur beschäftigt, genau untersucht werden, welche Probleme in der Rechtsanwendung bestehen und wie Rechtsprechung und Literatur versuchen, diese zu lösen. Anschließend wird ein eigener Lösungsvorschlag für den Umgang mit § 231 StGB dargelegt, der die Problematiken der bisherigen Auslegung umgeht und eine Präzisierung der Norm aufzeigt, die mehr Rechtssicherheit bieten kann.

Es wird sich zeigen, dass eine Gesetzesänderung notwendig ist, die entscheidend zu dieser Präzisierung beitragen kann und den eingangs wiedergegebenen Satz „Mitgerauft, mitbestraft“ eine andere, viel treffendere Bedeutung verleiht.

Zweiter Teil: Dogmatische Einordnung des § 231 StGB

Die Bedeutung der Tatbestandsstruktur einer Strafnorm im Allgemeinen lässt sich kurz wie folgt verdeutlichen: In den Strafvorschriften des Besonderen Teils des Strafgesetzbuchs ist als Kern der Tatbestand als Träger des Unrechtsgehalts enthalten. Seine Funktion besteht in der abstrakten Umschreibung eines strafrechtlich relevanten Sachverhalts in Gestalt einer menschlichen Handlung oder Unterlassung[20]. Im Einzelnen sind die gesetzlichen Tatbestände allerdings in ihrem spezifischen Unrechts- und Schuldgehalt unterschiedlich ausgestaltet, es bestehen also verschiedene Typen von Tatbeständen. Diese deliktsspezifische Ausgestaltung von Straftatbeständen ist mit der Frage nach der Tatbestandsstruktur gemeint. Aufgrund der in ihr enthaltenen Aussage über den Unrechts- und Schuldgehalt eines Delikts ist die Tatbestandsstruktur für die Auslegung einer Strafnorm von besonderer Bedeutung. Die Aufgabe wird deswegen zunächst darin bestehen, den Schutzzweck der Norm zu ermitteln.

Paeffgen[21] führt in diesem Zusammenhang in seiner Kommentierung des § 231 StGB aus: „Der Schutzzweck der Norm ist im Detail umstritten, in der Stoßrichtung aber klar: § 231 StGB umschreibt einen Vorfeldtatbestand, der eine materiell-rechtlich formulierte Beweiserleichterung darstellt". Insoweit scheinen sich Literatur und Rechtsprechung einig zu sein; dennoch fragt sich der Jurist, der in der Praxis und in der Theorie mit äußerst unterschiedlichen Fallkonstellationen umgehen muss, was nun im Einzelnen umstritten ist.

Im Folgenden ist zu untersuchen, welche Tatbestandsstruktur dem Schlägereitatbestand zu Grunde liegt, wie also § 231 StGB wissenschaftlich einzuordnen ist. Kurz gefasst: Was ist der Schutzzweck des Raufhandels?

A. Einordnung als Gefährdungsdelikt

In der Strafrechtsdogmatik wird gängigerweise zwischen Verletzungsdelikten und Gefährdungsdelikten differenziert. Die meisten Tatbestände des Besonderen Teils des StGB stellen Verletzungsdelikte dar, bei denen das Handlungsobjekt tatsächlich beeinträchtigt sein muss[22]. Bei den Gefährdungsdelikten hingegen wird das Rechtsgut durch die Handlung des Täters lediglich gefährdet; zu einem Erfolg im Sinne einer Rechtsgutsverletzung muss es hierbei noch nicht gekommen sein[23]. Es ist also im Folgenden der Frage nachzugehen, ob der geltende

[20] Sch/Sch-*Lenckner*, Vorbem. §§ 13 ff. Rn. 43.

[21] NK-*Paeffgen*, § 231 Rn. 2.

[22] *Roxin*, AT I, § 10 Rn. 122.

[23] *Roxin*, AT I, § 10 Rn. 122.

Schlägereitatbestand ein Gefährdungsdelikt darstellt, obwohl die Vorschrift vom Tode eines Menschen oder von einer schweren Körperverletzung spricht, also einen Verletzungserfolg voraussetzt.

Die typische Gefährlichkeit von Schlägereien kann ihren Ursprung nur in der der Rauferei typischen Gruppendynamik haben, da es gerade die Gruppensituation ist, die § 231 StGB von anderen Tatbeständen abhebt. So lassen sich verschiedene soziologische Erkenntnisse als Grundlage zur Beurteilung der Gefährlichkeit von Schlägereien heranziehen[24]. Häufig setzen Erregung und Kampfeseifer bei den Beteiligten die Hemmschwelle herab, solche Handlungen auszuführen, die ein erhebliches Verletzungsrisiko sowohl für direkt Beteiligte als auch für Unbeteiligte in sich tragen. Durch die Anwesenheit der Gruppe, mit der man kämpft, kommt dem Grundsatz „einer für alle, alle für einen" eine enorme Bedeutung zu. Aufgrund des Zusammengehörigkeitsgefühls empfinden die Mitglieder einer Gruppierung eine wechselseitige solidarische Beistandspflicht. Man fühlt sich für die anderen Gruppenmitglieder verantwortlich, so dass man sich zu einer intensiveren Beteiligung verleiten lässt. Bei Gruppenbildungen entsteht unter Umständen ein erheblicher Konformitätsdruck[25]. Es stellt sich dann eine Gleichschaltung von Stimmungen und Emotionen ein. Affektive Regungen wie Hass, Wut, aber auch Begeisterung und Hingabe bestimmen die Handlungen der Gruppe. Diese Konformität von Fühlen und Denken führt dann nicht selten zum Aufbau gleichartiger Motivationsstrukturen. Ohne sich auszusprechen, wollen die einzelnen Gruppenmitglieder plötzlich das Gleiche: Abreagierung an Opfern.

Das Raufhandelsgeschehen ist zumeist undurchsichtig und unkontrolliert, und wird von einer Welle der kollektiven Aggression getragen. Da hierbei oft auch die Grenzen zwischen „Feind" und „Freund" verwischen, trägt eine jede Schlägerei – ebenso wie der Angriff mehrerer – die Gefahr einer Eskalation der Gewalthandlungen in sich. *Schumacher* spricht in diesem Zusammenhang richtigerweise von der „Verstärkerwirkung der Gruppe"[26].

Zur Gefährlichkeit eines Raufhandels trägt zudem wesentlich bei, dass sich der Einzelne in der großen Menge der Beteiligten für nur schwerlich oder gar nicht identifizierbar hält. Diese Anonymität führt dazu, dass der Einzelne es für nahezu unmöglich hält, dass sein eigener Beitrag zu der gewaltsamen Auseinandersetzung später noch bewiesen werden kann. Dieses Gefühl der Sicherheit vor der

---

[24] Grundsätzlich zur Soziologie kollektiven Verhaltens *Schumacher*, NJW 1980, 1880 ff.; ders., StV 1993, 549 ff.

[25] *Schumacher*, StV 1993, 549 (550).

[26] *Schumacher*, NJW 1980, 1880 (1881).

Strafverfolgung kann mitunter sogar dazu beitragen, dass die Gewaltbereitschaft noch weiter steigt. Der einzelne Täter könnte Handlungen begehen, die für ihn außerhalb der Menschenmenge ein zu großes Risiko darstellen. Die Verantwortlichkeit für die begangenen Taten wird an die Gruppe abgetreten[27].

In vielen Fällen von Schlägereien findet die Auseinandersetzung vor Zuschauern statt, die häufig genug die Streitenden anfeuern und damit in ihrer Gewaltanwendung bestätigen. Dies führt wiederum dazu, dass die Schläger mit besonderer Härte und Unnachgiebigkeit vorgehen, um ihr Ansehen zu steigern oder wenigstens ihr Gesicht nicht zu verlieren. Es kommt mithin zu einem „Bühneneffekt“[28].

Alle vorgenannten soziologischen Gruppenerscheinungen resultieren dann im Ergebnis in persönlichkeitsfremden Handlungen der einzelnen Mitglieder[29]. Solche Verhaltensweisen, die der Einzelne womöglich später gar nicht mehr begreifen kann, führen zumeist zu einer gesteigerten Gefährdung Dritter.

Somit bleibt festzuhalten, dass der Schlägereitatbestand als Gefährdungsdelikt auszulegen ist, da Strafgrund des heutigen § 231 StGB die Beteiligung an einer Gefahrenquelle ist, welche eben durch die besondere Gruppensituation entsteht.

B. Einordnung als abstraktes oder konkretes Gefährdungsdelikt

Innerhalb der Gruppe der Gefährdungsdelikte wird gängigerweise zwischen abstrakten und konkreten Gefährdungsdelikten unterschieden[30]. Um § 231 StGB wissenschaftlich genau einzuordnen, muss also untersucht werden, zu welcher Kategorie diese Vorschrift zählt.

Bei den konkreten Gefährdungsdelikten ist die Verursachung einer nachweisbaren Gefahr tatbestandsbegründend. Demnach muss also in der Praxis nachgewiesen werden, ob der Täter durch sein Verhalten ein bestimmtes Rechtsgut in eine Lage gebracht hat, in der diesem tatsächlich eine Verletzung droht. Dies zeigt auf, dass die konkreten Gefährdungsdelikte zu den Erfolgsdelikten gezählt werden müssen. Im Gegensatz zu den Verletzungserfolgsdelikten verlangen sie

---

[27] *Schumacher*, NJW 1980, 1880 (1881).

[28] *Regendanz*, Raufhandel (1906), S. 14; *Hund*, Beteiligung an einer Schlägerei (1988), S. 61 f.

[29] *Schumacher*, StV 1993, 549 (550).

[30] Grundlegend hierzu *Roxin*, AT I, § 10 Rn. 122 ff.

zwar keine reale Werteinbuße am Rechtsgut, wohl aber einen Erfolg in Gestalt der Lebens-, Leibes- oder Sachgefährdung, also den Gefahrerfolg[31].

Im Gegensatz dazu ist die Verursachung einer Gefahr für das betroffene Rechtsgut bei den abstrakten Gefährdungsdelikten kein Erfordernis des objektiven Tatbestandes[32]. Ein Delikt ist dann abstrakt gefährlich, wenn eine bestimmte Verhaltensweise typischerweise gefährlich ist und somit erfahrungsgemäß zur Verletzung von Rechtsgütern führt. Der Eintritt einer tatsächlichen Gefahr ist mithin nicht vorauszusetzen; der Normadressat soll schon – um einer Bestrafung zu entgehen – von der kriminalisierten Handlung absehen. Die Verhütung von konkreten Gefahren und damit auch von Verletzungen ist also nur Motiv für den Gesetzgeber, der bei der Schaffung abstrakter Gefährdungsdelikte in besonderem Maße eine Ordnungsfunktion wahrnimmt, indem er bestimmte Lebensbereiche ganz generell ohne Rücksicht auf den konkreten Einzelfall regelt[33]. Der Gesetzgeber stellt also nicht die Schaffung einer realen Rechtsgutsgefährdung unter Strafe, sondern schon das erfahrungsgemäß riskante Täterverhalten; dabei setzt er anstelle der individuellen Gefahrenprognose einen statistisch-generalisierenden Erfahrungswert.

Im Folgenden ist der Frage nachzugehen, ob § 231 StGB als abstraktes oder als konkretes Gefährdungsdelikt auszulegen ist. Die Einordnung des Raufhandels in die eine oder andere Kategorie richtet sich danach, ob dem Text der Bestimmung nach der Nachweis konkreter Gefahr Voraussetzung der Bestrafung ist oder ob die Gefährlichkeit als generell, also abstrakt, gegeben vorausgesetzt wird.

I. Historische Entwicklung

Für das Verständnis des heutigen § 231 StGB ist es unerlässlich, zunächst die historischen Quellen der heutigen Fassung aufzudecken[34]. Wie nur bei wenigen anderen Tatbeständen des geltenden Rechts spiegeln Konzeption und Konstruktion der Raufhandelsvorschriften den jeweiligen Entwicklungsstand der Strafrechtswissenschaft. Anders als im geltenden Recht dienten die historischen Regelungen nicht der Abwehr der typischen Schlägereigefahr, sondern der Vergel-

---

[31] *Berz*, Tatbestandsverwirklichung (1986), S. 55 f.; *Horn*, Konkrete Gefährdungsdelikte (1973), S. 11ff.; *Roxin*, AT I, § 11 Rn. 114 f; *Schröder*, JZ 1967, 522 (522).

[32] *Wessels/Beulke*, AT, Rn. 29.

[33] *Bohnert*, JuS 1984, 182 (185); *Kratzsch*, Verhaltenssteuerung (1985), S. 115 f., 277 ff., 370 ff.; *Schröder*, ZStW 81 (1969), 7 (22).

[34] Einen umfassenden historischen Überblick liefert *Hund*, Beteiligung an einer Schlägerei (1988), S. 3-57.

tung der in der Schlägerei geschehenen Tötungen. Die zur Ermittlung des „wahren Täters" ersonnenen und in den Raufhandelsvorschriften fixierten Verfahren geben eindeutige Kunde über das Verhältnis, in dem sich Gerechtigkeitsstreben und kriminalpolitische Nützlichkeitserwägungen gegenüberstanden. Um eine exakte dogmatische Einordnung des Raufhandelstatbestandes als abstraktes oder konkretes Gefährdungsdelikt vornehmen zu können, muss man also die Entstehungsgeschichte der Vorschrift kennen. Dabei lassen sich mehrere Phasen unterscheiden, ohne dass damit klare Zäsuren einhergegangen sind.

1. Art. 148 CCC

Unergiebig für die dogmatischen Grundlagen des heutigen § 231 StGB sind die Raufhandelsvorschriften des deutschen und römischen Rechts, die bereits vor dem ersten strafrechtlichen Reichsgesetz, der Constitutio Criminalis Carolina (CCC), existierten[35]. Wie *Hund* nämlich zutreffend festgestellt hat, haben sich die materiell- und prozessrechtlichen Gegebenheiten seitdem erheblich verändert, so dass hieraus für die heutige Behandlung der Raufhandelsvorschrift keine Rückschlüsse gezogen werden können[36]. Vielmehr liefert das peinliche Recht mit der Carolina einen ersten Ansatzpunkt in Form des Art. 148 CCC. Diese Vorschrift bestrafte alle diejenigen, die das Tatopfer „tödtlich verletzt" hatten, als Totschläger, auch wenn nicht zu klären war, „von welcher sonderlichen Handt und Thatt er gestorben war".

Art. 148 CCC gründete sich auf einen Präsumtionsgedanken: Allein aufgrund der Zufügung einer tödlich wirkenden Wunde wurde vermutet, dass gerade diese Verletzung den Tod verursacht hat. Mithin wurde bereits der Verdacht, am Tötungs- oder Verletzungsunrecht unmittelbar beteiligt gewesen zu sein, zum Strafgrund erhoben. Dem noch nicht der Tat Überführten, aber bereits konkret Verdächtigen drohte Art. 148 CCC regelmäßig eine im Verhältnis zum Vollbeweis minderschwere Strafe an. Der Tatbestand enthielt also eine Verdachtsstrafe, die half, die für Schlägereien unter mehreren Beteiligten mit tödlichem Ausgang typischen Beweisschwierigkeiten zu überwinden. Es sollte demnach vermieden werden, dass mangels einer hinreichenden Aufklärungsmöglichkeit der untragbare und schadenstiftende Vorfall ungeahndet blieb.

Allerdings verletzt eine solche bloße Verdachtsstrafe die in heutiger Zeit anerkannten rechtsstaatlichen Grundsätze „nulla poena sine culpa" und „in dubio pro reo".

---

[35] Zu diesen Vorschriften des römischen und germanischen gemeinen Rechts *L. Günther*, Hauptstadien (1884), S. 203 ff.

[36] *Hund*, Beteiligung an einer Schlägerei (1988), S. 130.

„Nulla poena sine culpa“ verweist auf den Schuldgrundsatz[37], welcher enthält, dass sich der Täter einem Strafvorwurf nur ausgesetzt sehen darf, wenn er das ihm zur Last gelegte tatbestandliche Unrecht schuldhaft verwirklicht hat[38]. Gerade der Nachweis dieser Schuldbeziehung fehlt aber in Fällen, in denen die Täterschaft lediglich vermutet wird. Eine Bestrafung hat also nach heutigen Maßstäben auszubleiben.

Rechtsgrundlagen des Grundsatzes „in dubio pro reo“ sind Art. 6 Abs. 2 EMRK und § 261 StPO[39]. Der Unschuldsvermutung des Art. 6 Abs. 2 EMRK ist ein absolutes Verbot der Schuldantizipation zu entnehmen, das durch die Verhängung einer Verdachtsstrafe unterlaufen werden würde. Die Unschuldsvermutung, die auch aus dem Rechtsstaatsprinzip resultiert, steht der Zulässigkeit einer Verdachtsstrafe von vorneherein entgegen.

Gegen die Annahme, der Schlägereitatbestand gründe sich auf einer Verdachtsstrafe, spricht außerdem, dass der historische Gesetzgeber dort, wo er den bloßen Verdacht für eine Bestrafung ausreichen ließ, dem Angeklagten die Möglichkeit einräumte, sich zu entlasten, indem er beispielsweise den für den Eintritt der schweren Folge Verantwortlichen benannte. Im Raufhandelstatbestand gab es hingegen zu keinem Zeitpunkt eine Regelung über einen solchen Entlastungsbeweis. Das Verdachtsstrafenkonzept stellte folglich insoweit eine auch für damalige Verhältnisse unzumutbare Härte dar.

In Bezug auf die Einordnung des heutigen Schlägereitatbestandes als abstraktes oder konkretes Gefährdungsdelikt gibt die Fassung der Carolina folglich nichts her. Schließlich wäre eine solche Vorschrift – wie gezeigt – aus heutiger Sicht unzulässig. Der Gedanke von Präsumtionen ist nicht mit der strafrechtlichen Dogmatik vereinbar und kann deswegen auch keine Bedeutung für den geltenden Schlägereitatbestand gewinnen.

Erst dann, wenn aus dem Raufhandel ein Gefährdungsgedanke zu entnehmen ist, könnten sinnvolle Ergebnisse für die Auslegung erreicht werden. Deshalb bleibt zu untersuchen, welche Veränderungen in Fassung und Auslegung den Schlägereitatbestand im Laufe der weiteren Gesetzeswerke des 18., 19. und 20. Jahrhunderts geprägt haben.

---

[37] Näher zum Schuldprinzip später im Vierten Teil, A., I.

[38] Vergleiche nur BVerfGE 20, 323 (331); 23, 127 (132).

[39] Zum Grundsatz „in dubio pro reo“ vertiefend *Beulke*, StPO, Rn. 25; KK-*Schoreit*, § 261 Rn. 56 ff; KMR-*Stuckenberg*, § 261 Rn. 77 ff.; *Pfeiffer*, § 261 Rn. 16 ff.

2. Das Allgemeine Preußische Landrecht von 1794

Deutlicher noch als die Carolina lässt das ALR in seinem § 171 den bloßen Verdacht der Ursächlichkeit für den Raufhandelserfolg zur Verurteilung ausreichen. Hierbei sollten entsprechend dem Zweck des Art. 148 CCC die Schwierigkeiten bei der Aufklärung des Tatgeschehens in körperlichen Auseinandersetzungen, an denen mehrere Personen beteiligt waren, überwunden werden.

Die Vorschrift lautet:

> **„Kann bey einem im Tumulte erfolgten Todschlage der eigentliche Thäter nicht ausgemittelt werden: so soll gegen die Theilnehmer des Tumults, welche sich in dem Zeitpunkte des geschehenen Mordes in der Nähe des Ortes, wo derselbe verübt worden, befunden haben, und mit Instrumenten, wodurch ein solcher Mord hat begangen werden können, versehen gewesen ist, nach Verhältniß des gegen sie obwaltenden Verdachts, vier- bis zehnjährige, gegen die Rädelsführer aber zehnjährige bis lebenswierige Festungs- oder Zuchthausstrafe statt finden."**

Hieraus ergibt sich, dass schon derjenige verdächtig war, der sich zur Zeit der Tat in der Nähe des Tatorts aufhielt und ein geeignetes Tatwerkzeug in den Händen hielt. Die Höhe der zu verhängenden außerordentlichen Strafe hatte sich nach der Intensität des Verdachts zu richten. Das Konzept einer Verdachtsstrafe, wie es schon die Carolina kannte, wurde somit konsequent weitergeführt. Mehr noch: *Geisler* hält § 171 ALR für „ein geradezu klassisch zu nennendes Beispiel für ein Verdachtsstrafenkonzept"[40]. Aus heutiger Sicht ist die Verdachtsstrafe – wie gezeigt – als Verstoß gegen die rechtsstaatlichen Grundsätze „nulla poena sine culpa" und „in dubio pro reo" aufzufassen.

Aufgrund der Tatsache, dass das ALR das Konzept der Verdachtstrafe ebenso wie die CCC weiterverfolgt, kann für die hier durchzuführende Untersuchung nichts gewonnen werden.

Dennoch zeigen die Carolina und das ALR, dass der Schlägereitatbestand schon früher andere Ziele verfolgt hat, als die, die der Bundesgerichtshof heute im Auge hat. Sie sind also keineswegs – quasi als Gegenbeweis – geeignet, die Doktrin der heutigen Rechtsprechung zu stützen. Zwar stimmt es, dass die Vermeidung von Beweisschwierigkeiten schon früher – wie auch heute – gesetzgeberisches Ziel war; dennoch können die Vorschriften, die eine unzulässige Ver-

---

[40] *Geisler*, Objektive Bedingungen der Strafbarkeit (1998), S. 266.

dachtsstrafe beinhalteten, für die Auslegung nach heutigen Gesichtspunkten nicht taugen.

3. Das Braunschweiger StGB von 1840

Das 19. Jahrhundert brachte in die Raufhandelsgesetzgebung vielfältige und entscheidende Neuerungen. So kann ein Fortschritt bereits darin gesehen werden, dass – mit dem Bayrischen StGB von 1813[41] beginnend – fast durchweg nicht nur die Tötung, sondern auch der Körperverletzungserfolg seinen Weg in den Schlägereitatbestand fand. Dadurch wurde der Unversehrtheit der körperlichen Integrität eine ihr noch heute zustehende enorme Bedeutung verliehen. Außerdem lassen die Texte verschiedener neuer Partikulargesetze über den Raufhandel die Bemühung erkennen, die Aufstellung allzu auffälliger Präsumtionen zu vermeiden[42]. Hierin zeigte sich der Geist der Aufklärung insoweit, als die Überzeugung gewonnen wurde, dass eine Verurteilung lediglich aufgrund des Verdachtes mit dem Gerechtigkeitsempfinden nicht zu vereinbaren sei. Das Verdachtsstrafenkonzept wurde mehr und mehr als veraltet empfunden.

Das Braunschweiger StGB von 1840 – in der Raufhandelshistorie ein entscheidender Einschnitt – enthielt gleich zwei Vorschriften, die sich mit dem Raufhandel beschäftigten:

§ 153[43] lautet:

> **„Wenn Mehrere, und zwar ohne ausdrückliche oder stillschweigende Übereinkunft, bei Tödtung einer Person thätig gewesen sind, so trifft jeden, in dessen Handlung die selbstständige Ursache des erfolgten Todes liegt, die Strafe der Tödtung.**
>
> **Die übrigen Thäter aber, im Falle der Urheber der Tödtung ermittelt wird, so wie sämtliche Thäter in dem Falle, wenn der Urheber der Tödtung nicht ausgemittelt werden kann, oder wenn ihre Handlungen nicht einzeln, sondern nur durch ihr Zusammentreffen tödtlich waren, sind nicht mit der Strafe der Tödtung, sondern nur mit der Strafe der von ihnen begangenen verbrecherischen Handlung zu belegen.**
>
> **Ist der Getödtete in einem Raufhandel erschlagen, so sollen diejenigen, welche an der Schlägerei gegen ihn bewaffnet Theil genommen haben,**

---

[41] Art. 185.

[42] Zum Beispiel die Gesetzbücher von Baden, Thüringen und Hessen.

[43] Criminalgesetzbuch für das Herzogtum Braunschweig, S. 73.

schon allein um deßwillen Gefängniß nicht unter ein Jahr, die übrigen Theilnehmer an der Schlägerei Gefängniß von drei Monaten bis zu einem Jahre erleiden."

§ 163[44] ist wie folgt gefasst worden:

„Wenn Mehrere und zwar ohne ausdrückliche oder stillschweigende Übereinkunft bei der Beschädigung eines Anderen thätig waren, so sind sie nach den oben § 153 für die Tödtung durch Mehrere aufgestellten Grundsätzen zu beurtheilen.

Ist der Beschädigte in einem Raufhandel verwundet, und wenigstens eine Zeitlang krank, oder arbeitsunfähig gewesen, so sollen diejenigen, welche an der Schlägerei gegen ihn bewaffnet Theil genommen haben, schon allein um deswillen Gefängniß von drei bis von sechs Monaten, die übrigen Theilnehmer an der Schlägerei Gefängniß bis zu drei Monaten oder verhältnismäßige Geldstrafe erleiden."

Als Begründung für die Existenz einer Raufhandelsvorschrift wurde in den amtlichen Motiven abermals die Überwindung von Beweisschwierigkeiten und die erfahrungsgemäße Gefährlichkeit von Schlägereien genannt[45]. Überaus bemerkenswert wurden aber nunmehr die Beweisschwierigkeiten nicht als ausschlaggebend angesehen, da das Gesetz auf solche nicht nur bei Schlägereien eine Lösung präsentieren müsse[46]. Vielmehr war der entscheidende Grund für die Aufnahme einer Raufhandelsvorschrift in das Gesetzeswerk eher traditionellerer Art: Da bereits alle Strafgesetzbücher im 19. Jahrhundert – nach dem Vorbild der Carolina – Raufhandelsvorschriften beinhalteten, sollte auch das Braunschweiger StGB eine entsprechende Vorschrift erhalten[47].

Nach den Normen des Braunschweiger StGB durften nicht alle Beteiligten eines Raufhandels wegen Verwirklichung eines Tötungsdeliktes verurteilt werden, falls es unmöglich war, denjenigen zu ermitteln, der unmittelbar für den Eintritt der schweren Folge verantwortlich gewesen war. Beweisschwierigkeiten sollten nach der Konzeption der Raufhandelsvorschriften eben nicht länger der Strafgrund für Schlägereitatbestände sein. Vielmehr stellten die Verfasser des Braunschweiger StGB erstmals auf die erfahrungsgemäße Gefährlichkeit von Raufereien ab. So kam der – bis heute vorherrschende – Gedanke auf, dass eine

[44] Criminalgesetzbuch für das Herzogtum Braunschweig, S. 77.

[45] Vergleiche *Löffler*, Die Schlägerei, 311 (318 f.).

[46] Criminalgesetzbuch für das Herzogthum Braunschweig, S. 277.

[47] Criminalgesetzbuch für das Herzogthum Braunschweig, S. 277.

Schlägerei aus ihrer Eigenart heraus ein Potential für schwerwiegende Verletzungen in sich tragen würde.

Diese Konzeption war die Geburtsstunde der Auslegung der Raufhandelsvorschrift als Gefährdungsdelikt. Durch dieses Gesetzeswerk wurde die Gefährdungstheorie begründet, der folgende Erwägungen bis heute zugrunde liegen: Eine Schlägerei ist erfahrungsgemäß von vorneherein die Gefahr schwerer Folgen – Tod oder schwere Körperverletzung – immanent[48]. Jede einzelne Betätigung im Rahmen einer Rauferei birgt unberechenbare Wirkungen in sich, weil sie sich keineswegs als isolierte und begrenzbare Einzelhandlung äußert, sondern mit dem Vorgehen und den Reaktionen der anderen Beteiligten zu einer einheitlichen, in ihrem Ausmaß unübersehbaren Wirkung führt oder jedenfalls führen kann. Die Gefährlichkeit der tätlichen Auseinandersetzung steigert sich mit jeder weiteren Einmischung, schon allein deswegen, weil diese regelmäßig die Erregung und die Streitfreudigkeit der übrigen Raufenden erhöht[49]. Zudem ist es psychologisch schon früh nachweisbar gewesen, dass eventuell vorher vorhandene Hemmungen und das Verantwortungsgefühl des Einzelnen in der Masse schwinden[50]. Dieser Gefährlichkeit sollte der Raufhandelstatbestand begegnen.

4. Das StGB für den preußischen Bund von 1851

Die geschichtliche Entwicklung des Raufhandels wurde im preußischen StGB fortgesetzt.

§ 195 Abs. 1 des preußischen StGB von 1851 lautet:

> **„Wenn bei einer Schlägerei oder bei einem von Mehreren verübten Angriff ein Mensch getödtet wird, oder eine schwere Körperverletzung (§ 193) erleidet, so ist jeder Theilnehmer an der Schlägerei oder dem Angriff schon wegen dieser Theilnahme mit Gefängniß nicht unter drei Monaten zu bestrafen, insofern nicht festgestellt wird, dass er ohne sein Verschulden hineingezogen worden.**
>
> **Sind mehreren Theilnehmern solche Verletzungen zuzuschreiben, welche nicht einzeln für sich, sondern nur in ihrer Gesamtheit den Tod oder die schwere Körperverletzung zur Folge gehabt haben, so ist jeder dieser Theilnehmer mit Zuchthaus bis zu zehn Jahren zu bestrafen.**

---

[48] LK-*Hirsch*, § 231 Rn. 1.

[49] *Stree*, JuS 1962, 93 (94).

[50] *Stree*, JuS 1962, 93 (94).

Die Anwendung der Gesetze gegen diejenigen, welche als Anstifter oder Urheber eines Mordes, oder eines Todtschlages, oder einer schweren Körperverletzung, oder als Theilnehmer an diesen Verbrechen schuldig sind, ist hierdurch nicht ausgeschlossen.“

Die Motive zum preußischen StGB wurden von *Goltdammer* zusammengestellt und erläutert[51]. Die Bestrafung nach § 195 gründe sich – so *Goltdammer* – noch immer auf einen Präsumtionsgedanken – lediglich in einer abgemilderten Form[52]. Es bestünde wie in den Gesetzeswerken bisher die Vermutung, der Täter habe – wenn auch möglicherweise nur mittelbar durch seine Beteiligung an der Schlägerei – den Eintritt der schweren Folge mitverursacht.

Tatsächlich aber entfernte sich die Raufhandelskonzeption des preußischen Strafgesetzbuchs von der Verdachtsstrafe. Ebenso wie das Braunschweiger StGB wollten die Verfasser dem Gefährlichkeitsaspekt Rechnung tragen[53]. Vorschläge dahingehend, den Präsumtionsgedanken beizubehalten, wurden in den Beratungen sogar ausdrücklich verworfen. Aus den Gesetzesberatungen ist zu entnehmen, dass die Strafe des § 195 als Polizeistrafe verstanden wurde. Sie sei im Interesse der öffentlichen Sicherheit und zum Schutz des Lebens angedroht und geeignet, den gefährlichen Raufhändeln wirksam entgegenzutreten[54].

Somit wurde die Einstufung des Raufhandels als Gefährlichkeitsdelikt gefestigt. Eine Unterscheidung zwischen konkreter und abstrakter Gefahr war mit dieser Einordnung allerdings noch nicht verbunden.

5. Das RStGB von 1871

Die Entwicklung der Raufhandelslehre war somit zur Zeit der Schaffung des Reichsstrafgesetzbuches (RStGB) bis zu einem Punkt gediehen, an dem die Verwendung von Schuld- und Kausalitätspräsumtionen als Surrogat des unanfechtbaren Beweises zunehmend als ungerecht und in technischer Hinsicht als unmodern empfunden wurde.

Der Wortlaut des § 227 RStGB unterscheidet sich nur marginal von dem des § 195 des preußischen StGB:

---

[51] *Goltdammer*, Materialien, S. 423 f.

[52] *Goltdammer*, Materialien, S. 424.

[53] *Goltdammer* , Materialien, S. 420 ff.; hierzu treffend auch RGSt 11, 237 (238) sowie BGHSt 33, 100 (103).

[54] So nachzuvollziehen bei *Kriegsmann*, Mittäterschaft und Raufhandel (1907), S. 173 f.

„(1) Ist durch eine Schlägerei oder durch einen von Mehreren gemachten Angriff der Tod eines Menschen oder eine schwere Körperverletzung (§ 224) verursacht worden, so ist Jeder, welcher sich an der Schlägerei oder dem Angriff betheiligt hat, schon wegen dieser Betheiligung mit Gefängnis bis zu drei Jahren zu bestrafen, falls er nicht ohne sein Verschulden hineingezogen worden ist.

(2) Ist eine der vorbezeichneten Folgen mehreren Verletzungen zuzuschreiben, welche dieselbe nicht einzeln, sondern nur durch ihr Zusammentreffen verursacht haben, so ist Jeder, welchem eine dieser Verletzungen zur Last fällt, mit Zuchthaus bis zu fünf Jahren zu bestrafen.“

Jahrelang behielt der Schlägereitatbestand diese Fassung, die sich eindeutig an den Aussagen der Gefährdungstheorie orientierte. Auch die Rechtsprechung nahm mehr und mehr Abstand vom Verdachtstrafenkonzept. Zum gänzlichen Bruch mit der Tradition der Verdachtsstrafe führte die Rechtsprechung des Reichsgerichts, die den Gefährdungsgedanken umfassend rezipierte[55]. Das Unrecht des Raufhandels wurde in der Beteiligung an einer körperlichen Auseinandersetzung gesehen, die oftmals schwerwiegende Folgen nach sich zieht.

Der Schlägereitatbestand wurde folglich endgültig als Gefährdungsdelikt konzipiert. Der frühere § 227 StGB hob ausdrücklich hervor, dass jeder, der sich an der Schlägerei oder dem Angriff mehrerer beteiligt hatte, „schon wegen dieser Beteiligung“ und eben nicht wegen des Verdachts der Zufügung der schweren Folge bestraft wurde.

6. Die Große Strafrechtskommission

Nach 1949 beschäftigte sich eine Vielzahl von Entwürfen und Vorschlägen mit der Raufhandelsvorschrift, so auch die Große Strafrechtskommission, die von 1954 bis 1959 tagte.

Koffka plädierte dabei für die Streichung der schweren Folge aus § 227 StGB[56]. Er schlug vor, die Beteiligung an einer folgenlosen Schlägerei mit bis zu sechs Monaten Freiheitsstrafe zu bedrohen. Zusätzlich sollte ein konkretes Gefährdungsdelikt geschaffen werden, falls eine schwere Folge eintrat, die aber gerade keine objektive Bedingung der Strafbarkeit sein sollte.

[55] RGSt 8, 369 (370); 9, 370 (380); 11, 237 (238); 32, 33 (37).

[56] Niederschriften Bd. 2, Anh. Nr. 49, S. 139.

Jescheck hingegen lehnte ohne eine Begründung die Streichung der schweren Folge ab, wollte aber den § 227 StGB als konkretes Gefährdungsdelikt verstanden wissen[57].

Im Jahre 1957 vertrat die Große Strafrechtskommission im Rahmen der Diskussion über die objektiven Bedingungen der Strafbarkeit die Ansicht, dass der Eintritt des Raufhandelserfolges beibehalten werden sollte; lediglich der Strafrahmen sollte herabgesetzt werden. Eine höhere Strafe wurde nur für denjenigen Täter des § 227 StGB gefordert, der bezüglich der schweren Folge vorsätzlich oder auch nur fahrlässig gehandelt hat[58].

Daraufhin schlugen die Sachbearbeiter des Bundesjustizministeriums folgende Fassung der Raufhandelsvorschrift vor[59]:

> **„(1) Wer sich an einer Schlägerei oder einem Angriff mehrerer beteiligt, wird schon wegen dieser Beteiligung mit Gefängnis bis zu einem Jahr oder mit Strafhaft bestraft, wenn die Schlägerei oder der Angriff den Tod oder die schwere Schädigung eines Menschen an Körper oder Gesundheit (§ 332 Abs. 2) verursacht.**
>
> **(2) Hat der Täter erkannt oder konnte er erkennen, daß die Schlägerei oder der Angriff jemanden in die Gefahr des Todes oder einer schweren Schädigung an Körper oder Gesundheit (§ 332 Abs. 2) bringen werde, so ist die Strafe Gefängnis bis zu drei Jahren.**
>
> **(3) Nach diesen Vorschriften wird nicht bestraft, wem nicht vorzuwerfen ist, daß er an der Schlägerei beteiligt war."**

Obwohl sich die Mehrheit der Großen Strafrechtskommission schließlich für diese Fassung aussprach, ergaben sich im Vorfeld der Abstimmung einige Diskussionen.

So empfahl *Bockelmann* – wie in neuerer Zeit vor allem *Hund*[60] – die Raufhandelsvorschrift gänzlich zu streichen[61]. Dies begründete er mit der geringen praktischen Relevanz des früheren § 227 StGB, auf dessen Grundlage nur wenige Verurteilungen zustande kamen. Dem schloss sich *Fritz* mit dem Hinweis darauf

[57] Niederschriften Bd. 2, Anh. Nr. 50, S. 142.

[58] Niederschriften Bd. 5, S. 111 f.

[59] Niederschriften Bd. 7, Anh. Nr. 14, S. 374.

[60] *Hund*, Beteiligung an einer Schlägerei (1988), S. 130.

[61] Niederschriften Bd. 7, S. 182 ff.

an, dass die Körperverletzungsdelikte und die Beihilfevorschriften für die Erfassung des von § 227 StGB kriminalisierten Unrechts völlig ausreichen würden[62].

Wegen der besonderen Gefährlichkeit von Schlägereien und wegen der Beweisschwierigkeiten im Rahmen solcher Auseinandersetzungen wurde hingegen eine zwingende Notwendigkeit des Schlägereitatbestandes, der schließlich auch eine „prophylaktische" Wirkung hätte, gesehen[63].

7. Der Entwurf eines Strafgesetzbuches von 1962

Die Fassung des § 227 StGB, die die Große Strafrechtskommission beschlossen hatte, übernahmen die Verfasser des E 1962 im Wesentlichen als § 156. Wiederum wurde dabei auf die Beweisschwierigkeiten im Umgang mit Schlägereien verwiesen; die Raufhandelsvorschrift schließe eine Lücke im Gesetz[64].

8. Der Alternativentwurf eines Strafgesetzbuches

Eine gänzlich konträre Position gegenüber dem Beschluss der Großen Strafrechtskommission und dem Vorschlag der Verfasser des Entwurfes von 1962 nahmen die Begründer des Alternativentwurfes eines Strafgesetzbuches von 1970 ein. Ausgehend von der Prämisse, dass die bestehende Raufhandelsvorschrift gegen das Schuldprinzip verstoße, schlugen die Verfasser folgende Form eines Raufhandels- beziehungsweise Körperverletzungstatbestandes (§ 109 AE) vor:

> **„(1) Wer einen anderen an der Gesundheit schädigt, wird mit Geld- oder Freiheitsstrafe bis zu einem Jahr bestraft.**
>
> **(2) Ebenso wird bestraft, wer an einer Schlägerei oder an einem Überfall mehrerer teilnimmt.**
>
> **(3) § 108 Abs. 2 gilt entsprechend[65].**
>
> **(4) Verwendet der Täter Gift, eine Hieb-, Stich- oder Schußwaffe oder fügt er dem Opfer erhebliche körperliche oder seelische Qualen zu, ist auf Geld- oder Freiheitsstrafe bis zu zwei Jahren zu erkennen."**

---

[62] Niederschriften Bd. 7, S. 184.

[63] Niederschriften Bd. 7, S. 185 ff.

[64] Begründung zum E 1962, S. 290.

[65] § 109 Abs. 3 AE verwies auf das Erfordernis eines Strafantrags.

Nunmehr wurde mithin das Erfordernis des Eintritts einer schweren Folge aufgegeben. Wie bereits erwähnt, hielten die Verfasser des Alternativentwurfes dies für erforderlich, da § 227 StGB dem Schuldprinzip insofern widerspreche, als der Eintritt eines weder vorsätzlich noch fahrlässig verursachten Umstandes die Strafbarkeit des Täters erst begründe. Insofern findet sich hier ein kritisches Verständnis des Schlägereitatbestandes, welches heute noch insbesondere von *Hirsch* vertreten wird[66].

9. Das Einführungsgesetz zum StGB vom 02.03.1974

Weder der Vorschlag der Großen Strafrechtskommission und des E 1962 noch der des Alternativentwurfes wurden letztlich Gesetz. Vielmehr hielt der Gesetzgeber an der Vorschrift des § 227 Abs. 1 StGB fest. Gestrichen wurden hingegen § 227 Abs. 2 StGB und § 367 Nr. 10 StGB, welchem folgende Fassung zugrunde lag:

> **„Mit Geldstrafe bis zu fünfhundert Deutsche Mark oder mit Haft wird bestraft, wer bei einer Schlägerei, in welche er nicht ohne sein Verschulden hineingezogen worden ist, oder bei einem Angriff sich einer Waffe, insbesondere eines Messers oder eines anderen gefährlichen Werkzeuges bedient."**

Die Streichung dieser Vorschriften hatte auf die dogmatische Einordnung der Norm direkt keine Auswirkung. Den Ansichten, die den Schlägereitatbestand als unvereinbar mit dem Schuldprinzip ansahen, und dies teilweise mit der Rechtsfolge des § 367 Nr. 10 StGB begründeten, wurde hingegen eine Argumentationsschiene abgeschnitten[67].

10. Das 6. Strafrechtsreformgesetz von 1998

Durch Art. 1 Nr. 38 des 6. Strafrechtsreformgesetzes von 1998[68] ist die Strafbestimmung des § 227 StGB als § 231 StGB neu gefasst worden. Dabei hat man den letzten Halbsatz von § 227 StGB als Absatz 2 verselbständigt und sprachlich neu formuliert. Außerdem sind in Absatz 1 sprachliche Verbesserungen und eine Anpassung an die jetzige Nummerierung der Strafbestimmung erfolgt. Der Ent-

---

[66] LK-*Hirsch*, § 231 Rn. 1.

[67] Dazu noch später im Vierten Teil, A., I., 7., b).

[68] Überblicke über die Reform der Körperverletzungsdelikte finden sich bei *Wolters*, JuS 1998, 582 ff.; *Rengier*, ZStW 111 (1999), 1 ff.; *Jäger*, JuS 2000, 31 ff.; *Lesch*, JA 1998, 474 ff.; *Wallschläger*, JA 2002, 390 ff.

wurf der Bundesregierung zum 6. Strafrechtsreformgesetz[69] wie auch bedeutende Stimmen in der Literatur[70] hatten den Schlägereitatbestand des früheren § 227 StGB für entbehrlich erachtet. Im weiteren Gesetzgebungsverfahren wurde dann aber doch an der Regelung festgehalten[71], nachdem der Bundesrat in seiner Stellungnahme Bedenken dahingehend geäußert hatte, dass ein Wegfall des Schlägereitatbestandes mit dem Ziel des Gesetzgebungsvorhabens, die körperliche Unversehrtheit umfassend zu schützen, nur schwerlich in Einklang zu bringen gewesen wäre[72]. Somit blieb es bei den sprachlichen Änderungen; inhaltlich blieb alles wie vor der Reform.

Die allgemein als missglückt angesehene Formulierung des „gemachten Angriffs" wurde durch den „verübten Angriff" ersetzt. Unterzieht man diesen Wortlaut einer genaueren Analyse lässt sich mit *Jäger*[73] folgendes kritisch anmerken: Die neue Formulierung („Wer sich an... einem von mehreren verübten Angriff beteiligt, wird schon wegen dieser Beteiligung... bestraft,...") ließe sich auch durchaus dahingehend verstehen, dass sich nunmehr der Beteiligte als Dritter an dem von mehreren verübten Angriff beteiligen muss. Dies würde eine Erhöhung der bisher erforderlichen Mindestbeteiligungszahl von zwei auf drei bedeuten. Eine solche sachliche Änderung lässt sich aus den Materialien hingegen nicht entnehmen; vielmehr sollte die Fassung des § 231 StGB – wie bereits erwähnt – lediglich sprachlich korrigiert werden. Deswegen kann die Formulierung nur als missverständlich, aber nicht als inhaltliche Korrektur verstanden und damit dogmatisch vernachlässigt werden[74].

An der schon zum früheren § 227 StGB vertretenen dogmatischen Einordnung des Schlägereitatbestandes als Gefährdungsdelikt änderte sich durch das 6. Strafrechtsreformgesetz mithin nichts[75]. Für eine gegensätzliche Erwägung waren die Änderungen der Vorschrift zu marginal. Bei § 231 StGB handelt es sich also nach überwiegender Auffassung weiterhin um ein Gefährdungsdelikt, das seinen Strafgrund darin findet, dass Schlägereien zwischen mehreren Personen beziehungsweise von mehreren Personen verübte Angriffe oftmals zu schwerwiegenden Folgen führen können.

---

[69] BT-Drucks. 13/8587, S. 35.

[70] Vergleiche vor allem *Hund*, Beteiligung an einer Schlägerei (1988), S. 130 ff.

[71] So im Ergebnis BT-Drucks. 13/9064, S. 39 f.

[72] BT-Drucks. 13/8587, S. 61.

[73] *Jäger*, JuS 2000, 31 (38).

[74] *Berz*, Bochumer Beiträge, 17 (19); *Jäger*, JuS 2000, 31 (38).

[75] *Wolters*, JuS 1998, 582 (585); *Wallschläger*, JA 2002, 390 (397); *Lesch*, JA 1998, 474 (475).

11. Zusammenfassung

Somit ergibt sich im Wege der historischen Entwicklung des Schlägereitatbestandes folgendes Bild: Der Raufhandelstatbestand war ursprünglich als Verdachtsstrafe konzipiert, die Beweisschwierigkeiten überwinden sollte: Konnte nicht geklärt werden, wer für den folgenschweren Ausgang einer Rauferei verantwortlich gewesen ist, so füllte der Raufhandelstatbestand bis zur Mitte des 19. Jahrhunderts diese Lücke dergestalt, dass schon der bloße Verdacht, an der Verursachung der schweren Folge beteiligt gewesen zu sein, zur Bestrafung genügte. Diese Verdachtskonzeption wandelte sich – ausgelöst durch die Vorschriften des Braunschweiger StGB, die die Unzulässigkeit von Präsumtionen verdeutlichten – zu einer Gefährlichkeitskonzeption. Nicht mehr der Ausgang einer Schlägerei unter mehreren war Strafgrund, sondern die Rauferei selbst. Der Raufhandelstatbestand dient also nicht (mehr) nur der Überbrückung von Beweisschwierigkeiten bei der Zurechnung schwerer Rechtsgutsbeeinträchtigungen. Ein solches einseitiges Konzept würde konsequenterweise zur Verdachtsstrafe führen, die aus den oben dargelegten Gründen unzulässig ist.

Der Charakter des Schlägereitatbestandes als Gefährdungsdelikt wird als Folge der historischen Entwicklung heute nicht mehr in Frage gestellt.

Mit der Einordnung als Gefährdungsdelikt ist § 231 StGB noch nicht eindeutig dogmatisch bestimmt. Es bleibt zu klären, ob die Vorschrift den Eintritt einer tatsächlichen – also konkreten – Gefahr erfordert, oder ob es für die Strafbarkeit genügt, dass das Vorliegen einer Gefahr abstrakt möglich gewesen ist. Diese Frage lässt sich – wie gezeigt – nicht anhand der historischen Entwicklung beantworten, welche lediglich den der Vorschrift immanenten Gefährlichkeitsmoment an sich erklärt. Nunmehr muss es darum gehen, wie die moderne Strafrechtsdogmatik den Schlägereitatbestand im Detail begreift.

II. § 231 StGB als abstraktes Gefährdungsdelikt

Nach der überwiegenden Ansicht ist § 231 StGB als abstraktes Gefährdungsdelikt konstruiert[76]. Strafgrund sei die generelle Gefährlichkeit von Raufereien für Leib und Leben. Da tätliche Auseinandersetzungen zwischen mehr als zwei Personen oft schwere Folgen hätten und sich zumeist im nachhinein nicht ermitteln ließe, wer die Verletzungsfolge verursacht habe, bedrohe das Gesetz schon die schuldhafte Beteiligung als solche mit Strafe. Unerheblich sei es, ob es tatsäch-

[76] BGHSt 14, 132 (134 f.); 16, 130 (132); 33, 100 (103); 39, 305 (307); *Maurach/Schroeder/Maiwald*, BT 1, § 11 Rn. 4; NK-*Paeffgen*, § 231 Rn. 2, 18; Sch/Sch-*Stree*, § 231 Rn. 1, 13; *Tröndle/Fischer*, § 231 Rn. 5.

lich zum Eintritt einer konkret gefährlichen Situation für das Rechtsgut Leib oder Leben gekommen ist.

Gestützt wird diese Auffassung durch eine Vielzahl von höchstrichterlichen Entscheidungen sowohl des Bundesgerichtshofs als auch schon früher des Reichsgerichts.

Beispielsweise sprechen die Entscheidungen des Bundesgerichtshof vom 5. Februar 1960[77], vom 16. Juni 1961[78] und vom 20. Dezember 1984[79] ausdrücklich vom Schlägereitatbestand als abstraktem Gefährdungsdelikt.

Somit ist die Auslegung als abstraktes Gefährdungsdelikt mit Verweis auf die Argumentation der herrschenden Ansicht auf jeden Fall vertretbar. Hiernach verbietet § 231 StGB als solches schon die Beteiligung an wie auch immer gearteten Raufereien.

III. § 231 StGB als konkretes Gefährdungsdelikt

Der Schlägereitatbestand kann jedoch konstruktiv nicht nur als abstraktes Gefährdungsdelikt verstanden werden. Die gegenteilige Ansicht legt § 231 StGB als kollektiv begangenes konkretes Gefährdungsdelikt aus[80]. Hierunter finden sich namhafte Vertreter der Literatur wie *Hirsch* und *Roxin*, die ihr Ergebnis eingehend begründen. Diese Begründungsansätze sollen unter 1. dargetan werden.

Montenbruck hält den Raufhandelstatbestand für ein Delikt, dass zum einen in der Schlägereimodalität ein abstraktes Gefährdungsdelikt darstellt, zum anderen in der Angriffsmodalität ein konkretes Gefährdungsdelikt[81]. Dabei verweist er auf die eigenständige Bedeutung der Angriffsmodalität: „Die Alternative des „Angriffs mehrerer“ führt regelmäßig zu einer konkreten Gefährdung der körperlichen Integrität des Angegriffenen“[82]. Dieser Gedanke wird im Folgenden weiter vertiefend darzulegen sein.

---

[77] BGHSt 14, 132.

[78] BGHSt 16, 130.

[79] BGHSt 33, 100.

[80] LK-*Hirsch*, § 231 Rn. 1, 15; *Roxin*, AT I, § 23 Rn. 12 f.; *Lilie/Teyssen*, JuS 1985, 297 (298).

[81] *Montenbruck*, JR 1986, 138 (139).

[82] *Montenbruck*, JR 1986, 138 (139).

1. Die bisherigen Argumente der Minderansicht

Im Folgenden ist der Frage nachzugehen, was dafür sprechen könnte, § 231 StGB als konkretes Gefährdungsdelikt einzuordnen.

Diejenigen Vertreter der Lehre, die § 231 StGB als konkretes Gefährdungsdelikt ansehen, verweisen zumeist auf die Parallele zu den Straßenverkehrsdelikten der §§ 315 ff. StGB. In diesen Vorschriften wird aus dem Schadenseintritt zwingend gefolgert, dass als Durchgangsstadium eine konkrete Gefahr vorgelegen hat[83]. So solle der Eintritt der schweren Folge beim Raufhandelsgeschehen Indikator für die konkrete Gefährdung der Schlägerei sein. Die Gefährlichkeit des Raufhandels ergebe sich mithin typischerweise aus dem Eintritt des Todes oder der schweren Körperverletzung. Der Eintritt des schweren Erfolges zeige „wie das Fieber die Krankheit"[84] die Gefährlichkeit der Schlägerei an, die dem Rauferei-erfolg vorangegangen sei.

Für ein bloß abstraktes Gefährdungsdelikt, für welches noch nicht einmal eine konkrete Gefährdung des Rechtsgutes eingetreten sein muss, sei die Strafandrohung der Vorschrift zu hoch[85]. Beteilige sich jemand an einem lediglich abstrakt gefährlichen Raufhandel, der sich im Einzelfall als völlig harmlos rausstelle, sei eine Bestrafung bis zu drei Jahren Gefängnis nicht angemessen. Eine solche Rechtsfolge rechtfertige sich nur durch das Hinzutreten des Unrechtsgehaltes der schweren Folge. Wenn der Gesetzgeber nun aber eine solche objektive Bedingung der Strafbarkeit in den Schlägereitatbestand aufnehme, wolle er nur konkret gefährliche Auseinandersetzungen von der Norm erfassen lassen. Folglich solle nicht die Beteiligung an wie auch immer gearteten Schlägereien bestraft werden, sondern nur die an konkret gefährlichen Raufereien.

Folge der soeben dargelegten Ansicht ist, dass sich die Schuld des Täters auf alle Faktoren erstrecken muss, die für den konkreten Gefährdungsunwert der Schlägerei konstitutiv sind; dazu gehört dann aber auch der Eintritt der schweren Folge. Die Vertreter dieser Ansicht sehen sich also gezwungen, der herrschenden Meinung, die den Eintritt der schweren Folge als objektive Bedingung der Strafbarkeit begreift, zu widersprechen. Soll § 231 StGB als konkretes Gefährdungsdelikt verstanden werden, muss der schwere Schlägereierfolg anders verstanden werden. *Hirsch*[86] und *Roxin*[87] sehen diesen Erfolg konsequenterweise

---

[83] Sch/Sch-*Cramer/Sternberg-Lieben*, § 315 b Rn. 12, § 315 c Rn. 33.

[84] *Rittler*, ÖstrZStr, Jahrgang 8 (1918-1920), 323 (333).

[85] LK-*Hirsch*, § 231 Rn. 1, 15; *Roxin*, AT I, § 23 Rn. 12 f.

[86] LK-*Hirsch*, § 231 Rn. 1.

[87] *Roxin*, AT I, § 23 Rn. 13.

als Merkmal des Unrechtstatbestandes an, was zur Folge hat, dass der Schlägereierfolg für den Täter mindestens voraussehbar gewesen sein muss. Dies sei beispielsweise immer dann der Fall, wenn sich die Kontrahenten bewaffnet oder in sonst brutaler Weise bekämpfen[88]. Da der Täter sich zudem vorsätzlich (§ 15 StGB) an der Schlägerei beteiligt haben müsse, sei § 231 StGB als Vorsatz-Fahrlässigkeitskombination einzuordnen, was zwangläufig zu Ähnlichkeiten, aber nicht zur Übereinstimmung mit den erfolgsqualifizierten Delikten nach § 18 StGB führe.

2. Die eigenständige Bedeutung der Angriffsmodalität als konkretes Gefährdungsdelikt

Wie bereits dargelegt, ist § 231 StGB in seiner ersten Modalität wohl – ungeachtet der soeben vorgebrachten Argumente der Gegenansicht – durchaus als abstraktes Gefährdungsdelikt auszulegen. Unberücksichtigt geblieben ist in der bisherigen Betrachtung – vor allem aber zumeist auch in der Literatur – die zweite Modalität des § 231 StGB, der Angriff mehrerer. Die Einordnung des Raufhandelstatbestandes als abstraktes Gefährdungsdelikt ließe sich wohl nicht halten, wenn der zweiten Modalität ein eigenständiger Gehalt zukommt, der die Folge zulässt, hierbei eine konkrete Gefährdung des Tatopfers zu fordern.

In der Regel führt ein Angriff mehrerer in eine Konfliktsituation, die in einer Schlägerei (erste Modalität) mündet. Mithin verwundert es nicht, dass wohl schon dem Gesetzgeber die zweite Modalität weniger bedeutsam erschien als die erste; schließlich findet in der amtlichen Überschrift allein die Schlägerei Erwähnung. So liefern die Literatur und vor allem auch die gängigen Kommentierungen keine detaillierten Ausführungen zu der Angriffsmodalität.

Der Unterschied der zweiten Begehungsmodalität zur Schlägerei soll nach überwiegender Ansicht darin liegen, dass es bei einem Angriff nicht auf beiden Seiten zu, auf Körpereinwirkung gerichteten, Handlungen gekommen sein muss[89]. Tatsächlich werden viele Schlägereien aus einem vorhergehenden Angriff erwachsen, etwa wenn das Opfer des Angriffs sich gegen seine zwei Angreifer zur Wehr setzt.

---

88 *Roxin*, AT I, § 23 Rn. 13.

89 BGHSt 2, 160 (162 f.); LK-*Hirsch*, § 231 Rn. 5.

a) Ausgangspunkt: BGH, NJW 2003, 150 ff. – Die vermeintliche Gleichsetzung von Angriffsmodalität und versuchter Körperverletzung

Allerdings sind durchaus Konstellationen vorstellbar, in denen es schließlich doch nicht zu einer Schlägerei gekommen ist. Ein Angriff, der nicht gleichzeitig Schlägerei ist, liegt nämlich vor, wenn das Opfer zusammengeschlagen wird und sich gar nicht wehrt, oder sich aber auf Schutzwehr beschränkt. Selbstverständlich verdient das sich nicht wehrende Opfer, das sich seinem Schicksal hingibt, den gleichen strafrechtlichen Schutz wie das sich zur Trutzwehr entschließende Opfer. Verdeutlichen mag diese Konstellationen folgender

Beispielsfall[90]*: In der Nacht zum 13.02.1999 jagten elf junge Männer den Algerier Ben Noui und seine Freunde zunächst mit Autos und anschließend – nachdem einige Bremsmanöver direkt vor den Flüchtenden diese nicht stoppen konnten – zu Fuß durch die Stadt Guben. Die Verfolgten bemerkten in ihrer Panik nicht, dass die Verfolger aufgaben, und sind in Todesangst durch die Türscheibe in einen Hausflur geflüchtet. Dabei schnitt sich der Algerier die Schlagader in der Kniekehle auf und verblutete.*

Paeffgen stellt – wohl im Einklang mit der überwiegenden Literatur – die Behauptung auf, dass jede Beteiligung an einer Schlägerei – mindestens – eine versuchte Körperverletzung nach § 223 StGB darstellt[91].

Ähnlich argumentiert auch *Schulz*, der meint, es sei zumindest praktisch, wenn schon nicht theoretisch ausgeschlossen, dass ein Angriff mehrerer nicht mit einer wenigstens versuchten gefährlichen Körperverletzung in Tateinheit stehe[92].

Ebenso wie *Schulz* und *Paeffgen* ging der Entwurf der Bundesregierung zum 6. Strafrechtsreformgesetz, wenn auch nur vager, davon aus, dass die Streichung des Schlägereitatbestandes keine gravierenden Gesetzeslücken geöffnet hätte. Begründet wurde diese Erwägung mit der – scheinbaren – Erkenntnis, dass strafwürdige Verhaltensweisen im Zusammenhang mit § 231 StGB zumeist unter dem Gesichtspunkt der psychischen Beihilfe zur Körperverletzung nach § 223 StGB angemessen geahndet werden könnten[93].

Somit scheint die Auffassung weit verbreitet, dass der Angriffsmodalität des § 231 Abs. 1 Mod. 2 StGB neben den (versuchten) Körperverletzungsdelikten

---

[90] BGH, NJW 2003, 150 ff.

[91] NK-*Paeffgen*, § 231 Rn. 3.

[92] *Schulz*, StV 1986, 250 (251).

[93] BT-Drucks. 13/8587, S. 35.

kein eigenständiger Bedeutungsgehalt zukommt. *Geisler* schreibt in diesem Zusammenhang: „...genügt es, daß der Angriff unmittelbar auf den Körper des Opfers gerichtet ist. Jedoch erfüllt dieses von der Angriffsmodalität tatbestandlich vertypte Verhalten die Voraussetzungen eines Versuchs der gefährlichen Körperverletzung“[94].

Höchst fraglich ist, ob diese Behauptung, die sich wohl in der Regel als richtig herausstellt – gerade was die erste Modalität des § 231 StGB betrifft –, auch auf den Beispielsfall zutrifft. Nicht bekannt ist, ob die Angeklagten tateinheitlich wegen § 231 Abs. 1 Mod. 2 StGB verurteilt worden sind. Auf jeden Fall kann der Beispielsfall eindrucksvoll veranschaulichen, welcher Anwendungsbereich der zweiten Modalität des § 231 StGB zukommt.

Demnach ist im Folgenden zu untersuchen, ob im Beispielsfall schon ein unmittelbares Ansetzen zu einer Körperverletzung vorlag. Ausgangspunkt für eine solche Untersuchung müssen stets die gesetzlichen Normen sein. Hilfe bringen hier die Versuchsvorschriften im Allgemeinen Teil. Nach § 22 StGB versucht eine Straftat, wer nach seiner Vorstellung von der Tat zur Verwirklichung des Tatbestandes unmittelbar ansetzt. Weitere Konkretisierungen gibt der gesetzliche Tatbestand leider nicht vor, so dass hinsichtlich der Auslegung der Norm auf Rechtsprechung und Literatur zu verweisen ist.

Im Schrifttum finden sich für die Präzisierung des Unmittelbarkeitserfordernisses des § 22 StGB im Vorfeld der Tatbestandserfüllung verschiedene Vorschläge:

aa) *Frank*sche Formel

Nach der klassischen *Frank*schen Formel[95] gehören zum Versuch alle Handlungen, die „vermöge ihrer notwendigen Zusammengehörigkeit mit der Tatbestandshandlung für die natürliche Auffassung als deren Bestandteil erscheinen“[96].

Legt man im hier relevanten Beispielsfall eine natürliche Auffassung zugrunde, müsste man wohl sagen, dass die große Entfernung zwischen den Angreifern und dem Opfer noch nicht versuchsbegründend wirkt.

---

94 *Geisler*, GA 2000, 166 (176).

95 *Frank*, § 43 Anm. II b.

96 Vergleiche RGSt 77, 162 (162).

Allerdings verdeutlicht schon diese wohl eher vage Subsumtion auf den Beispielsfall, dass die Heranziehung der natürlichen Auffassung unbestimmt ist. Die *Frank*sche Formel führt letztlich dazu, ein „Gefühlsurteil“[97] zu fällen. Gemäß den Vorgaben des Bestimmtheitsgebotes des Art. 103 Abs. 2 GG muss auch § 22 StGB eindeutig zu bestimmen sein. Dies vermag die *Frank*sche Formel nicht zu erreichen.

bb) Gefährdungstheorie

Die so genannte Gefährdungstheorie stellt darauf ab, ob nach dem Täterplan eine Situation eingetreten ist, in der das betroffene Rechtsgut aus Tätersicht bereits konkret gefährdet ist[98]. Ausschlaggebend ist danach folglich ein materielles Kriterium, der Eintritt einer kritischen, bedrohlichen Situation für das Schutzgut der jeweiligen Strafvorschrift.

Folgt man der Gefährdungstheorie, stellt sich die Verfolgungssituation im Beispielsfall noch nicht als unmittelbares Ansetzen dar; schließlich mussten die Verfolger die Flüchtenden erst noch einholen. Ihre körperliche Unversehrtheit war zur Zeit der Jagd folglich noch nicht konkret gefährdet.

Gegen die Gefährdungstheorie lassen sich aber dogmatische Bedenken insofern vorbringen, als das Gefährdungskriterium zu unbestimmt ist: Die Gefährdung des Rechtsguts beginnt bereits mit der ersten Vorbereitungshandlung und unterliegt bis zur Vollendung lediglich einer kontinuierlichen Steigerung[99]. Auch löst diese Theorie den Eintritt ins Versuchsstadium von der Täterperson ab und verschiebt ihn auf einen weitgehend zufälligen Zeitpunkt. Das Gesetz verlangt aber, dass der Täter und nicht das Opfer zur Erfolgsherbeiführung ansetzt. Für bestimmte Deliktstypen erweist sich der Gefährdungsaspekt zudem als untauglich. Mag bei den Erfolgsdelikten der Gefährdungszeitpunkt noch hinreichend bestimmbar sein, ist dies bei den bloßen Gefährdungsdelikten nicht länger der Fall.

Folglich kann das Gefährdungsmoment nicht zur exakten Bestimmung des Versuchsbeginns herangezogen werden.

[97] *Roxin*, AT II, § 29 Rn. 135.

[98] *Otto*, BT, § 18 Rn. 30; Sch/Sch-*Eser*, § 22 Rn. 42.

[99] *Berz*, Jura 1984, 511 (513).

cc) Sphärentheorie

Die Vertreter der so genannten Sphärentheorie sehen die zeitliche Nähe zur Tatbestandsverwirklichung und die räumliche Beziehung von Täter- und Opfersphäre als Anhaltspunkte für den Versuchsbeginn an[100].

Gerade die Anwendung der Sphärentheorie macht hier deutlich, dass ein unmittelbares Ansetzen wohl noch nicht gegeben war. Es fehlte schließlich noch an einer hinreichenden räumlichen Nähe zwischen den Flüchtenden und den Verfolgern. Die Sphäre der Flüchtenden war noch über einige Meter von der Sphäre der Verfolger getrennt.

Der Sphärentheorie ist in der Literatur mit Kritik begegnet worden. Das Raum-Zeit-Erfordernis bewältige nur einen Teil der Versuchsfälle. Es versage bei Delikten, zu deren Verwirklichung der Täter zwar schon etwas getan hat, deren Erfolg aber erst viel später oder an einem ganz anderen Ort eintreten soll[101].

Gerade dieser Einwand macht deutlich, dass auch die Sphärentheorie nichts zur Bestimmung des unmittelbaren Ansetzens gemäß § 22 StGB beitragen kann.

dd) Zwischenaktstheorie

Nach der so genannten Zwischenaktstheorie liegt Versuch bei Handlungen vor, die zwar noch nicht tatbestandsmäßig sind, bei natürlicher Betrachtung aber bereits als deren Bestandteil erscheinen, weil nach dem Täterplan zwischen ihnen und der Tatverwirklichung keine wesentlichen Zwischenakte mehr liegen. Ob weitere Zwischenhandlungen wesentlich sind, ist nur durch eine wertende Betrachtung des Gesamtgeschehens zu ermitteln[102]. Jedenfalls ist hiernach Versuch gegeben, wenn die nächste Handlung des Täters diejenige ist, die den Erfolg auslöst[103].

Nach der Zwischenaktstheorie ist im Beispielsfall zu untersuchen, ob die Verfolger noch einen wesentlichen Zwischenschritt zur Verwirklichung der Körperverletzung unternehmen mussten. Gerade das Einholen ihrer Opfer war für die Verfolger nicht nur wesentlich, sondern sogar entscheidend für die geplante

---

[100] *Jakobs*, AT, S. 730; *Roxin*, JuS 1979, 1 (5).

[101] Sch/Sch-*Eser*, § 22 Rn. 41.

[102] *Berz*, Jura 1984, 511 (517); *Baumann/Weber/Mitsch*, AT, § 26 Rn. 54; SK-*Rudolphi*, § 22 Rn. 13.

[103] *Roxin*, AT II, § 29 Rn. 126.

Körperverletzung. Nimmt man die Zwischenaktstheorie wörtlich, waren eben noch viele „Schritte“ erforderlich, um das Opfer einzuholen.

Obwohl für diese formelle (Zwischenakts-) Theorie ihre Tatbestandsnähe spricht, ist sie zwei Einwänden ausgesetzt: Zum einen verlagere sie zuweilen den Versuchsbeginn zu weit in das Vorbereitungsstadium hinein, zum anderen werde nicht selten innerhalb eines einheitlichen Geschehensablaufs ein unnatürlicher Einschnitt vorgenommen[104]. *Geilen* spricht in diesem Zusammenhang vom „Zeitlupenstrafrecht“[105]. Wie *Berz* aber bereits gezeigt hat[106], wollen die Vertreter der Zwischenaktstheorie eine solche enge Sicht des Zwischenaktes gar nicht vornehmen: „Maßgeblich dafür, ob zwischen dem Verhalten des Täters und der Tatbestandsverwirklichung weitere Handlungen in diesem Sinne liegen, die der Annahme eines Versuchs entgegenstünden, ist eine Beurteilung auf Grund der „natürlichen Auffassung“, mit deren Hilfe die Einzelakte in ihrem sozialen Sinnzusammenhang aus der Sicht des Täters bewertet werden müssen.“ Dass die Zwischenaktstheorie als Korrektiv einer solchen natürlichen Auffassung bedarf, zeigt folgender

Beispielsfall: Gerade als A die schon zuvor entsicherte Pistole zieht, mit der er O erschießen will, wird er von einem Polizisten gestellt.

Nun könnte man bei enger Heranziehung der Zwischenaktstheorie das unmittelbare Ansetzen mit der Begründung verneinen, dass zwischen dem Ziehen der Pistole und der Tötung des O durch das Schießen weitere Zwischenakte nötig sind (Anlegen und Zielen). Dies würde aber eine „zu enge, nach körperlichen Bewegungen aufspaltende Betrachtung“ darstellen[107]. Auch solche Handlungen müssen dem § 22 StGB entsprechen, die wegen ihrer notwendigen Zusammengehörigkeit mit der Tathandlung nach dem Plan des Täters als deren Bestandteil erscheinen, weil sie an diese räumlich und zeitlich angrenzen und mit ihr im Falle ihrer Ausführung eine natürliche Einheit bilden[108].

Anders ist die Situation bei den Verfolgungsfällen zu beurteilen. Hier sind hingegen noch viele körperliche Bewegungen von Nöten, um das Opfer erst noch einzuholen. Dann wäre das Ergreifen des Opfers erst möglich, woran sich schließlich die eigentliche Tatbestandsverwirklichung – körperliche Misshandlung oder Gesundheitsschädigung – anschließen würde.

---

[104] *Schlüchter*, AT, S. 136.

[105] *Geilen*, AT, S. 164.

[106] *Berz*, Jura 1984, 511 (514).

[107] BGHSt 26, 201 (204).

[108] BGH, NJW 1980, 1759 (1759 f.).

Folglich kommen zwar alle von der Literatur vertretenen Ansichten im Beispielsfall nicht zu einem unmittelbaren Ansetzen; dennoch darf nicht unerwähnt bleiben, dass jede Theorie sich Bedenken ausgesetzt sieht.

ee) Formel der Rechtsprechung

Im Grunde schließt sich die Rechtsprechung der Zwischenaktstheorie an; allerdings zieht sie verstärkt auch die Kriterien der anderen Theorien heran. Die Formel der Rechtsprechung lautet demnach wie folgt:

Der Versuchsbeginn erstreckt sich auf Handlungen, die in ungestörtem Fortgang unmittelbar zur Tatbestandserfüllung führen sollen oder die in unmittelbarem räumlichen und zeitlichen Zusammenhang mit ihr stehen, das geschützte Rechtsgut somit unmittelbar gefährden. Das ist der Fall, wenn der Täter subjektiv die Schwelle zum „jetzt geht es los" überschreitet und objektiv zur tatbestandsmäßigen Angriffshandlung ansetzt, so dass sein Tun ohne wesentliche Zwischenakte – d.h. ohne einen weiteren Willensimpuls – in die Erfüllung des Tatbestandes übergeht[109].

ff) Lösung des Bundesgerichtshofs im Beispielsfall

Gerade mit dieser (Kombinations-) Formel versucht nun der Bundesgerichtshof den Versuchsbeginn im oben genannten Beispielsfall festzulegen. Hierbei lässt er es zunächst offen, ob bereits die Bremsmanöver eine versuchte Körperverletzung darstellten; spätestens aber mit der Verfolgung der Flüchtenden zu Fuß sei der Versuchsbeginn eingetreten. Die Angeklagten hätten zu diesem Zeitpunkt die Schwelle zum „jetzt geht es los" überschritten. Eines weiteren „Willensimpulses" oder „Willensrucks" zur Umsetzung ihrer Pläne hätte es nicht mehr bedurft.

Dieser Argumentation des Bundesgerichtshofes ist schon zu Recht von *Puppe* widersprochen worden[110]. Zwar stimmt es, dass die Angeklagten im Beispielsfall die Schwelle zum „jetzt geht es los" überschritten hätten; allerdings darf dabei nicht verkannt werden, dass nicht nur solche psychologischen Kriterien den Versuchsbeginn bestimmen dürfen. So sagt *Puppe* ausdrücklich: „Die Bestimmung des Versuchsbeginns kann nicht rein psychologisch, sie muss auch normativ erfolgen. Das Opfer muss mindestens nach der Vorstellung des Täters in un-

---

[109] BGHSt 28, 162 (163); BGH, NJW 1989, 3233 (3233); NStZ 1997, 83 (83); NStZ 1999, 395 (395).

[110] *Puppe*, JR 2003, 123 (125).

mittelbarer Gefahr sein."[111]. Höchst zweifelhaft ist dies aber gerade in einem Fall wie dem vorliegenden, in dem die Täter das Opfer erst noch langwierig verfolgen müssen. Die Verfolger selbst rechneten wohl bei der bloßen Verfolgung noch nicht mit einer unmittelbaren Gefahr für die körperliche Unversehrtheit des Verfolgten. So stellt sich die Frage, ob der Bundesgerichtshof auch dann wegen versuchter Körperverletzung verurteilt hätte, wenn den Opfern die Flucht erfolgreich gelungen wäre.

„Pflückt" man die Kombinationsformel des Bundesgerichtshofs auseinander, verbleibt es bei den in der Literatur vertretenen Lösungsansätzen, die bei konkreter Anwendung auf den Beispielsfall – wie bereits gezeigt – einen Körperverletzungsversuch nicht begründen können. Der Eindruck drängt sich auf, dass sich der Bundesgerichtshof der Kombinationsformel bedient, um in Einzelfällen die von ihm erwünschten Ergebnisse zu erzielen.

Stützen lässt sich die hier vertretene Ansicht auch mit einem von *Berz* erdachten Beispiel[112]:

Ein Farbiger nimmt in einigen Hundert Metern Entfernung eine Horde Skinheads wahr, die sich, nachdem sie ihn ihrerseits erblickt haben, sogleich im Laufschritt in seine Richtung in Bewegung setzen. In Panik gerät der flüchtende Ausländer vor ein Auto und verstirbt an den Folgen des Zusammenpralls, als seine gefürchteten Peiniger immer noch weit entfernt sind.

Ein unmittelbares Ansetzen muss hier daran scheitern, dass die Skinheads sich noch mehrere Meter vom anvisierten Opfer entfernt aufhalten. Ein wesentlicher Zwischenakt – die Überwindung der nicht geringen Distanz zum Opfer – muss noch getan werden; ein gegenteiliges Ergebnis würde mit § 22 StGB nicht zu vereinbaren sein.

b) Anwendungsbereich der Angriffsmodalität

Nun fragt sich, ob sowohl im Ausgangsfall als auch im soeben geschilderten Beispiel ein „Angriff mehrerer" nach § 231 Abs. 1 Mod. 2 StGB tatsächlich vorgelegen hat. Nur dann ließe sich ein eigenständiger Bedeutungsgehalt dieser Modalität feststellen.

---

[111] *Puppe*, JR 2003, 123 (125).

[112] *Berz*, Bochumer Beiträge, 17 (21).

aa) Die tradierte Definition

Nach tradierter Definition versteht man unter einem Angriff mehrerer die in feindseliger Willensrichtung unmittelbar auf den Körper eines anderen abzielende Einwirkung durch mindestens zwei Personen[113].

Schon in der Verfolgung des Opfers kann nach der Rechtsprechung ein solcher Angriff zu sehen sein, ebenso in dem der Tätlichkeit unmittelbar vorangehenden Engerziehen eines Personenkreises um das umzingelte Opfer[114]. Der Beginn des Angriffs müsse nicht notwendig mit dem Anfang von Tätlichkeiten zusammenfallen[115]. Es brauche insbesondere noch keine Berührung oder körperliche Verletzung des Gegners vorliegen[116]; das „Abzielen" auf das Opfer eröffne den Anwendungsbereich der Angriffsmodalität.

Anders als die Rechtsprechung sehen dies *Günther*[117] und *Schulz*[118]. Für sie reicht das bloße bedrohliche Zugehen oder Verfolgen des Opfers nicht für einen Angriff mehrerer aus.

Dieser Streitpunkt erlangt enorme Bedeutung; schließlich würde dem Angriff mehrerer ein eigenständiger Gehalt zukommen, falls bereits eine Verfolgung der Opfer insofern ausreichen würde. Wie bereits dargelegt, kann ein unmittelbares Ansetzen hierbei nicht angenommen werden. Für versuchte Körperverletzungsdelikte ist folglich kein Raum.

bb) Die Ansichten von *Günther* und *Schulz*

Somit bleibt zu untersuchen, welche Einwände *Günther* und *Schulz* bewegen, dem Bundesgerichtshof bei der Annahme von § 231 StGB in den Verfolgungsfällen zu widersprechen.

Günther hält die Vorschrift des § 231 StGB aufgrund ihrer Tragweite für restriktionsbedürftig[119]. Nach seiner Ansicht müsste eine Strafvorschrift, die von der herrschenden Meinung als abstraktes Gefährdungsdelikt einzustufen sei und zu-

---

[113] BGHSt 33, 100 (102); LK-*Hirsch*, § 231 Rn. 5.

[114] BGHSt 33, 100 (102); RGSt 59, 107 (109); 59, 264 (265); so auch Sch/Sch-*Stree*, § 231 Rn. 4.

[115] BGHSt 33, 100 (102); LK-*Hirsch*, § 231 Rn. 5; *Hohmann/Sander*, BT II, § 10 Rn. 8.

[116] RG, GA 59 (1912), 332 (332).

[117] *Günther*, JZ 1985, 585 (586).

[118] *Schulz*, StV 1986, 250 (250).

[119] *Günther*, JZ 1985, 585 (585).

dem eine objektive Bedingung der Strafbarkeit enthalte, auf anderem Wege eingeschränkt werden. Da § 231 StGB den Tod eines Menschen oder einen schweren Körperverletzungserfolg voraussetze, müsse es sich um einen tätlichen Angriff handeln. Solange die Täter nur eine drohende Haltung gegenüber ihrem Opfer einnähmen, beschwören sie noch keine unmittelbare Lebens- oder Leibesgefahr herauf, die die Strafandrohung des § 231 StGB mittels Risiko- oder Gefährdungserwägungen rechtfertigen könne. Es sei nicht einzusehen, warum schon der „Versuch einer abstrakten Gefährdung"[120] eine Haftung nach § 231 StGB auslöse. So nennt *Günther* die Rechtsprechung des Bundesgerichtshofs zu der Angriffsmodalität eine „unnötige Überdehnung dieser Tatalternative"[121].

Ähnliche Erwägungen führt auch *Schulz* an. Er kritisiert vor allem die Betonung des Bundesgerichtshofs bezüglich des „Abzielens", welches ja nur einen Aspekt der tradierten Definition ausmache. Vielmehr verliere der Bundesgerichtshof das Unmittelbarkeitserfordernis aus den Augen[122]. Nach *Schulz* komme diesem Merkmal gerade die Funktion zu, Verhaltensweisen im Vorfeld von Tätlichkeiten auszuscheiden, die schon generell nicht geeignet seien, eine spezifische Gefahr für den Eintritt der schweren Folge zu begründen[123]. So fehle bei Verfolgungsfällen und Bedrohungssituationen noch eine unmittelbar auf Verletzungen abzielende Einwirkung.

cc) Eigene Stellungnahme

Die Einwände von *Günther* und *Schulz* können aber nicht überzeugen.

Zwar hat *Günther* mit der Feststellung Recht, dass eine objektive Bedingung der Strafbarkeit nicht auch noch extensiv ausgelegt werden müsse. Dennoch erscheint es sachgerecht, mit der Angriffsmodalität auch schon den „Versuch einer abstrakten Gefährdung"[124] strafrechtlich zu ahnden. Tatsächlich ist diese Formulierung *Günthers* irreführend und soll lediglich das von ihm gewünschte Ergebnis veranschaulichen. Eine abstrakte Gefährdung – und nicht nur deren Versuch – liegt nämlich schon in den Verfolgerfällen vor. Dies zeigt gerade der Beispielsfall in erschreckender Weise. Durch die bloße Verfolgung und der von dieser ausgehenden Druck- und Angstsituation für das Opfer wurde die panikartige Flucht durch die Fensterscheibe erst ausgelöst. Verfolgungen setzen in den Opfern solche Panikgefühle frei, dass sie zu irrationalen und teilweise lebensge-

[120] *Günther*, JZ 1985, 585 (586).

[121] *Günther*, JZ 1985, 585 (586).

[122] *Schulz*, StV 1986, 250 (250).

[123] *Schulz*, StV 1986, 250 (250).

[124] *Günther*, JZ 1985, 585 (586).

fährlichen Handlungen hingerissen werden, welche sie vor den Einwirkungen durch die Verfolger bewahren sollen, sich dann aber als ungemein gefährlicher erweisen.

Die Bedeutung, die *Schulz* dem Unmittelbarkeitserfordernis zumisst, kommt diesem tatsächlich nicht zu. Anders als bei dem schon diskutierten § 22 StGB wird der Begriff der Unmittelbarkeit im Gesetzestext gar nicht erwähnt. Dieses rein formalistische Argument wird aber noch von einer anderen Erwägung gestützt, die von *Schulz* nach kurzer Erwähnung nicht mehr weiter betrachtet wird: das andere Merkmal der tradierten Definition – das Abzielen. Jenes Merkmal liegt nämlich eindeutig vor, wenn die Täter die Verfolgung ihres Opfers aufnehmen. Dem Unmittelbarkeitserfordernis kommt dann nur noch eine restriktive Funktion zu, indem beispielsweise Verhaltensweisen wie das Abbremsen im Beispielsfall aus dem strafbaren Bereich ausgeklammert werden. Eine angriffsspezifische Gefährdungslage, die die Gefahr der Eskalation oder Fehlreaktion in sich trägt, liegt hierbei noch nicht vor. Für das Opfer bedrohlichere Handlungen der Täter – wie die Verfolgung – sollen insoweit gerade nicht ausgeschlossen werden. Für diese relative Unbedeutendheit des Unmittelbarkeitserfordernisses spricht darüber hinaus ein gesetzessystematisches Argument: Der Begriff des Angriffs in § 32 StGB wird ergänzt durch die Gegenwärtigkeit, die gerade auch eine unmittelbar bevorstehende Beeinträchtigung erfasst. Die Angriffsmodalität des § 231 StGB spricht hingegen nicht von der Gegenwärtigkeit des Angriffs. Es stellt sich folglich die Frage, warum dann die Unmittelbarkeit des Angriffs genau so eine wichtige und für die Vorschrift tragende Rolle spielen sollte wie bei der Notwehr. *Schulz* sieht die Bedeutung des Unmittelbarkeitserfordernisses folglich in einem falschen Licht.

Günther und *Schulz* scheinen in die Angriffsmodalität einen „tätlichen Angriff" hineinlesen zu wollen, obwohl das Gesetz lediglich vom „Angriff" spricht. Dies muss aus gesetzessystematischen Gründen richtig sein: Der Gesetzgeber differenziert erkennbar zwischen den Begriffen „durch eine Gewalttätigkeit des Angegriffenen" (§ 113 Abs. 2 S. 2 Nr. 2 StGB) beziehungsweise „mittels einer Tätlichkeit" (§ 185 Mod. 2 StGB) und dem Begriff des Angriffs in § 231 StGB oder § 32 StGB.

Mithin kann schon eine bloße Verfolgung der anvisierten Opfer einen Angriff mehrerer darstellen.

dd) Die Behandlung der Fluchtfälle

Aus dem Vorgenannten ergibt sich nun die Problematik, wie der Weite der möglichen Tatsituationen im Rahmen der Fluchtfälle begegnet werden kann. Sachgemäß könnte eine Eingrenzung dadurch erreicht werden, dass in räumlicher Hinsicht verlangt wird, die Angreifer müssten bereits in den Wahrnehmungsbereich des Opfers gelangt sein[125]. Wie die oben erwähnten Fallbeispiele zu den Verfolgungsfällen belegen, kann das Opfer bereits durch die Wahrnehmung der Angreifer zu unüberlegten Maßnahmen hingerissen werden, die es in Leben und Gesundheit gefährden können. Nur wenn das Opfer den objektiv zwar gegebenen Angriff als solchen nicht erkennt, kommt denknotwendig eine fluchtspezifische Gefährdung nicht in Betracht. Eine Strafbarkeit gemäß § 231 Abs. 1 Mod. 2 StGB würde also entfallen, wenn das Opfer auf die Angreifer, deren böse Absicht es übersieht, zuläuft und dabei vor ein Auto gerät und den schweren Taterfolg erleidet.

Folglich bleibt zunächst festzuhalten, dass Fallkonstellationen möglich sind, in denen es noch nicht zu einem Körperverletzungsversuch gekommen ist, wohl aber ein Angriff mehrerer nach § 231 StGB vorliegt. So stellt *Berz* richtig fest[126]: „Gerade in besagten Fluchtfällen sind also Konstellationen denkbar, die sich noch nicht als Erfüllung eines Körperverletzungstatbestandes darstellen. Durch die Erfassung der Fluchtfälle über § 231 Abs. 1 Mod. 2 StGB kommt der Angriffsvariante insoweit die Funktion eines Auffangtatbestandes zu, der im Vorfeld der Körperverletzungsdelikte Anwendung findet“.

Gestützt wird die vorgenannte Ansicht durch ein aktuelles Urteil des Bundesgerichtshofs, dem folgender Sachverhalt zugrunde lag[127]:

„Die gesamte Gruppe der zehn auf der Angeklagtenseite stehenden Personen hatte sich bewaffnet, um die Fahrgäste anzugreifen. ... stieg der Angeklagte C nach Ankunft der Pkw am Tatort als erster aus und stürzte sich sogleich auf sein Opfer (H) und versetzte diesem den ersten – eventuell schon tödlichen – Messerstich, noch bevor auch die Kampfgenossen eingreifen und zuschlagen konnten“.

Der Bundesgerichtshof bejaht hier eine Strafbarkeit nach § 231 StGB. Die erste – bereits tödlich wirkende – Tathandlung sei dann Teil des von mehreren verübten Angriffs im Sinne von § 231 StGB, wenn dieser Angreifer sich zur Auseinandersetzung entschlossen in Annäherung auf das Kampfziel befinde, um alsbald in ein Kampfgeschehen einzugreifen und dies auch könne, wenn sich also die erste Gewalthandlung bereits als Teil des ins Auge gefassten Gesamtgeschehens darstelle. Natürlich darf nicht übersehen werden, dass es hier schon zu einer tätlichen Handlung eines Angreifers gegen sein Opfer gekommen ist; trotz-

---

[125] *Berz*, Bochumer Beiträge, 17 (22).

[126] *Berz*, Bochumer Beiträge, 17 (22).

[127] BGH, NStZ-RR 2000, 331 (331).

dem lässt sich dieser Fall mit den Verfolgerfällen vergleichen, da die restlichen Angreifer sich noch nicht beteiligt hatten, wahrscheinlich sogar noch in den Pkw saßen. Nichtsdestotrotz sah der Bundesgerichtshof hier eine für den Tatbestand des § 231 Abs. 1 Mod. 2 StGB konstituierende Beteiligungshandlung.

Zum Teil wird diesem Urteil widersprochen. *Horn/Wolters* lassen ein Entschlossensein zur späteren Mitwirkung und das Annähern an das Kampfziel nicht genügen[128]. Dem ist aber mit den bereits ausgeführten Argumenten, speziell mit dem „weiten“ Begriff des „Angriffs“ zu widersprechen. So stimmt *Hohmann* dem Bundesgerichtshof zu, indem er feststellt, dass der Zeitpunkt des Angriffsbeginns oftmals dem Startzeitpunkt der Tätlichkeiten vorgelagert ist[129].

ee) Schlussfolgerung

Wenn *Paeffgen* behauptet, man müsse „heute die Sinnhaftigkeit der zweiten Modalität ernstlich bezweifeln“[130], kann dem nur widersprochen werden. Das unmittelbare Ansetzen zur Körperverletzung und die Angriffsmodalität korrespondieren eben nicht. § 231 Abs. 1 Mod. 2 StGB kommt eine eigenständige strafrechtliche Bedeutung zu[131].

Wenn der Angriffsmodalität folglich ein eigener Regelungsbereich zusteht, stellt sich die eingangs aufgeworfene Frage, ob zumindest diese Modalität als konkretes Gefährdungsdelikt auszulegen ist. Da der Angriff – im Gegensatz zu der Schlägerei – keine tätlichen Verhaltensweisen voraussetzt, sondern die bloße Verfolgung ausreichen lässt, muss eine konkrete Gefährdung des Opfers zwingend gegeben sein. Falls lediglich eine abstrakte Gefährdung ausreichen sollte, wäre die Vorschrift auf keine Weise mehr mit der Schlägereimodalität vergleichbar.

c) Zusammenfassung

Der Angriffsmodalität des § 231 StGB steht also ein eigenständiger Regelungsbereich zu. Die stete Annahme von Tateinheit zu den zumindest versuchten Körperverletzungsdelikten der §§ 223 ff. StGB ist insofern nicht vertretbar, als

---

[128] SK-*Horn/Wolters*, § 231 Rn. 4.

[129] MüKo-*Hohmann*, § 231 Rn. 10.

[130] NK-*Paeffgen*, § 231 Rn. 3.

[131] So auch – zumindest andeutungsweise – MüKo-*Hohmann*, § 231 Rn. 13.

im Rahmen des § 231 Abs. 1 Mod. 2 StGB ein darüber hinausgehender Unrechtsaspekt gegeben ist[132].

Somit ist die Angriffsmodalität durchaus als konkretes Gefährdungsdelikt konstruierbar.

3. Auswirkungen auf die dogmatische Einordnung

Die vorstehende Untersuchung hat ergeben, dass § 231 Abs. 1 Mod. 2 StGB als konkretes Gefährdungsdelikt auszulegen ist. Nun stellt sich die Frage, welche Auswirkungen dies für den Schlägereitatbestand insgesamt hat.

Selbstverständlich darf nicht verkannt werden, dass die Schlägereimodalität eine größere praktische Bedeutung hat als die Angriffsmodalität. Dennoch darf von der praktischen Bedeutung her nicht automatisch darauf geschlossen werden, dass die Vorschrift ein abstraktes Gefährdungsdelikt darstellt. Denkbar wäre es, beide Handlungsmodalität selbständig nebeneinander, also ohne Bezug auf die jeweilige andere Modalität, zu stellen. Demnach wäre der Schlägereitatbestand ein Delikt, welches in der Schlägereimodalität ein abstraktes Gefährdungsdelikt, in der Angriffsmodalität ein konkretes Gefährdungsdelikt darstellt, so wie es in der Literatur auch schon vorgeschlagen wurde[133].

Problematisch wäre eine solche Einordnung aber in den – häufigen – Fällen, in denen der Angriff mehrerer nahtlos in eine Schlägerei übergeht. Die Deliktsnatur könnte dann unscharf werden. Nichtsdestotrotz wäre eine solche „Zwitterstellung“ der Auslegung als bloßes abstraktes Gefährdungsdelikt vorzuziehen.

IV. Zusammenfassung

Die herrschende Ansicht legt § 231 StGB als abstraktes Gefährdungsdelikt aus und verweist in ihrer Begründung auf die in jeder Schlägerei immanente Gefahr der Eskalation und der schwersten Verletzungen.

Vernachlässigt wird aber in der dogmatischen Einordnung die Angriffsmodalität, die gerade nicht verlangt, dass es schon zu körperlichen Übergriffen auf eine Person gekommen ist. Hier reichen schon Verfolgungsfälle aus. Zwingende Folge dieser Erkenntnis ist dann, dass es für eine Bestrafung zu einer konkreten Ge-

---

[132] Zur Konkurrenzproblematik zwischen § 231 StGB und den Körperverletzungsdelikten später im Dritten Teil, B., XII.

[133] *Montenbruck*, JR 1986, 138 (140).

fährdung kommen muss. Ansonsten müsste jeder Verfolger nach § 231 StGB bestraft werden, und zwar selbst dann, wenn ihm sein Opfer entkommt.

An der Stichhaltigkeit dieser Argumentation ändert sich zwar nichts durch die überwiegende Bedeutung der Schlägereimodalität, mindert aber ihre Bedeutung für die dogmatische Einordnung beider Modalitäten als ein Delikt. Folge einer Trennung beider Modalitäten wäre es, die Angriffsmodalität als konkretes, die Schlägereimodalität aber als abstraktes Gefährdungsdelikt zu begreifen.

Es überzeugt folglich nicht, wenn geschrieben wird, der Wortlaut des § 231 StGB ließe „keine andere Beschreibung der Deliktsnatur als die eines abstrakten Gefährdungsdeliktes zu“[134].

C. Die Bedeutung der „schweren Folge“

Falls § 231 StGB mit der herrschenden Meinung als abstraktes Gefährdungsdelikt auszulegen ist, stellt sich im Rahmen der dogmatischen Einordnung der Vorschrift anschließend die Frage, welche Bedeutung dem Eintritt der schweren Folge zukommt. Schließlich stellt das Gesetz nicht jede Schlägereibeteiligung unter Strafe.

Die Strafbarkeit wegen Beteiligung an einer Schlägerei tritt nur ein, wenn „durch die Schlägerei“ eine schwere Folge – Tod oder schwere Körperverletzung im Sinne des § 226 StGB – verursacht worden ist.

Zu den typischen, wenn auch nicht begriffsnotwendigen Merkmalen der Schlägerei gehört ein Element der Planlosigkeit. Die meisten Schlägereien entstehen spontan und folgen in ihrer Entwicklung eher irrationalen Einflüssen, so dass die Beteiligten sich der Gefährlichkeit ihres Tuns oft erst nachträglich bewusst werden. Hieraus erklärt sich die häufige Verteidigungsstrategie, man habe diese Entwicklung des Geschehens weder gewollt noch mit ihr gerechnet, somit nicht vorsätzlich gehandelt. Der Rechtsanwender fragt sich, ob dieser Einwand im Hinblick auf den Eintritt der schweren Folge greifen kann.

Infolgedessen kommt dem Erfordernis des Eintritts der schweren Folge eine maßgebliche Bedeutung für die Anwendung des Schlägereitatbestandes zu.

---

[134] MüKo-*Hohmann*, § 231 Rn. 2.

I. Die Auffassung der überwiegenden Ansicht

Die wohl herrschende Literaturmeinung und die Rechtssprechung sehen die schwere Folge als Indiz für die Gefährlichkeit der Handlungen des § 231 StGB an. Konsequenterweise wird der Taterfolg als objektive Bedingung der Strafbarkeit eingeordnet, welche den Tatbestand des § 231 StGB von sonstigen Schlägereien abhebt[135]. § 231 StGB sei folglich ähnlich dem Vollrauschtatbestand des § 323 a StGB zu behandeln. Der Bedeutung einer objektiven Bedingung der Strafbarkeit entsprechend sei grundsätzlich das Ausmaß der schweren Folgen der Schlägerei ohne Bedeutung. Bedeutsam könne es hingegen nur als Indiz für den Gefährlichkeitsgrad der Konfrontation sein.

Diese Ansicht hat zur Konsequenz, dass zwischen dem Täter und dem Eintritt der schweren Folge eine personale Beziehung nicht zu bestehen braucht. Der an der Schlägerei oder dem Angriff mehrerer Beteiligte wird nach § 231 StGB unabhängig davon bestraft, ob gegen ihn bezüglich des Todes oder der schweren Körperverletzung ein Schuldvorwurf wegen vorsätzlichem oder fahrlässigem Verhalten gemacht werden kann. Zudem ist nach dieser Ansicht selbst der Nachweis der individuellen Kausalität für den Erfolgseintritt nicht zu fordern. Folglich liegt eine Strafbarkeit nach § 231 StGB selbst dann vor, wenn feststeht, dass die schwere Folge auf einen einzelnen Beteiligten zurückzuführen ist und dieser nach §§ 211 ff., 226 f. StGB haftet.

Die dogmatische Einordnung der schweren Folge als objektive Bedingung der Strafbarkeit ermöglicht einen entscheidenden Vorteil: Sie nimmt eine Zurechnung auch dann an, wenn die Relevanz der individuellen Mitwirkungshandlungen nicht eindeutig geklärt werden kann. Somit erhält der Schlägereitatbestand eine prozessuale Effizienz, die eventuelle Strategien der Beteiligten zu ihrer Entlastung nahezu unmöglich macht oder zumindest enorm einschränkt. Die bereits in der historischen Beleuchtung der Vorschrift immer wieder relevant gewordenen Beweisschwierigkeiten können durch die Einordnung der herrschenden Meinung vermieden werden. Strafgrund des § 231 StGB ist hiernach die Raauferei als solche, nicht deren verhängnisvoller Ausgang.

Ob die herrschende Interpretation der schweren Folge des § 231 StGB als objektive Strafbarkeitsbestimmung zu verfassungsrechtlichen Friktionen führt, ist an dieser Stelle noch nicht zu untersuchen, sondern Gegenstand der genaueren dogmatischen Auseinandersetzung mit der schweren Folge, welche an späterer

---

[135] BGHSt 14, 132 (134 f.); 16, 130 (132); 33, 100 (103); 39, 305 (307); *Maurach/Schroeder/Maiwald*, BT 1, § 11 Rn. 4; SK-*Horn/Wolters*, § 231 Rn. 2; NK-*Paeffgen*, § 231 Rn. 2, 18; Sch/Sch-*Stree*, § 231 Rn. 1, 13; *Tröndle/Fischer*, § 231 Rn. 5; *Hohmann/Sander*, BT II, § 10 Rn. 12.

Stelle erfolgen soll, um zu dem in der vorliegenden Arbeit gefundenen Ergebnis zu führen.

II. Abweichende Ansichten

Allerdings muss schon an dieser Stelle erwähnt werden, dass die Ansicht der Rechtsprechung und der überwiegenden Literatur nicht unbestritten geblieben ist. Einige Kritiker wenden nämlich ein, dass eine Erfolgshaftung für einen Todes- oder schweren Körperverletzungserfolg, der tatsächlich durch Handlungen eines anderen herbeigeführt worden ist, nicht mit dem Schuldprinzip vereinbar sei[136]. Es sei zwingend eine personale Beziehung zwischen dem Täter des § 231 StGB und dem Eintritt des Schlägereierfolges zu verlangen. Die Auslegung der schweren Folge als objektive Bedingung der Strafbarkeit sei also wegen Verstoßes gegen das Schuldprinzip abzulehnen[137].

Als Konsequenz wird namentlich vor allem von *Hirsch* vertreten, dass für die Tätereigenschaft zumindest fahrlässiges Verhalten in Bezug auf den Schlägereierfolg zu verlangen ist[138]. Anders als die herrschende Meinung fordert er, dass der Täter die Möglichkeit, dass durch den Raufhandel eine der in § 231 StGB benannten schweren Folgen eintritt, zumindest voraussehen konnte. *Hirsch* will mithin den Schlägereitatbestand als eine Vorsatz-Fahrlässigkeits-Kombination verstanden wissen. Strukturvergleichend führt er dabei die Vorschrift des § 18 StGB an, der für die erfolgsqualifizierten Delikte gilt, bei denen eine besondere Schuldbeziehung des Täters zu seiner Tat bestehen muss. Zwar sei § 18 StGB lediglich für erfolgsqualifizierte Delikte anwendbar; doch müsse das, was für straferhöhende besondere Folgen gelte, a maiore ad minus erst recht für solche Umstände gelten, die strafbegründender Natur seien. Schließlich sei im Rahmen des § 231 StGB noch nicht einmal das in der vorsätzlichen Grunddeliktsverwirklichung liegende Risiko gegeben; zudem sei hier auch die tätereigene Verursachung des Erfolgs entbehrlich.

Bemmann verlangt gar vorsätzliches Verhalten des Täters; ihm müsse zumindest die Möglichkeit bewusst gewesen sein, dass im Laufe der Schlägerei oder des Angriffs mehrerer eine Person ums Leben kommt oder schwer in der körperlichen Integrität beeinträchtigt wird[139]. Dieses Erfordernis ist für *Bemmann* zwingende Folge, da er die schwere Folge des § 231 StGB nicht als unrechtsneutrale,

---

136 Zum Beispiel LK-*Hirsch*, § 231 Rn. 1.

137 Dazu später im Vierten Teil, A., I.

138 LK-*Hirsch*, § 231 Rn. 1.

139 *Bemmann*, Objektive Bedingungen der Strafbarkeit, S. 42.

objektive Strafbarkeitsbedingung begreift, sondern als Tatbestandsmerkmal, auf welches sich wegen der Vorschrift des § 15 StGB der Vorsatz erstrecken muss.

Montenbruck wiederum schlägt vor, den Eintritt der schweren Folge als eine Art „negativen Strafaufhebungsgrund" zu qualifizieren[140]. Dabei seien zum einen Parallelen zu der Vorschrift des § 24 StGB, dem Rücktritt vom Versuch, zu erkennen. Zum anderen bestehe eine große dogmatische Ähnlichkeit zu den Geringwertigkeitsklauseln der §§ 248 b, 243 Abs. 2 StGB.

Nun darf aber nicht verkannt werden, dass die abweichenden Ansichten sich schließlich nicht durchsetzen konnten. Inwieweit die von den Kritikern vorgebrachten Argumente gegen die Auslegung der schweren Folge als objektive Strafbarkeitsbedingung durchgreifend und überzeugend sind, sollte erst bei der genaueren dogmatischen Auseinandersetzung untersucht werden. Im Folgenden sollte die Prämisse der herrschenden Meinung zugrunde gelegt werden. Nur auf diese Weise eröffnen sich dem Leser die mit der Vorschrift des § 231 StGB verbundenen Einzelproblematiken in Rechtsprechung und Literatur.

D. Zusammenfassung

Der heutige § 231 StGB war historisch zunächst als Verdachtsstrafendelikt konzipiert. Diese Ausgestaltung einer Strafnorm ist nach heutiger Sicht mit Blick auf den Schuldgrundsatz und der Unschuldsvermutung unhaltbar. Erst im 19. Jahrhundert setzte sich die in der aktuellen Strafrechtsdogmatik etablierte Gefährdungstheorie durch, welche auf die typische Gefahr der Eskalation und der schweren Verletzungen, die durch eine Rauferei entstehen können, abstellt.

Nach überwiegender Ansicht in der Literatur und der Rechtsprechung ist § 231 StGB als abstraktes Gefährdungsdelikt auszulegen. Insbesondere mit Blick auf den eigenständigen Bedeutungsgehalt der Angriffsmodalität ließe sich aber durchaus die Ansicht vertreten, dass der Schlägereitatbestand auch als abstraktes (Schlägereimodalität) beziehungsweise konkretes (Angriffsmodalität) Gefährdungsdelikt auszulegen ist. Dabei sollte in der dogmatischen Diskussion nunmehr berücksichtigt werden, dass die (versuchten) Körperverletzungsdelikte nicht alle Situationen erfassen, die zugleich einen Angriff mehrerer darstellen. Trotzdem bleibt – leider – festzustellen, dass die Rechtsprechung und die überwiegende Literatur eine solche genauere Beleuchtung der Angriffsmodalität mit Blick auf ihre geringe praktische Relevanz kaum vornehmen werden.

---

[140] *Montenbruck*, JR 1986, 138 (140).

Der Eintritt der schweren Folge ist nach herrschender Meinung als objektive Bedingung der Strafbarkeit aufzufassen und gilt als Indiz für die Gefährlichkeit der Handlung. Dabei hat die Untersuchung ergeben, dass der Schlägereierfolg nach der überwiegenden Ansicht außerhalb des tatbestandlichen Unrechts steht. Bei materiell-wertender Betrachtung handelt es sich bei dem Erfordernis des Eintritts der schweren Folge um einen Strafeinschränkungsgrund. Dies ist nahezu einmütige Auffassung in Rechtsprechung und Literatur. Die einschränkende Ansicht, die § 231 StGB als Verletzungserfolgsdelikt ansieht, hat sich genauso wenig durchgesetzt wie die Ansicht, der Erfolg müsse wenigstens subjektiv voraussehbar sein.

Dritter Teil: Rechtsprobleme des § 231 StGB und die Auslegung der Vorschrift durch Rechtsprechung und Literatur

Der Schlägereitatbestand ist schon in seiner dogmatischen Einordnung aufgrund des Erfordernisses der schweren Folge höchst umstritten. Für die praktische Handhabung der Vorschrift könnte dies nur eine geringe Bedeutung ausmachen, falls § 231 StGB insofern eindeutig – trotz aller wissenschaftlichen Bedenken – angewandt werden kann.

Die folgende Untersuchung der praxisrelevanten Fallkonstellationen könnte also Klarheit liefern, ob sich die Vorschrift in ihrer Anwendung durch die insbesondere höchstrichterliche Rechtsprechung einfacher darstellt als in der Wissenschaft.

A. Tatbestandliche Grundlagen

Sowohl in Rechtsprechung als auch in der Literatur haben sich konkrete Leitlinien für die Auslegung der verschiedenen Tatbestandsmerkmale entwickelt. Im Folgenden sollen kurz einige dieser unbestrittenen Leitlinien dargestellt werden, um das Verständnis der behandelten Rechtsprobleme zu erleichtern.

I. „Schlägerei“

§ 231 StGB enthält zwei Tatbestandsmodalitäten, zum einen die Beteiligung an einer „Schlägerei“, zum anderen die Beteiligung an einem „Angriff mehrerer“. Das Tatbestandsmerkmal der „Schlägerei“ ist immer dann zu bejahen, wenn an einer mit gegenseitigen Körperverletzungen verbundenen Auseinandersetzung mehr als zwei Personen aktiv mitwirken[141]. Dabei kommt es nur darauf an, ob die erforderliche Anzahl von Beteiligten gegenseitig tätlich geworden ist[142]. Die wechselseitigen Körperverletzungen zwischen zwei Personen werden mithin zu einer Schlägerei, wenn ein Dritter hinzukommt und mit Tätlichkeiten gegen einen der Streitenden beginnt[143]. Der tätliche Streit verliert seinen Charakter als Schlägerei, wenn nur noch zwei Personen in die Auseinandersetzung verwickelt sind, nachdem sich einer beziehungsweise die anderen Beteiligten entfernt haben[144]. Es kann bei einer Schlägerei durchaus vorkommen, dass die Beteiligten der ersten „Runde“ völlig personenverschieden zu den Akteuren der letzten

---

141 BGHSt 15, 369 (370); 16, 130 (132); 31, 124 (125); SK-*Horn/Wolters*, § 231 Rn. 3; MüKo-*Hohmann*, § 231 Rn. 6; *Hohmann/Sander*, BT II, § 10 Rn. 3.

142 LK-*Hirsch*, § 231 Rn. 4.

143 BGH, GA 1960, 213 (213).

144 BGHSt 14, 132 (135); OLG Köln, NJW 1962, 1688 (1688).

„Runde“ sind[145]. Gemeint ist natürlich nicht nur ein Streit, bei dem im wörtlichen Sinne „geschlagen“ wird; vielmehr liegt eine Schlägerei auch beim Einsatz von Messern oder Schlagwerkzeugen vor[146]. Ein „isolierter“ Zweikampf außerhalb der Schlägereisituation genügt dagegen nicht[147]. Eine Auseinandersetzung zwischen nur zwei Personen stellt demnach keine Schlägerei dar[148], weil regelmäßig weder besondere Gefahren noch Beweisschwierigkeiten bestehen und somit die Vorschriften über Tötung und Körperverletzung ausreichend sind[149]. Es fehlt außerdem an der für eine Schlägerei notwendigen aktiven Mitwirkung von drei Personen, solange sich eine von drei beteiligten Personen auf bloße Schutzwehr beschränkt[150]. Erst die Gegenwehr ist konstitutiv für den Schlägereitatbestand[151].

II. „Angriff mehrerer“

Ein „Angriff mehrerer“ ist die in feindseliger Willensrichtung unmittelbar auf den Körper eines anderen abzielende Einwirkung von mindestens zwei Personen[152]. Bei den Angreifenden muss Einheitlichkeit des Angriffs, des Angriffsgegenstandes und des Angriffswillens vorliegen. Ein gemeinschaftliches Handeln als Mittäter ist nicht notwendig[153]. Der Angriff ist gegeben, wenn die Einwirkung auf den Körper des Angegriffenen abzielt; zu Gewalttätigkeiten muss es in diesem Moment noch nicht gekommen sein[154]. Anders als die Schlägerei verlangt der Angriff keine gegenseitigen Tätlichkeiten[155].

---

145 LK-*Hirsch*, § 231 Rn. 3.

146 Sch/Sch-*Stree*, § 231 Rn. 3.

147 *Maurach/Schroeder/Maiwald*, BT 1, § 11 Rn. 7.

148 BGHSt 15, 369, 370; 31, 124, 126; SK-*Horn/Wolters*, § 231 Rn. 3; *Eisele*, ZStW 110 (1998), 69 (72).

149 *Kriegsmann*, Mittäterschaft und Raufhandel (1907), S. 173 f.; *Reuter*, Der Raufhandel (1899), S. 2.

150 SK-*Horn/Wolters*, § 231 Rn. 3.

151 BGHSt 15, 369 (371); *Eisele*, ZStW 110 (1998), 69 (73).

152 BGHSt 31, 124 (126); 33, 100 (102); BGH, NJW 1984, 621 (621); RGSt 59, 107 (109); 59, 264 (265); Sch/Sch-*Stree*, § 231 Rn. 4; LK-*Hirsch*, § 231 Rn. 5; SK-*Horn/Wolters*, § 231 Rn. 4; *Hohmann/Sander*, BT II, § 10 Rn. 7.

153 BGHSt 31, 124 (126); *Hohmann/Sander*, BT II, § 10 Rn. 9.

154 BGHSt 33, 100 (102).

155 BGHSt 2, 160 (162 f.); LK-*Hirsch*, § 231 Rn. 5; *Joecks*, § 231 Rn. 5.

III. „Beteiligt“

„Beteiligt“ ist jeder, der am Tatort anwesend ist und durch physische Mitwirkung in feindseliger Weise an den Tätlichkeiten teilnimmt[156]. Dabei ist das Merkmal nicht „technisch“ zu verstehen, meint also nicht Täterschaft und Teilnahme im Sinne des § 28 Abs. 2 StGB. Vielmehr ist der natürliche Sprachgebrauch zugrunde zu legen[157]. Nicht erforderlich für eine „Beteiligung“ im Sinne des § 231 StGB ist das einverständliche Zusammenwirken der an der Auseinandersetzung Beteiligten[158]. Kein Beteiligter ist, wer nur zuschaut, Verletzten hilft oder den Streit zu schlichten sucht.

IV. „Tod eines Menschen oder eine schwere Körperverletzung (§ 226) verursacht“

Bei § 231 StGB geht es darum, dass das Risiko, das der Raufhandel insgesamt darstellt, sich in einem schweren Erfolg niederschlägt. Dieser Erfolg kann zum einen der Tod eines Menschen, zum anderen eine schwere Körperverletzung sein. Bei Letzterem verweist das Gesetz auf die Vorschrift des § 226 StGB, der schweren Körperverletzung, deren schwere Folgen in den Schlägereitatbestand hineingelesen werden sollen.

V. „Ohne dass ihm dies vorzuwerfen ist“

Eine Bestrafung wegen Beteiligung an einer Schlägerei soll dem Wortlaut nach dann nicht in Betracht kommen, wenn der Beteiligte in die Schlägerei hineingezogen wurde, ohne dass ihm dies vorzuwerfen war. Einigkeit besteht bei diesem Merkmal des § 231 Abs. 2 StGB lediglich darin, dass eine Bestrafung entfallen muss, falls die Voraussetzungen des Abs. 2 vorliegen[159]. Was genau mit der Vorschrift gemeint ist, und was nun im Einzelnen ihre Voraussetzungen sind, erweist sich als höchst umstritten, so dass eine genauere Untersuchung erst im Rahmen der Auseinandersetzung mit den Rechtsproblemen erfolgen sollte.

Die praktische Bedeutung des § 231 Abs. 2 StGB ist nicht sehr groß, weil die meisten problematischen Fälle schon beim Tatbestandsmerkmal „beteiligt“ entfallen.

---

[156] SK-*Horn/Wolters*, § 231 Rn. 5; NK-*Paeffgen*, § 231 Rn. 7; Sch/Sch-*Stree*, § 231 Rn. 6; *Lackner/Kühl*, § 231 Rn. 3; *Wessels/Hettinger*, BT 1, Rn. 349; *Kindhäuser*, § 231 Rn. 8; *Hohmann/Sander*, BT II, § 10 Rn. 5.

[157] *Zopfs*, Jura 1999, 172 (173).

[158] RGSt 32, 33 (35); 59, 264 (264); LK-*Hirsch*, § 231 Rn. 7.

[159] Statt vieler SK-*Horn/Wolters*, § 231 Rn. 6.

B. Rechtsprobleme im Zusammenhang mit dem Eintritt der schweren Folge

Die folgende Zusammenstellung aller im Zusammenhang mit § 231 StGB relevanten Rechtsprobleme soll aufzeigen, dass die dogmatischen Probleme der Vorschrift durchaus auf die praktische Handhabung „durchscheinen". Dabei erhebt die Zusammenstellung nicht den Anspruch der Vollständigkeit, aber den Anspruch der Erfassung aller der Problematiken, die Rechtsprechung und Literatur bis heute beschäftigen und noch in der Zukunft zu diskutieren sein werden.

Im weiteren Gang der Untersuchung soll differenziert werden zwischen den Rechtsproblemen des § 231 StGB, die in Zusammenhang stehen mit dem Eintritt der besonderen Schlägereifolge, und denjenigen, die unabhängig von der schweren Folge diskutiert werden. Sinn und Zweck dieser Vorgehensweise soll es sein aufzuzeigen, ob das Erfordernis der schweren Folge Auslöser für die schwierige praktische und theoretische Handhabung der Vorschrift ist.

I. Wird auch derjenige bestraft, der vor dem Eintritt der schweren Folge aussteigt?

Nach der Gesetzesfassung braucht nur das Gesamtgeschehen ursächlich für die schwere Folge zu sein, nicht die Beteiligung als solche. Hat jemand vom Anfang der körperlichen Auseinandersetzung bis zu deren Ende mitgewirkt oder jedenfalls zur Zeit der Tötungs- oder schweren Verletzungshandlung, so tauchen – von der Frage des Verschuldens und der Frage der Strafwürdigkeit des Verletzten selbst[160] abgesehen – keine nennenswerten Schwierigkeiten bei der strafrechtlichen Bewertung auf. Problematisch – und damit höchst umstritten – sind Situationen, in denen der zu beurteilende Beteiligte zum Zeitpunkt des Erfolgseintritts schon nicht mehr oder noch nicht am Ort des Geschehens war.

Grundlage der Untersuchung ist zunächst der Fall, dass die nach dem Ausscheiden eines Beteiligten fortgesetzten Tätlichkeiten auch weiterhin dem Angriffs- beziehungsweise Schlägereibegriff entsprechen. Danach wird zu erörtern sein, ob das Ergebnis sich ändert, wenn der Ausgeschiedene einer von insgesamt zwei Angreifern oder drei Schlägereibeteiligten war.

Beispielsfall: A, B, C und D schlagen im Rahmen einer Wirtshausschlägerei auf E ein. Als A eine leichte Verletzung am Handgelenk erleidet, zieht er sich von der Auseinandersetzung zurück. B, C und D schlagen weiter auf ihr Opfer ein,

[160] Dazu später im Dritten Teil, B., I.

welches aufgrund eines von B brutal ausgeführten Schlages einen tödlich wirkenden Genickbruch erleidet.

Die Rechtsprechung und die überwiegende Literaturmeinung wollen auch denjenigen wegen Beteiligung an einer Schlägerei bestrafen, der bereits vor dem Eintritt der schweren Folge aussteigt[161]. Damit liegt diese Auffassung auf einer Linie mit dem Gesetzeswortlaut. Auf den ersten Blick scheint das Gesetz in der Tat als Voraussetzung für eine strafrechtliche Haftung allein die vorwerfbare Beteiligung an einer Schlägerei zu fordern. Der Wortlaut setzt nämlich nicht voraus, dass zwischen dem schweren Erfolgseintritt und der Mitwirkung des einzelnen Beteiligten ein ursächlicher Zusammenhang bestehen muss. Folglich müsste es für eine Bestrafung nach § 231 StGB ausreichen, dass der Beteiligte sich zu irgendeiner Zeit – selbst nur für kurze Dauer – der Schlägerei oder dem Angriff mehrerer angeschlossen hat.

Dem Urteil des Bundesgerichtshofs, in dem es um den vorzeitigen Ausstieg ging, lag folgender Sachverhalt zugrunde[162]:

Im Oktober 1958 kam es anlässlich der Kirmes in der Stadt Sch. zu einer tätlichen Auseinandersetzung zwischen einer Gruppe von Jugendlichen und Heranwachsenden aus der Stadt I. und einer aus der Stadt Sch. Beide Gruppen gingen schon in der Erwartung einer Auseinandersetzung, bei der jedes Gruppenmitglied eingreifen wollte, zu der Kirmes. Aus nichtigem Anlass eröffnete ein aus I. stammender Heranwachsender die Schlägerei, indem er einem Jugendlichen aus Sch. mit der Faust ins Gesicht schlug. Alsbald begannen verschiedene der Sch.'er und der I.'er aufeinander einzuschlagen. Sobald die Angeklagten G und K den Beginn der Schlägerei erkannt hatten, eilten sie hinzu, um in die Schlägerei einzugreifen und den Kampfwillen ihrer Freunde zu stärken. G erhielt einen schmerzhaften Schlag in das Kreuz; dies veranlasste ihn, sich aus dem Kampfgetümmel und vom Ort der Schlägerei zu entfernen. K wurde beim Versuch, einem seiner Freunde aus I. zu Hilfe zu eilen, von mehreren Jungen aus Sch. angegriffen, geschlagen und abgedrängt; er zog sich aus der Gefahrenzone zurück und verließ den Kampfplatz. Zuletzt erhielten die zwei letzten Jugendlichen aus I. zahlreiche Schläge und mehrere Messerstiche, die bei einem Jungen zum Tode führten.

---

161 BGHSt 14, 132 (132); 16, 130 (130); *Lackner/Kühl*, § 231 Rn. 5; *Maurach/Schroeder/Maiwald*, BT 1, § 11 Rn. 10; *Wessels/Hettinger*, BT 1, Rn. 360; LK-*Hirsch*, § 231 Rn. 8; SK-*Horn/Wolters*, § 231 Rn. 8; MüKo-*Hohmann*, § 231 Rn. 24.

162 BGHSt 14, 132 (132).

Die Rechtsprechung des Reichsgerichts[163] konsequent weiterführend nahm der Bundesgerichtshof hier eine Strafbarkeit wegen Beteiligung an einer Schlägerei an.

Kritik an dieser Rechtsprechung des Bundesgerichtshofs findet sich bis heute. Nach der Gegenansicht darf nämlich derjenige, der noch vor dem Eintritt der schweren Folge aussteigt, nicht gemäß § 231 StGB bestraft werden[164].

1. Der „fortwirkende Gefährlichkeitsmoment"

Vielfach wird dieses Ergebnis begründet mit einem Vergleich zu den Fällen, in denen das selbst schwer verletzte Opfer vom Vorwurf des § 231 StGB freigesprochen wird, obwohl es im Laufe der Schlägerei zu der Gefährdungssituation beigetragen hat[165].

Hiergegen wird angeführt, dass die Auswirkungen der Beteiligung auf den Fortgang der Auseinandersetzung nicht ohne weiteres durch das Ausscheiden entfielen, vielmehr regelmäßig ein Beitrag zur Gefährlichkeit des Raufhandels über die Dauer der Beteiligung des Einzelnen hinaus fortwirke[166]. Schließlich habe der sich vorzeitig Beteiligende die Streitfreudigkeit der anderen Beteiligten erhöht, indem er mit ihnen zusammen gewaltsam handelte[167].

Die vorgenannte Problematik beruhte – wie eingangs erwähnt – auf der Voraussetzung, dass die Auseinandersetzung trotz des Ausscheidens eines Beteiligten weiterhin dem Schlägereitatbestand entspricht. So hält die Rechtsprechung den Tatbeitrag eines Ausgeschiedenen, der zwei Raufende beziehungsweise einen Angreifer zurücklässt, für irrelevant, da dessen Beteiligung eine konstituierende Wirkung zukomme[168]. Wenn die Auseinandersetzung nur durch die Mitwirkung des später ausgeschiedenen Dritten zu einer Schlägerei geworden sei, so habe der Abbruch seiner Beteiligung auch der Schlägerei ein Ende gesetzt.

Diese rein formalistische Beweisführung der Rechtsprechung ist zum Teil auf Kritik gestoßen und lässt folgende Frage aufkommen: Wenn die Intensität einer von vier Raufbolden ausgetragenen Schlägerei durch das Ausscheiden eines Be-

---

[163] RGSt 72, 73 (73).

[164] *Welzel*, S. 297; *Krey*, BT 1, Rn. 297.

[165] NK-*Paeffgen*, § 231 Rn. 10. Zu der Problematik der Strafbarkeit des Opfers siehe unten im Dritten Teil, B., III.

[166] LK-*Hirsch*, § 231 Rn. 8.

[167] BGHSt 14, 132 (135).

[168] BGHSt 14, 132 (135).

teiligten grundsätzlich gemindert wird, weshalb soll dieser Schluss bei einer Beteiligung von nur drei Tätern in sein Gegenteil verkehrt werden? Die Gefahr von Eskalationen in Form des Todes oder der schweren Körperverletzung eines Beteiligten ist nun einmal durch die Schlägerei verursacht worden und dass einer die Lust verliert und aufhört, hebt seinen gefahrfördernden Beitrag keineswegs auf. Im Gegenteil wirkt sowohl die von ihm mit erzeugte „Anmutungs-Situation" als auch die von ihm aufgeheizte Aggressivität fort. Die für die Intensität der Auseinandersetzung entscheidenden Faktoren, so die Erregung der Kämpfer, das Maß ihres körperlichen Einsatzes, die Dynamik der Entwicklung in Richtung auf die schwere Verletzung, beruhen auf dem Tatbeitrag jedes einzelnen Beteiligten. Diesen dem Erfolgseintritt zustrebenden Kausalmechanismus vermag der Täter durch den bloßen Abbruch seiner Beteiligung weder zu neutralisieren noch aufzuhalten. Gerade in der Verselbständigung der einmal in Gang gesetzten Zerstörungskraft zeigt sich das Wesen des Schlägereitatbestandes.

Wenn *Krey* schreibt, dass das fortwirkende Gefährlichkeitsmoment den Anwendungsbereich des § 231 StGB unscharf werden lasse[169], ist dem zu widersprechen. Zum einen bleibt offen, welche „Unschärfe" *Krey* damit meint, zum anderen zeigt sich durch die Strafbarkeit des vorzeitig Aussteigenden doch typischerweise die Schneidigkeit des Schlägereitatbestandes.

2. Die Frage nach der Rücknahmemöglichkeit der gefährlichen Handlung

Nun kann man in der Situation des vor Eintritt der schweren Folge Ausscheidenden daran denken, ob der Täter seine Beiträge womöglich zurücknehmen kann. So wurde in diesem Zusammenhang schon vielfach auf die Normen verwiesen, die die so genannte tätige Reue beinhalten[170]. Eine Rechtsanalogie zu diesen Vorschriften (beispielsweise § 306 e StGB) sei dann möglich, wenn sich der Beteiligte nachträglich ernsthaft bemüht, den Raufhandel einzustellen[171]. Unabhängig davon, ob die tätige Reue gerade im Zusammenhang mit dem Schlägereitatbestand zu sachgerechten Ergebnissen führen kann, ist einer Analogie der Vorschriften über die tätige Reue mit der überwiegenden Ansicht zu widersprechen[172]. Das entscheidende und auch überzeugende Argument gegen die Zulässigkeit einer Rechtsanalogie wird durchweg in dem Fehlen einer plan-

[169] *Krey*, BT 1, Rn. 297.

[170] So auch NK-*Paeffgen*, § 231 Rn. 10.

[171] Zur analogen Anwendung der Vorschriften über die tätige Reue vergleiche Sch/Sch-*Eser*, § 24 Rn. 116; *Stratenwerth,* AT, S. 292.

[172] BGHSt 14, 213 (217); 15, 198 (199); 39, 128 (130).

widrigen Regelungslücke gesehen[173]. Der Gesetzgeber habe mit der Schaffung bestimmter Vorschriften über die tätige Reue eine bewusste Entscheidung darüber getroffen, bei welchen Straftatbeständen aus besonderen kriminalpolitischen Gründen eine tätige Reue möglich sein soll[174]. Dass das Fehlen von Rücktrittsregelungen bei einigen Delikten mit vorverlegtem Rechtsgüterschutz keinesfalls auf gesetzgeberischer Nachlässigkeit beruht, soll sich insbesondere daran zeigen, dass der Gesetzgeber in demselben Regelungszusammenhang stehende Strafvorschriften sowohl mit als auch ohne eine Regelung über die tätige Reue versehen hat[175]. Folglich können die Vorschriften der tätigen Reue hier keine Anwendung finden.

Gloede will für Fälle dieser Art einen Entlastungsbeweis zulassen[176]. Der Gegenbeweis sei dahin zu führen, dass der Tatbeitrag des Ausgeschiedenen ausnahmsweise nicht fortgewirkt habe. Hiergegen lässt sich aber einwenden, dass dem Beteiligten das Risiko des Misslingens seiner Entlastung aufgebürdet wird. Ein solcher Entlastungsbeweis würde dem Grundsatz des fairen Verfahrens zuwiderlaufen. Dieser Grundsatz ist als eine Konsequenz des Rechtsstaatsprinzips zu begreifen. Zu seiner Begründung kann man außerdem auf eine Gesamtschau der Art. 1 Abs. 1, 2 Abs. 2 S. 2, 20 Abs. 3, 101 Abs. 1 S. 2, 103 Abs. 1 GG, Art. 6 Abs. 1 S. 1 EMRK verweisen[177]. In einem rechtsstaatlichen, geordneten Verfahren darf es nicht dem Angeklagten überlassen bleiben, seine Unschuld zu beweisen. Vielmehr obliegt es dem Gericht eindeutig nachzuweisen, dass der Angeklagte der Täter der in Frage stehenden Delikte ist. Jede andere Vorgehensweise würde den geltenden strafprozessualen Grundsätzen zuwiderlaufen.

3. Zusammenfassung

Zusammenfassend bleibt die Erkenntnis, dass eine Strafbarkeit des vorzeitig Ausscheidenden nach § 231 StGB näher liegt als die Straflosigkeit. Gerade mit Blick auf den fortwirkenden Gefährlichkeitsmoment lässt sich die Gegenansicht widerlegen. Dennoch darf nicht unberücksichtigt bleiben, dass die Gegenansicht bis heute vertreten wird.

---

173 BGHSt 14, 213 (217); 15, 198 (199); OLG Celle, JR 1981, 34 (35); *Berz*, FS-Stree/Wessels, 331 (333); ders., Tatbestandsverwirklichung (1986), S. 132.

174 Vergleiche BGHSt 14, 213 (217).

175 *Berz*, FS-Stree/Wessels, 331 (333); ders., Tatbestandsverwirklichung (1986), S. 132.

176 *Gloede*, Raufhandel (1967), S. 67; so auch Schönke/*Schröder*, 16. Aufl., § 227 Rn. 1.

177 BVerfG, NJW 2001, 2245 (2245); SK-StPO-*Rogall*, Vor § 133 Rn. 100 ff.; *Beulke*, StPO, Rn. 28.

II. Wird auch derjenige bestraft, der nach dem Eintritt der schweren Folge hinzukommt?

Wesentlich problematischer und umstrittener stellt sich die Situation dar, in der sich der Täter erst nach dem Eintritt der schweren Folge an der körperlichen Auseinandersetzung beteiligt.

Beispielsfall: Die Skinheads A, B und C greifen die Ausländer D und E an und versetzen dabei D mit einem Messer eine schwere Stichverletzung, so dass dieser verblutet. Der nun hinzukommende aggressionslustige X erfreut sich der Schlägerei und schlägt mit den Skinheads zusammen weiter auf E ein.

Die Rechtsprechung und ihr folgend ein Teil der Literatur bejahen eine Strafbarkeit nach § 231 StGB selbst dann, wenn der Täter erst nach dem Eintritt der schweren Folge „die Bühne betritt“[178]. Gerade um den bei Auseinandersetzungen mehrerer auftretenden Beweisschwierigkeiten zu entgehen, sei es danach gleichgültig, ob die Beteiligung vor, während oder nach der Verursachung der schweren Folge erfolgt ist.

Der Bundesgerichtshof stützt sich dabei vor allem auf den Gesichtspunkt, dass das Gesetz „Beweisschwierigkeiten“ vermeiden wolle, „die sich meistens bei den undurchschaubaren Vorgängen einer Schlägerei hinsichtlich der Person der Verursacher und der dabei vorkommenden schweren Verletzungen ergeben“[179]. Es sei daher gleichgültig, „wann der einzelne in die Schlägerei schuldhaft verstrickt worden ist, ob zu diesem Zeitpunkt, in dem die schweren Folgen der tätlichen Auseinandersetzung bereits eingetreten waren oder noch nicht“[180].

Zudem wird argumentiert, dass sich ein Beteiligter ansonsten darauf berufen könnte, dass er erst nach der Erfolgsverursachung hinzugekommen sei. Der Beteiligte könne nicht verlangen, so führt der Bundesgerichtshof aus, „allein deshalb von strafrechtlicher Verantwortung verschont zu bleiben, weil gerade während der Zeit seiner Beteiligung schwere Verletzungen nicht nachweisbar verursacht worden sind, während die Gefährlichkeit des Gesamtvorgangs der Schlägerei durch den Eintritt solcher Folgen zutage getreten ist“[181]. Dem Versuch, sich mit solchen Schutzbehauptungen über den Grundsatz „in dubio pro reo“ der

[178] BGHSt 14, 132 (132); 16, 130 (130); MüKo-*Hohmann*, § 231 Rn. 24; *Lackner/Kühl*, § 231 Rn. 5; *Maurach/Schroeder/Maiwald*, BT 1, § 11 Rn. 8; *Wessels/Hettinger*, BT 1, Rn. 360; *Hohmann/Sander*, BT II, § 10 Rn. 14.

[179] BGHSt 16, 130 (132 f.).

[180] BGHSt 16, 130 (132 f.).

[181] BGHSt 16, 130 (132 f.).

Bestrafung zu entziehen, habe der Gesetzgeber aber gerade dadurch begegnen wollen, dass er die Strafbarkeit nach § 231 StGB nicht von der Ursächlichkeit des einzelnen Tatbeitrags für die schwere Folge abhängig gemacht habe[182].

Der Bundesgerichtshof hatte folgenden Sachverhalt zu beurteilen[183]:

Der Sohn des Angeklagten G J, der später verstorbene B J näherte sich, von seinem Vater und dem Mitangeklagten Ho gefolgt, dem zu der Gruppe N, P und W gehörigen Angeklagten H, fasste seine Jacke und forderte ihn zur Zahlung seiner Zechschuld auf, wobei er den Ausdruck „du Bulle!" gebrauchte. H versetzte daraufhin B J einen kräftigen Faustschlag ins Gesicht, so dass dieser rückwärts gegen seinen hinter ihm stehenden Vater taumelte. Beide Js zogen jetzt ihre Totschläger aus ihren Taschen. B J griff in H's Haar und zog H vornüber. Nunmehr schlugen beide mit ihren Totschlägern auf H's Kopf ein. H geriet schließlich auf die Fahrbahn einer Straße. Auch dort schlugen sie weiter auf ihn ein, obwohl er infolge der ihm zugefügten Verletzungen irgend erhebliche Angriffshandlungen nicht mehr durchführen konnte, bis er zu Boden gegangen war. Es gelang ihm schließlich davonzulaufen, doch wurde er wieder eingeholt. Zur gleichen Zeit, als die beiden Js die aus H, N, P und W bestehende Gruppe erreicht hatten, die kurz zuvor einige Meter die Straße hinaus zurückgegangen war, kam auch Ho hinzu. Nach seiner unwiderlegten Einlassung trat ihm W entgegen und versetzte ihm einen Faustschlag ins Gesicht. Ho setzte sich zur Wehr und benutzte hierbei zunächst einen Schlüsselbund, mit dem er auf W einschlug. Alsdann griff er jedoch zu einem Messer, ließ es aufspringen und stach und schlug damit auf W sowie H und P ein. W erhielt einen Stich, der tief in seine Bauchhöhle eindrang. Er starb an den Folgen des Stiches. H erhielt 6 Stiche. Er geriet in akute Lebensgefahr, blieb aber am Leben.

Der Bundesgerichtshof verwarf die Revision des Angeklagten G J, die sich gegen die Verurteilung wegen Raufhandels wehrte. Der Revision wurde zugestanden, dass das Verhalten des G J jedenfalls erst von dem Zeitpunkt als schuldhafte Beteiligung an einer Schlägerei anzusehen war, als er mit dem Totschläger auf H einschlug[184]. Zudem ging der Bundesgerichtshof davon aus, dass zu diesem Zeitpunkt Ho dem W bereits tödliche Verletzungen beigebracht hatte[185]. Trotz dieser Feststellungen bestätigte der Bundesgerichtshof die Verurteilung wegen Beteiligung an einer Schlägerei.

---

[182] *Wessels/Hettinger*, BT 1, Rn. 360.

[183] BGHSt 16, 130 (130).

[184] BGHSt 16, 130 (131).

[185] BGHSt 16, 130 (131).

Eine Bestrafung des erst nachträglich Hinzukommenden wird von der Gegenansicht als unbefriedigend und als nicht der Gerechtigkeit entsprechend angesehen[186]. Das Gesetz stelle auf diejenige Gefährlichkeit der Auseinandersetzung ab, die sich im eingetretenen schweren Erfolg niederschlage, so dass derjenige, der erst nach der für den Erfolgseintritt ursächlichen Gefährlichkeitsphase an der Schlägerei oder den Angriff beteiligt gewesen sei, keinen Beitrag zu dem für den Tatbestand ausschlaggebenden riskanten Geschehen geleistet habe[187]. Anders ist die Situation natürlich auch nach dieser Ansicht zu beurteilen, wenn es, nachdem sich der Täter nun beteiligt hat, zu einer weiteren schweren Folge kommt[188]. Dann ist selbstverständlich in Übereinstimmung mit der Ansicht der Rechtsprechung gemäß § 231 StGB zu verurteilen.

1. Die Zulässigkeit eines Entlastungsbeweises

Eser[189] vertritt eine dem Grundsatz nach der Rechtsprechung nahekommende Position. Er hält in den Fällen des nachträglichen Beteiligens Straflosigkeit nur dann für gegeben, wenn der Beteiligte nachweislich zur schweren Folge und damit zur Gefährlichkeit des Raufhandels nicht beigetragen hat. Es obliege also dem Täter sich selbst zu entlasten, folglich darzulegen, dass er selbst zu der besonderen Gefährlichkeit des Raufhandels nichts beigetragen habe. Gelinge ihm dieser Entlastungsbeweis hingegen nicht, sei er gemäß § 231 StGB zu bestrafen.

Ein solcher Entlastungsbeweis – wie *Eser* ihn anwenden will – ist allerdings ein strafprozessualer Fremdkörper. Würde man einen solchen Beweis zulassen, läge ein Verstoß gegen den rechtsstaatlichen Grundsatz des „in dubio pro reo“ vor[190]. Dem Angeklagten darf – wie bereits oben erläutert[191] – nicht seine Entlastung aufgebürdet werden; vielmehr muss ihm ohne jeden vernünftigen Zweifel nachgewiesen werden, dass er die Tat begangen hat. Das Gericht muss nach § 261 StPO im Falle der Verurteilung von der Schuld des Angeklagten überzeugt sein. Im Zweifel muss freigesprochen werden. Die Lösung über einen Entlastungsbeweis kommt also unter keinen Umständen in Betracht. Als Konsequenz müsste der sich nachträglich Beteiligende mit der Auffassung der Rechtsprechung strafbar sein.

---

186 LK-*Hirsch*, § 231 Rn. 8; Stree, JuS 1962, 93 (93); *Birkhahn*, MDR 1962, 625 (625); *Kindhäuser*, BT I, § 11 Rn. 19.

187 LK-*Hirsch*, § 231 Rn. 8; *Rengier*, BT 2, § 18 Rn. 11; Sch/Sch-*Stree*, § 231 Rn. 15; *Kretschmer*, Jura 1998, 244 (249).

188 *Kretschmer*, Jura 1998, 244 (249).

189 *Eser*, Studienkurs III, S. 113.

190 LK-*Hirsch*, § 231 Rn. 1.

191 Siehe Dritter Teil, B., I., 2.

2. § 231 StGB als „Gruppenverbrechen"

Stree gilt als einer der Hauptkritiker der Auffassung des Bundesgerichtshofs. In seinem Beitrag von 1962[192] legt er einige Begründungsmängel in der gerichtlichen Entscheidung offen dar. *Stree* hält das vom Bundesgerichtshof gefundene Ergebnis für falsch, weil in der Konsequenz sogar derjenige wegen Beteiligung an einer Schlägerei bestraft werden müsste, der an sich das Gefährlichkeitspotential der Auseinandersetzung verringert, indem er beispielsweise bewaffnete Schläger entwaffnet oder einen Verletzten aus dem Kernbereich der Schlägerei ziehen will und dabei Gewalt anwendet[193]. Einen solchen Täter zu bestrafen, könne nicht dem Schutzzweck der Vorschrift entsprechen und stelle deswegen keine befriedigende Lösung des Problems dar.

Fruchtbar für seine weitere Argumentation macht *Stree* einen Gedanken *Oetkers*[194]. Dieser sieht in der Schlägereihandlung, die der einzelne Beteiligte einbringt, einen Beitrag zu einem Gesamtgeschehen, für das jeder Einzelne zu haften hat[195]. Der Raufhandel wird bei diesem Verständnis zu einem Gruppenverbrechen. Gerade zu diesem kollektiven Verbrechen trägt der sich erst nachträglich Beteiligende nichts bei. *Stree* überlegt, ob – vorausgesetzt man akzeptiert diese „Gruppenhaftung" des § 231 StGB – aber doch eine Strafbarkeit unter den Voraussetzungen der sukzessiven Mittäterschaft gegeben sein kann[196]. Dies verwirft *Stree* dann aber selbst mit der zutreffenden Begründung, dass sukzessive Mittäterschaft die Kenntnis des bisherigen Geschehens und ein einverständliches Zusammenwirken voraussetzt. Diese Erfordernisse sind beim sich nachträglich an einer Schlägerei Beteiligenden hingegen nicht erfüllt. Da also kein Beitrag zu der „Gruppenhaftung" vorliege, könne derjenige, der sich erst nach Eintritt des für diese Haftung ausschlaggebenden Ereignisses – Eintritt der schweren Folge – beteilige, nicht verurteilt werden.

Die vorstehenden Überlegungen *Strees* gründen sich aber auf eine nicht tragbare Prämisse. Die Annahme, beim Schlägereitatbestand handele es sich um ein Gruppenverbrechen, geht fehl. Zwar geht die der Norm immanente Gefährdung auf eine kollektiv begründete Gefahr zurück. Allerdings wird es in den meisten Fällen an einem gewollten Zusammenwirken fehlen, welches für ein Gruppenverbrechen konstitutiv wirkt; man denke nur an die Voraussetzungen der Mittä-

---

[192] *Stree*, JuS 1962, 93 ff.

[193] *Stree*, JuS 1962, 93 (96 f.).

[194] *Stree*, JuS 1962, 93 (96).

[195] *Oetker*, GS 100 (1931), 29 (40 ff.).

[196] *Stree*, JuS 1962, 93 (96).

terschaft und der Bandendelikte. Die Straffreiheit desjenigen, der erst nach Eintritt der schweren Folge beitritt, kann so nicht begründet werden.

3. Die „Indizwirkung" des Eintritts der schweren Folge

Viel gewichtiger sind andere Bedenken: Gemäß *Stree* könne sich ein nachträglich Beteiligender nur dann strafbar machen, wenn die schwere Folge auch noch für den Zeitraum nach Verursachung des Erfolgseintritts die Gefährlichkeit der Schlägerei indiziere[197]. Durch den Eintritt der schweren Folge sei das Indiz zwar bis zu diesem Zeitpunkt gegeben, darüber hinaus hingegen nicht. Die Gefährlichkeit der anschließenden Rauferei lasse sich lediglich vermuten; zumindest ließe sich ein *sicherer* Schluss auf die besondere Gefährlichkeit der weiteren Auseinandersetzung nicht ziehen. Den Angeklagten belastende Vermutungen seien aber nicht mit dem geltenden Strafrecht vereinbar, da sonst rechtstaatliche Grundsätze nicht mehr gewährleistet wären. Es würde dem Gerechtigkeitsgebot widersprechen, falls dem Angeklagten Umstände zur Last gelegt würden, die in Wirklichkeit gar nicht vorhanden gewesen seien.

Gegen die Argumentation *Strees* wendet sich *Geisler*, indem er *Stree* vorhält, er würde die Einordnung des Schlägereitatbestandes als abstraktes – und eben nicht konkretes – Gefährdungsdelikt nicht konsequent beachten[198]. Schließlich sei die Herbeiführung eines konkreten Gefahrerfolges gerade nicht zur Strafbarkeit eines abstrakten Gefährdungsdeliktes erforderlich, sondern widerspreche dem Grundgedanken dieses Deliktstypus. Auf den Zeitpunkt der Verursachung der schweren Folge dürfe es also nicht ankommen. Dass sich der Täter erst nach der Erfolgsverursachung beteilige, könne für die Strafbarkeit keine Rolle spielen; lediglich bei der Strafzumessung könne dieser Umstand berücksichtigt werden.

Zopfs lehnt die Argumentation *Strees* aus ähnlichen Gründen ab[199]: Er spricht sich generell dagegen aus, in der schweren Folge einen Gradmesser der Gefährlichkeit einer bestimmten Schlägerei zu sehen. Sie sei vielmehr eine Bestätigung der abstrakten Gefährlichkeit jeder Schlägerei, und erst bei ihrem Eintritt bestehe ein Strafbedürfnis. Daher komme eine Strafbarkeit – insoweit in Übereinstimmung mit dem Bundesgerichtshof – auch dann in Betracht, wenn sich der Täter erst nach Eintritt der schweren Folge beteilige. Für die Richtigkeit seiner Überlegungen macht *Zopfs* folgendes Beispiel fruchtbar[200]:

---

[197] *Stree*, JuS 1962, 93 (95); dem folgend zum Beispiel MüKo-*Hohmann*, § 231 Rn. 27.

[198] *Geisler*, Objektive Bedingungen der Strafbarkeit (1998), S. 341 ff.

[199] *Zopfs*, Jura 1999, 172 (178).

[200] *Zopfs*, Jura 1999, 172 (178).

A beteiligt sich mit Fäusten an einer von zehn Personen geführten Schlägerei, verliert dann aber die Lust und entfernt sich. Kurz darauf erscheint B und beteiligt sich sogleich mit einem Messer an der Schlägerei, was den Tod des C zur Folge hat.

Sicherlich wird man in diesem Beispielsfall nicht davon ausgehen können, dass es beweisbar ist, dass die Auseinandersetzung bis zum Zeitpunkt des Messereinsatzes eine gefährliche (im Sinne der Auffassung von *Stree*) gewesen ist. Die Verursachung der schweren Folge hing hier – wie auch in den meisten Fällen – von Zufälligkeiten ab; in solchen Fällen wird die Gefährlichkeit der gesamten Schlägerei eben nicht indiziert. Es ist also keineswegs so, dass nur die Gefährlichkeit der Phase nach Eintritt des Schlägereierfolges als solche vermutet werden muss. Nimmt man die Aussagekraft des Beispiels ernst, muss festgestellt werden, dass in vielen Schlägereien die Gefährlichkeit jeder einzelnen Phase nur vermutet werden kann. Die Indizwirkung des Eintritts der schweren Folge kann also nicht haltbar sein. Es geht wohl eher darum, die Einordnung des § 231 StGB als abstraktes Gefährdungsdelikt nicht zu verkennen; es muss also berücksichtigt werden, dass jede Schlägerei oder jeder von mehreren verübte Angriff geprägt von unübersichtlichen Situationen ist, welche stets die abstrakte Gefahr für Leib oder Leben eines Menschen in sich tragen. *Zopfs* Kritik an *Stree* ist also durchaus begründet, was ihn die folgende richtige Schlussfolgerung aufstellen lässt[201]: „Das unrechtmäßige Verhalten des Beteiligten erschöpft sich damit in der Beteiligung an einer Schlägerei oder an einem Angriff mehrerer, ob und zu welchem Zeitpunkt dieser Raufhandel einen besonders gefährlichen Charakter hatte, ist irrelevant“.

4. Die Beziehung des Täters zum Eintritt der schweren Folge

Es stellt sich nun die Frage, ob dies nun automatisch bedeutet, dass die Auffassung des Bundesgerichtshofs, auch den sich erst nachträglich Beteiligenden nach § 231 StGB zu bestrafen, richtig ist. Tatsächlich scheint das Gesetz – an seinem Wortlaut gemessen – die Konsequenz nahe zu legen, auch den nachträglich Hinzukommenden von § 231 StGB erfassen zu lassen. Die Vorschrift stellt auf die bloße Beteiligung an der Auseinandersetzung ab, spricht hingegen nicht davon, ob eine Beziehung des Täters zum schweren Schlägereierfolg bestehen muss. Weil der Wortlaut des Gesetzes folglich keinen unmittelbaren ursächlichen Anteil des Mitwirkenden an der schweren Folge verlangt, müsste es für die Bestrafung ausreichen, dass der Beteiligte sich zu irgendeiner Zeit – selbst für geringe Dauer – der Schlägerei angeschlossen hat. Da das Gesetz also lediglich einen Raufhandel, der den Erfolg verursacht und an dem die Beteiligung stattfindet,

[201] *Zopfs*, Jura 1999, 172 (179).

verlangt, scheint es völlig konsequent zu sein, ebenfalls den später Hinzukommenden haftbar zu machen.

Dennoch stellen sich Zweifel an einer solchen Lösung ein. So lässt sich zweierlei feststellen, wenn ein Schläger sich erst nach dem Eintritt der Schlägereifolge in die Tätlichkeiten einmischt: Zum einen kommt der Beteiligte als möglicher Urheber der schweren Verletzung oder Tötung nicht in Betracht; diese Erkenntnis ist für § 231 StGB indessen unerheblich, da der Strafdrohung eine Präsumtion der Täterschaft eben nicht zugrunde liegt[202]. Zum anderen kann der Hinzukommende aber auch zu dem Vorgang nicht beigetragen haben, der seinerseits für den Eintritt der Folge ursächlich war: dem gefährlichen Raufhandel.

Bei der rechtlichen Bewältigung dieses Problems geht der Bundesgerichtshof richtigerweise von der Prämisse aus, dass es nicht entscheidend ist, dass der Eintritt der schweren Folge unmittelbar auf eine konkrete Handlung eines bestimmten Beteiligten zurückzuführen ist. Wohl aber muss die Beteiligung des einzelnen Täters dazu führen, die Gefährlichkeit der Schlägerei zu begründen oder zu erhöhen. Mithin muss der Beitrag zwar nicht kausal für die schwere Folge, wohl aber für die Gefährlichkeit des Gesamtvorgangs der Schlägerei sein, die schließlich in die schwere Folge mündet. Kommt nun ein Beteiligter erst nach dem Eintritt der schlägereispezifischen Folge hinzu, beteiligt er sich durchaus am Raufhandel. Es fehlt aber die für eine Strafbarkeit entscheidende zweite Kausalitätsreihe, die von dieser Schlägerei, bei der der Eintretende mitwirkt, zum Tod oder einer schweren Körperverletzung führt. Dem erst später Beteiligten gebührt nicht deswegen eine Strafe, weil die Schlägerei zuvor gefährlich gewesen ist.

§ 231 StGB bürdet dem Rechtsbrecher das Risiko eines schlimmen Verlaufs des Gesamtvorgangs auf. Dieses den Einzelnen schwer belastende Risiko würde noch weiter gesteigert werden, falls der vorausgegangene unheilvolle Verlauf ebenfalls ihm zur Last gelegt werden würde, obwohl er selbst mit dem bisherigen Geschehen nichts zu tun hatte. Lediglich dann könnte man dem nachträglich Beteiligten dieses Risiko aufbürden, wenn er die bisherige Gefährlichkeit übersieht oder zumindest hätte erkennen können[203]. Konsequenz dieser Forderung wäre, dass der schwere Schlägereierfolg für den Einzelnen vorhersehbar gewesen sein muss, was die objektive Strafbarkeitsbedingung des § 231 StGB zu einem Tatbestandsmerkmal werden ließe. Die Dogmatik des Schlägereitatbestandes wäre dann aber „auf den Kopf gestellt“. Es ergeben sich infolgedessen durchgreifende Bedenken gegen die Strafbarkeit des sich erst nachträglich Be-

[202] Zu den unlässigen Präsumtionen im Bereich des Schlägereitatbestandes vergleiche oben im Zweiten Teil, B., I., 1.

[203] So auch *Stree*, JuS 1962, 93 (96).

teiligenden, die im Widerspruch stehen zu der Einordnung des Raufhandels als abstraktes Gefährdungsdelikt.

Kriminalpolitische Erwägungen, die der Bundesgerichtshof anstellt, wenn er auf den Schutzzweck des § 231 StGB abstellt, können bei derartigen dogmatischen Bedenken ein gerecht anmutendes Ergebnis jedenfalls nicht begründen. Kriminalpolitische Bedürfnisse dürfen in einem Rechtsstaat nicht dann ausschlaggebend sein, wenn der einzelne Täter erkennbar nicht strafwürdig ist, oder sich zumindest Zweifel an der Strafwürdigkeit ergeben.

5. Bemühungen, die Friktionen zu vermeiden

Nun stellt sich die Frage, ob die Friktionen zwischen der Einordnung des § 231 StGB als abstraktes Gefährdungsdelikt und der fehlenden Strafwürdigkeit des sich nachzeitig Beteiligenden vermieden werden können.

Die Rechtsprechung geht von der Prämisse aus, dass eine Schlägerei, die sich durch den Eintritt einer schweren Folge als bis zu diesem Zeitpunkt besonders gefährlich erwiesen hat, diesen Intensitätsgrad auch bis zum Ende aller Tätlichkeiten aufweise. Würde man diesen gedanklichen Ausgangspunkt so hinnehmen, hinge das strafrechtliche Schicksal des nachträglich hinzukommenden Beteiligten allerdings ausschließlich von der Feststellung der Einheitlichkeit der Schlägerei ab.

Einen interessanten Ansatzpunkt für die Begründung der Straflosigkeit des Täters, der sich nachträglich an der Schlägerei beteiligt, liefert *Birkhahn* in seiner Besprechung des Bundesgerichtshofurteils[204]. So sei eine Aufspaltung des gesamten Schlägereigeschehens in mehrere Einzelakte mit dem Wortlaut der Vorschrift vereinbar. *Birkhahn* sieht also die Möglichkeit, das tatbestandliche Unrecht dann enden zu lassen, wenn die schwere Folge der Schlägerei eingetreten ist. Das tatsächliche Folgegeschehen sei strafrechtlich isoliert von den vorherigen Handlungen zu bewerten. Sollte dann der Eintritt einer erneuten schweren Folge ausbleiben, liege keine Beteiligung an einer Schlägerei mehr vor, was dann konsequenterweise zur Straflosigkeit des sich nachträglich Beteiligten führen würde.

Birkhahn geht in seinen Ausführungen nicht auf das Merkmal der Einheitlichkeit der Schlägerei ein, das von der überwiegenden Ansicht gefordert wird. So stellt sich die Frage, ob das Kriterium der Einheitlichkeit wirklich sinnvoll ist. *Geisler* beispielsweise will den individuellen Mitwirkungsfaktor bei der straf-

---

[204] *Birkhahn*, MDR 1962, 625 (625).

rechtlichen Beurteilung völlig ausklammern, weil der andauernde Raufhandel eine „Großgefahr“[205] geschaffen hat, die im Eintritt der schweren Folge mündete. Aber nun fragt sich, ob es tatsächlich nachvollziehbar ist, das gesamte Geschehen während einer körperlichen Auseinandersetzung zu einer zeitlichen Einheit zusammenzufügen. Häufig wechseln nämlich während Schlägereien die beteiligten Parteien und mit ihnen der Grund der Rauferei. Wenn eine Schlägerei durch einen Streit zweier Personen ausgelöst wird, bedeutet das nicht, dass alle Beteiligten gerade wegen dieses Streites mitkämpfen. Nicht selten dürfte ein Beteiligter die Gelegenheit „beim Schopfe“ packen, um eine unliebsame Person zu attackieren. Darüber hinaus sind Situationen denkbar, in denen es kurzzeitig zu einer „Abkühlung der Gemüter“ kommt, dann aber die Schlägerei erneut aufgenommen wird. Wenn die schwere Folge nun im Rahmen der ersten Auseinandersetzung eingetreten ist, sollte dann jemand bestraft werden, der sich erst an der zweiten beteiligt? Es zeigt sich, dass sich die oben festgestellten Friktionen nicht auflösen lassen.

6. Zusammenfassung

Alle soeben angestellten Überlegungen lassen nur einen Schluss zu: Sowohl für die eine Ansicht als auch für die andere sprechen gewichtige Argumente; beide Ansichten sind dogmatisch nachzuvollziehen, offenbaren aber gleichzeitig Wertungsmängel. Ein überzeugendes, mit den rechtsstaatlichen Grundsätzen vereinbares Ergebnis lässt sich bei der Problematik nicht finden.

Eines aber ist sicher: Das Problem stellt sich nur aufgrund des Faktums, dass der geltende § 231 StGB den Eintritt der schweren Folge verlangt. Deshalb stellt sich die Frage wie von selbst: Wenn das Gesetz sich nicht zufrieden stellend anwenden lässt, sollte der Gesetzgeber es dann nicht konsequenterweise ändern[206]?

III. Kann auch der Verletzte strafbar sein, wenn außer ihm niemand zu Schaden kam?

Mit den Problemen der vorzeitigen und nachzeitigen Beteiligung hat es nicht sein Bewenden. Nach dem Wortlaut des § 231 StGB ist es unerheblich, ob der Schlägereibeteiligte, der Angreifer selbst oder ein unbeteiligter Dritter durch den Raufhandel eine der in § 226 StGB genannten Folgen erleidet oder gar zu Tode kommt. Fraglich ist, ob der Schlägereitatbestand aber wirklich selbst dann für

---

[205] *Geisler*, Objektive Bedingungen der Strafbarkeit (1998), S. 343.

[206] Zu den Konsequenzen dieser Frage später im Vierten Teil, C.

den Verletzten greifen soll, wenn außer ihm niemand starb oder schwer verletzt wurde.

Beispielsfall: A, B und C greifen den D an. Es kommt zwischen allen Beteiligten zu einer Prügelei, in deren Verlauf ein Auge des A so getroffen wird, dass er später erblindet.

Nach der Rechtsprechung und einem Teil der Literatur soll der Strafbarkeit des Schlägers beziehungsweise Angreifers nicht im Wege stehen, dass ausschließlich er im Sinne des § 226 StGB schwer verletzt ist und folglich allein seine Verletzung die Strafbarkeit aus § 231 StGB begründet[207]. Eine wesentliche Bedeutung kommt dann aber der Vorschrift des § 60 StGB zu. Hiernach kann das Gesetz von der Verhängung einer Strafe absehen, wenn die Folgen der Tat, die den Täter getroffen haben, so schwer sind, dass eine Bestrafung offensichtlich verfehlt wäre.

Die Gegenmeinung hingegen will den Verletzten aus der Strafbarkeit nach § 231 StGB ausschließen[208]. Die herrschende Meinung verdiene keinen Beifall, weil sie auf eine allgemeinen Zurechnungsgrundsätzen widersprechende Strafbarkeitsbegründung durch Selbstverletzung hinausliefe und ein solcher Täter auch nicht aus den §§ 223 ff. StGB haften könne[209]. Die Selbstverletzung sei nur Ausdruck einer Selbstgefährdung, die straflos bleiben müsse. Es sei keineswegs zwingend, dass die Selbstverletzung die besondere Gefährlichkeit des Raufhandels, also eine gesteigerte Fremdgefährdung von Leben und Leib der anwesenden Personen belege.

1. Selbstgefährdung contra § 60 StGB

Der vorstehenden Ansicht ist zuzugeben, dass eine Selbstverletzung im Rahmen des § 231 StGB lediglich dann die Bestätigung einer – für den Raufhandel ausreichenden – abstrakten Gefahr für das Wohlergehen anderer sein kann, wenn gerade die Handlung, die zum Selbstverletzungserfolg führt, also nicht der Erfolg, generell geeignet war, auch eine Fremdgefährdung zu bewirken. Eine solche Fremdgefährdung wird hingegen in der Regel durch beinahe jede Schlägereihandlung entstehen. Der Verletzte gefährdet durch seine Handlung nicht nur sich selbst, sondern auch andere.

---

[207] BGHSt 33, 100 (104); RGSt 32, 37 (37); *Stree*, FS-Schmitt, 215 (224); Sch/Sch-*Stree*, § 231 Rn. 6; MüKo-*Hohmann*, § 231 Rn. 22; *Hohmann/Sander*, BT II, § 10 Rn. 15.

[208] *Rengier*, BT 2, § 18 Rn. 9; ders., FS-Roxin, 811 (817); *Günther*, JZ 1985, 585 (586); LK-*Hirsch*, § 231 Rn. 10.

[209] *Rengier*, BT 2, § 18 Rn. 9.

Für die überwiegende Ansicht streitet noch ein wichtiges Argument: Der Beteiligte, der beispielsweise auf einem Auge erblindet ist oder in erheblicher Weise dauernd entstellt ist, ist anhand der Vorschrift des § 60 StGB angemessen zu behandeln[210]. Die Folgen seiner Tat sind für ihn persönlich so gravierend, dass ein Richter nach sorgfältiger Abwägung zu dem Ergebnis gelangen wird, dass es verfehlt wäre, dem verletzten Schlägereibeteiligten erneut mit den Mitteln der Justiz zu bestrafen. Dies hat jedenfalls dann zu gelten, wenn der Beteiligte keine weiteren signifikanten Straftaten tateinheitlich begangen hat. § 60 StGB kann also bei einem tateinheitlich begangenen Totschlag nicht zur Anwendung kommen. Zusammenfassend zu der Anwendung des § 60 StGB schreibt *Stree* pointiert[211]: „Das Belegen mit einem Strafübel hat in aller Regel angesichts der schweren Tatfolgen für den Beteiligten weder unter täterbezogenen Gesichtspunkten noch aus generalpräventiven Gründen eine sinnvolle Funktion".

Weiterhin kann die Vorschrift des § 153 b StPO zum Tragen kommen: Besteht schon aufgrund der erlittenen Verletzungen des Angeklagten kein Bedürfnis, die Schuld festzustellen, so kann von der Erhebung der öffentlichen Klage abgesehen werden. Sollte die Klage bereits erhoben worden sein, gibt § 153 b Abs. 2 StPO dem Rechtsanwender die Möglichkeit an die Hand, das Verfahren einzustellen.

2. Differenzierung zwischen den Begehungsmodalitäten

Nun darf eines aber nicht außer Betracht bleiben: Die vorstehenden Überlegungen greifen für die Schlägereimodalität sehr wohl; fraglich ist aber, ob ebenso im Bereich der Angriffsmodalität entschieden werden kann. So differenzieren richtigerweise *Günther*[212] und *Stree*[213]. Es könnte sich also wiederum die Frage stellen, ob die Angriffsmodalität anders zu handhaben ist, mithin also die eigenständige Bedeutung der bisher vernachlässigten Modalität zu Tage tritt[214].

Beispielsfall: Bei dem kollektiven Einschlagen auf ein wehrloses Opfer fällt der Angreifer X in sein eigenes Messer und verstirbt.

Für die Herausnahme dieser Fälle aus dem Anwendungsbereich des § 231 StGB wird zumeist auf den oben bereits abgelehnten Selbstverletzungsaspekt abge-

---

[210] MüKo-*Hohmann*, § 231 Rn. 22.

[211] *Stree*, FS-Schmitt, 215 (225).

[212] *Günther*, JZ 1985, 585 (586).

[213] *Stree*, FS-Schmitt, 215 (225).

[214] Dazu vergleiche Zweiter Teil, B., III., 2.

stellt[215]. Allerdings trägt die Verletzungshandlung, die letztlich nur den Angreifer trifft, auch in der Angriffsmodalität durchaus eine abstrakte Gefährdung anderer in sich, so dass der Einwand nicht greifen darf. Man stelle sich nur einen Fall vor, in dem ein Angreifer stolpert und dabei einen anderen Angreifer schwer verletzt. Potentiell gefährlich ist also auch eine solche Handlung.

Interessanter dürfte die Argumentation sein, dass eine Strafbarkeit nach § 231 StGB entfallen müsse, da die Angriffsmodalität ausschließlich dem Schutz des Angegriffenen diene[216]. Bei einer schweren Selbstverletzung des Angreifers soll ein Erfolg, der diesem Schutzzweck zuwiderläuft, nicht eingetreten sein. Diese Argumentation greift zugleich die Frage auf, ob dann konsequenterweise eine Strafbarkeit nach § 231 StGB auch für die anderen Beteiligten der eigenen Seite abzulehnen ist. Diese Problematik soll an dieser Stelle noch nicht vertieft werden[217]. Nun wird eher die Frage nach der Strafbarkeit des verletzten Angreifers selbst aktuell. Unabhängig von der These, dass sich der Schutzzweck des Schlägereitatbestandes nur auf den Angegriffenen bezieht, kann auch hier § 60 StGB weiterhelfen. Denn falls man den verletzten Angreifer straflos stellen würde, müsste man genauso bei seinen „Angriffskameraden" verfahren, was aus noch darzulegenden Gründen nicht ohne weiteres behauptet werden darf.

3. Zusammenfassung

Folglich ist festzuhalten, dass auch der Verletzte den Schlägereitatbestand verwirklichen kann. Um ihn vor einer im Hinblick auf seine schweren Verletzungen unangemessenen Strafe zu bewahren, kann die Regelung des § 60 StGB bemüht werden.

Die Gegenmeinung verweist aber zutreffend auf den Aspekt der Selbstgefährdung, der im Rahmen der Körperverletzungsdelikte generell zur Straflosigkeit führt. Hieran zeigt sich, dass § 231 StGB im 17. Abschnitt eine schwierige Sonderstellung einnimmt, die aus dem Erfordernis der schweren Folge hervorgeht.

IV. Liegt eine Strafbarkeit vor, wenn der Erfolg im Sinne § 231 Abs. 1 Mod. 2 StGB bei einem Beteiligten der eigenen Seite eintritt?

Nach dem Wortlaut des § 231 StGB ist es nicht erheblich, ob der an der Schlägerei oder dem Angriff Beteiligte, der Angegriffene oder ein unbeteiligter Dritter schwer verletzt wird oder zu Tode kommt. Die Weite des Wortlautes er-

[215] *Günther*, JZ 1985, 585 (586).

[216] *Schulz*, StV 1986, 250 (251).

[217] Dazu später im Dritten Teil, B., IV.

scheint unproblematisch für die beiden Letztgenannten. Die objektive Strafbarkeitsbedingung ist mithin erfüllt, falls beispielsweise ein Angegriffener erschossen oder ein Zuschauer einer Schlägerei erstochen wird. Anders liegen die Dinge, falls Opfer des Angriffs ein Initiator der Auseinandersetzung wird. Eine kontroverse Diskussion wurde durch die Frage veranlasst, ob eine Strafbarkeit nach § 231 Abs. 1 Mod. 2 StGB selbst dann anzunehmen ist, wenn der Erfolg bei einem Beteiligten der eigenen Seite eintritt.

Zur Verdeutlichung der hier zu behandelnden Problemkonstellation soll der vom Bundesgerichtshof in seinem vieldiskutierten Urteil vom 20. Dezember 1984[218] entschiedene Fall dienen:

Der Gastwirt W hatte von seiner Wohnung aus gesehen, dass sein letzter Gast, der erheblich angetrunkene L, von vier Personen geschlagen und misshandelt wurde, als er auf dem Heimweg eine Straße überqueren wollte. Er nahm daraufhin eine Pistole, lud sie durch und begab sich mit der Waffe in der Hand auf die Straße. Er fand L mit blutüberströmtem Gesicht an einer Hauswand kauernd vor und erfuhr von ihm, dass „die" ihn zusammengeschlagen und „alles weggenommen" hätten. W ging nun, nachdem auch die Ehefrau des L hinzugekommen war, zu den etwa 20 m entfernt vor einer Gaststätte stehenden vier Tätern. Frau L, die in der Hand eines von ihnen die Jacke ihres Mannes erkannt hatte, forderte deren sofortige Herausgabe. Diese wurde ihr nach einer gründlichen Durchsuchung nach Wertsachen von einem der Männer zugeworfen, nachdem aus einer Jackentasche die Gaspistole des L herausgenommen worden war. Gleichzeitig rief einer aus der Vierergruppe, die inzwischen gegenüber den Zeugen W und Frau L eine halbkreisförmige Aufstellung eingenommen hatte, zu W gewandt: „Dich hauen wir auch noch zusammen." Bei diesen Worten richtete derjenige, der die Gaspistole aus der Jacke des L genommen hatte, diese auf W. Ein anderer aus der Gruppe hatte eine Flasche in der Hand. W, der seine Pistole wie auch schon zuvor am ausgestreckten Arm auf den Boden gerichtet hielt, wandte sich nunmehr warnend an die Gruppe: „Macht keinen Scheiß, ich habe eine Pistole." Daraufhin wurde ihm von einem aus der Gruppe erwidert: „Wir auch." Während zunächst sämtliche Angeklagten und Frank J. einen Schritt auf den Zeugen W zu machten, stürzten sich unmittelbar darauf der Angeklagte H und Frank J. auf W. Einer der beiden riss ihn zu Boden. In dieser Situation fiel ein Schuss aus der Pistole des W, der Frank J. ins Herz traf. Dieser brach alsbald auf dem Gehweg zusammen und verstarb dort wenig später.
Es konnte nicht festgestellt werden, ob W diesen Schuss abgefeuert hatte, bevor er zu Boden gerissen wurde, indem er die Waffe gegen die sich nähernden H und Frank J. gerichtet hatte, oder er den Schuss erst auf die beiden abgefeuert

[218] BGHSt 33, 100.

hatte, nachdem er zu Boden gerissen worden war. Möglicherweise hat sich der Schuss auch unbeabsichtigt von W dadurch gelöst, dass entweder der Angeklagte H oder Frank J. ihm gegen die Hand, in der er die Waffe hielt, getreten hatte. Während der Angeklagte S sich nunmehr ausschließlich darum bemühte, für Frank J. Hilfe herbeizuholen, schlug der Angeklagte H, der den Schuss zwar gehört, aber die Verletzung seines Kameraden nicht bemerkt hatte, mehrmals mit der Faust ins Gesicht des am Boden liegenden W. Dieser feuerte daraufhin aus seiner Pistole ein weiteres Geschoss ab, das H am rechten Oberschenkel streifte. Es gelang ihm danach, aufzuspringen und ein Stück wegzulaufen. H holte ihn jedoch wieder ein, riss ihn wiederum zu Boden und schlug und trat zusammen mit dem inzwischen dazukommenden Angeklagten J auf ihn ein. Nach einem weiteren Schuss von W, der jedoch niemand traf, kehrte J um und kümmerte sich mit S um seinen verletzten Bruder Frank. H verfolgte W noch weiter, versuchte, in dessen Wohnung einzudringen, und gab erst auf, nachdem dieser noch einmal „in Todesangst" geschossen und ihn ins linke Bein getroffen hatte.

Der Bundesgerichtshof hat im vorliegenden Fall eine Strafbarkeit nach dem früheren § 227 Mod. 2 StGB bejaht. Die objektive Strafbarkeitsbedingung werde auch dann ausgelöst, wenn der Angreifer sich beim Angriff ungewollt selbst tötet oder durch einen Mitangreifer versehentlich getötet wird[219]. Alle Angreifer seien als Beteiligte im Sinne des Raufhandels anzusehen. Nach dem Gefährdungskonzept des Gesetzes sei dies das einzig tragbare Ergebnis[220].

In der Urteilsbegründung führt der Bundesgerichtshof aus, dass ein Angriff mehrerer schon dann vorlag, als die Vierergruppe den Gastwirt, mit einer Pistole und einer Flasche bewaffnet, bedrohte und geschlossen einen Schritt auf ihn zuging. Es reiche aus, wenn die Einwirkung auf den Körper des Angegriffenen abziele[221]. Abschließend beurteilen musste der Bundesgerichtshof diesen Punkt aber nicht, da es schließlich zu einem Angriff auf den Wirt gekommen ist. Nichtsdestotrotz wird sich zeigen, dass der genaue Zeitpunkt des Angriffsbeginns eine wichtige Rolle spielt.

In der Literatur stieß die Entscheidung des Bundesgerichtshofs auf breite Ablehnung[222].

[219] BGHSt 33, 100 (103 f.); zustimmend MüKo-*Hohmann*, § 231 Rn. 22.

[220] BGHSt 33, 100 (103 f.).

[221] BGHSt 33, 100 (102).

[222] Beispielsweise *Schulz*, StV 1986, 250 (251); *Günther*, JZ 1985, 585 (586).

1. Der Zeitpunkt des Angriffsbeginns

Zunächst wurde der frühe Beginn des Angriffs kritisiert. So schreibt *Geisler*: „Zwar trifft es zu, daß die Angriffsalternative (§ 227 / 2. Alt. StGB) nicht den Eintritt von körperlichen Einwirkungen verlangt. Insoweit decken sich die Voraussetzungen der Angriffsalternative mit denen einer versuchten gefährlichen Körperverletzung (§§ 223 a, 22 StGB) in der Variante der gemeinschaftlichen Begehung“[223]. Im direkten Anschluss verneint er dann das für den Versuch nach § 22 StGB erforderliche unmittelbare Ansetzen und – aus seiner Sicht konsequent – einen Angriff nach § 231 Abs. 1 Mod. 2 StGB.

Insoweit beachtet *Geisler* nicht den oben bereits herausgearbeiteten eigenständigen Bedeutungsgehalt der Angriffsmodalität. Zwar stimmt es, dass es noch nicht zu einem unmittelbaren Ansetzen zum Körperverletzungsdelikt gekommen ist, da noch ein wesentlicher Zwischenakt – das Erreichen des Opfers – erforderlich war. Allerdings lag durchaus bereits ein Angriff mehrerer vor. Ein solcher verlangt nämlich nicht das Erreichen des Opfers. Stattdessen reicht das bloße Abzielen im Rahmen des § 231 Abs. 1 Mod. 2 StGB aus. Durch das Umzingeln und bedrohliche Zugehen auf W lag im Beispielsfall ein Angriff durchaus vor. Die Ablehnung der Angriffsmodalität in solchen Fällen dergestalt, dass auf die vermeintlichen Parallelen zu § 22 StGB verwiesen wird, ist schlicht falsch.

2. Bloße Selbstgefährdung oder Fremdgefährdung

Gegen die Argumentation des Bundesgerichtshofs ist alsdann eingewandt worden, dass nur die Verletzung des Angegriffenen, nicht aber die des Angreifers vom Schutzzweck des § 231 Abs. 1 Mod. 2 StGB erfasst sei[224]. Da sich gerade die Gefahr verwirklichen müsse, um deretwillen der Angriff unter Strafe gestellt sei, könne der Eintritt des Schlägereierfolges beim Angreifer nicht als Realisierung des tatbestandsmäßigen Risikos angesehen werden. Schließlich könne aus der schweren Selbstverletzung des Angreifers nicht zwingend ein Indiz für die Gefährlichkeit des Angriffs zu folgern sein[225].

Die Auffassung des Bundesgerichtshofs könne nur dann zweckmäßig sein, falls durch die Angriffsmodalität auch die abstrakte Möglichkeit der Eigengefährdung des Angreifers sanktioniert werde. Eine Interpretation der zweiten Modalität als ein auch den Angreifer schützendes Delikt sei aber mit dem Gedanken,

---

[223] *Geisler*, Objektive Bedingungen der Strafbarkeit (1998), S. 323.

[224] *Schulz*, StV 1986, 250 (251).

[225] *Günther*, JZ 1985, 585 (586).

dass jeder für seine Taten selbst verantwortlich ist, unvereinbar[226]. Eine (mittelbare) Selbstverletzung könne also nach geltendem Recht nicht zugerechnet werden; der schwere Schlägereierfolg belege nicht die Gefährlichkeit des Angreifers und seiner Handlung, sondern die des Verteidigers. Wenn sogar vorsätzliche und fahrlässige Selbsttötungen und Selbstverletzungen grundsätzlich straflos blieben, weil das Strafrecht den Bürger nicht vor sich selbst, sondern vor Rechtsgutsverletzungen durch Dritte schütze, könne erst recht nichts anderes für abstrakte Selbstgefährdungen gelten[227]. *Schulz* beispielsweise meint, die Angriffsmodalität schütze ohnehin nur den Angegriffenen, nicht den Angreifer[228].

Diese Sichtweise überzeugt indes nicht. Zunächst ist zwischen den Begehungsmodalitäten des Schlägereitatbestandes zu differenzieren. Nach allgemeiner Auffassung sind im Laufe einer Schlägerei alle daran Beteiligten, also auch die Initiatoren der Auseinandersetzung, geschützt. Aufgrund der Einheitlichkeit der Modalitäten solle nichts anderes für die zweite Modalität gelten. Dies wird aber gerade von *Günther* und *Schulz* bestritten. Sie meinen, die zweite Begehungsmodalität könne nicht dem Schutz des Angreifers dienen.

Die Kritik von *Günther* und *Schulz* geht schon in ihrem Ausgangspunkt fehl: Es geht hier keineswegs um eine Selbst-, sondern vielmehr um eine Fremdgefährdung anderer Personen. § 231 StGB ist ein Mittel, um die allgemeine besondere Gefährlichkeit des Raufhandels einzudämmen. Der Tod eines Schlägereibeteiligten durch einen anderen Schlägereibeteiligten ist zweifellos geeignet, die Notwendigkeit der Einhaltung des Schlägereiverbots zu verdeutlichen. Gerade im Eintritt der schweren Folge realisiert sich doch das typische Schlägereirisiko. Es erscheint zwar auf den ersten Blick überraschend, dass auch § 231 Abs. 1 Mod. 2 StGB das Leben und die Gesundheit des Angreifers schützen soll. Die Begründung dafür, die bei einem Angreifer eingetretene schwere Schlägereifolge zur Bestrafung der anderen und seiner selbst heranzuziehen, besteht vielmehr darin, dass immer die Möglichkeit besteht, dass der Angriff mehrerer in eine Schlägerei mit der grundsätzlich unerwünschten Unrechtsdurchmischung ausartet. Die Rechtsprechung leitet also richtigerweise aus § 231 Abs. 1 StGB einen für beide Begehungsmodalitäten geltenden einheitlichen Rechtsgüterschutz ab, der in Leben und Gesundheit aller durch eine Schlägerei potentiell Gefährdeten zu erblicken ist[229]. Schlägerei- und Angriffsmodalität stehen folglich nicht in einem sachlichen Ausschließlichkeitsverhältnis – wie *Schulz* es aber offenbar sieht. Tatsächlich sind beide Modalitäten quasi unter dem – zu Unrecht als ver-

[226] *Schulz*, StV 1986, 250 (251).

[227] *Günther*, JZ 1985, 585 (586).

[228] *Schulz*, StV 1986, 250 (251).

[229] Vergleiche BGHSt 33, 100 ff., SK-*Horn/Wolters*, § 231 Rn. 1 b.

altet bezeichneten – Begriff des Raufhandels zusammenzufassen. Wie die historische Untersuchung gezeigt hat, beinhaltet der Raufhandel ein einheitliches Schutzgut. Bestraft wird die Tötung oder schwere Verletzung eines jeden an einer Auseinandersetzung mehrerer Gefährdeten; somit wird auch die körperliche Unversehrtheit des Angreifers selbst geschützt. Der Versuch, die Position des Bundesgerichtshofs mit dem Einwand der Selbstgefährdung zu bestreiten, muss folglich fehlschlagen.

3. Die Schutzrichtung der Angriffsmodalität

Schon die bloße Existenz der Angriffsmodalität spricht für die Auffassung des Bundesgerichtshofs: Würde § 231 Abs. 1 Mod. 2 StGB nur den Angegriffenen schützen, hätte die Norm neben den Tötungs- und Körperverletzungsdelikten ein verschwindend geringes Gewicht. Die Durchschlagskraft dieser Argumentation mindert sich ein wenig durch die oben bereits dargelegte Tatsache, dass durchaus Konstellationen vorstellbar sind, bei denen zwar ein Angriff mehrerer vorlag, hingegen ein unmittelbares Ansetzen zur Körperverletzung oder Tötung noch nicht stattgefunden hat. Nichtsdestotrotz mag die vorstehende Begründung Zweifel an der Ansicht wecken, dass der Angreifer selber aus dem Schutzbereich des § 231 StGB entfällt. Schließlich erfasst die Angriffsmodalität – wie bereits gezeigt[230] – schon das bloße Abzielen auf den Körper des Angegriffenen. Diese Komponente übersehen die Kritiker des Bundesgerichtshofs. Es bleibt also ein eigenständiger Unrechtsgehalt bestehen, auch wenn die schwere Folge später bei dem Angreifer selber oder einem Mitangreifer auftritt. Der Eintritt des Schlägereierfolges nimmt dem Verhalten des Angreifers nicht seinen „fremdverletzenden Zielunwert"[231]. Würde man den Angreifer nun aber mit den Kritikern straflos stellen, würde dieses Abzielen strafrechtlich nicht mehr geahndet werden. Nach § 231 Abs. 1 Mod. 2 StGB ist folglich nicht nur die vollendete, sondern auch die versuchte Fremdverletzung unter Strafe gestellt worden[232]. Dass der Erfolg bei einem Mitangreifer eintritt, stellt tatsächlich einen so genannten untauglichen Versuch dar. Es scheint häufig in unübersichtlichen körperlichen Auseinandersetzungen nur vom Zufall abzuhängen, bei wem der Tod oder die schwere Körperverletzung eintritt. Das Abirrungspotenzial des Angriffs ist gerade typisch für den Schlägereitatbestand, womit die hier angestellte Argumentation abermals beim Schutzzweck des § 231 StGB angekommen wäre, den die Kritiker des Bundesgerichtshofs offenkundig übersehen. Zudem ist es strafrechtlich kaum erklärbar, warum es vom puren Zufall abhängen soll, ob die Strafbar-

---

230 Siehe Zweiter Teil, B., III., 2., b).

231 *Geisler*, Objektive Bedingungen der Strafbarkeit (1998), S. 325.

232 *Geisler*, Objektive Bedingungen der Strafbarkeit (1998), S. 361.

keit ausgelöst wird, obwohl die vorherigen Handlungen die Gefahr der Eskalation und der schweren Verletzungen gleichsam begründet haben.

Die Gegenansicht ist außerdem noch unter einem anderen Gesichtspunkt angreifbar: Wenn nur der Eintritt der schweren Folge beim Angegriffenen tatbestandsbegründend für § 231 StGB wirke, stellt sich die Frage, ob dann nicht konsequenterweise der Eintritt bei einem völlig Unbeteiligten (beispielsweise bei einem Passanten oder Zuschauer) aus dem Anwendungsbereich der Norm herausfallen muss. Ein solches Ergebnis wäre dann aber mit Blick auf die kriminalpolitische Funktion des Schlägereitatbestandes völlig unhaltbar[233].

Letztlich spricht für die Auffassung des Bundesgerichtshofs die Tatbestandsnähe der beiden Modalitäten des Schlägereitatbestandes. So wird ein Angriff mehrerer augenblicklich zur Schlägerei, falls der Angegriffene von der Schutzwehr in die Trutzwehr wechselt. Kommt dann der Angreifer ums Leben oder wird schwer verletzt, besteht Einigkeit, dass § 231 StGB vorliegt. Schwer verständlich ist, warum das Ergebnis bei der Angriffsmodalität anders sein soll, nur weil es zu diesem in der Praxis häufigen Übergang noch nicht gekommen ist. Würde man anders entscheiden, könnte man nicht länger von einem einheitlichen Schutzgut von Schlägerei- und Angriffsmodalität sprechen.

Das Gesetz spricht zwar von einem Angriff mehrerer, gibt allerdings eine „Parteizuordnung“ gerade nicht vor. Der Schlägereitatbestand greift sowohl dann, wenn sich klassischerweise zwei Parteien bekämpfen, als aber auch in Fällen, in denen mehrere verschiedene Parteien gegeneinander antreten. In solchen Konstellationen ist dann schon auf tatsächlicher Ebene schwer nachzuweisen, wer zu welcher Partei gehört. Es zeigt sich mithin, dass eine „Parteizuordnung“, wie sie die Kritiker des Bundesgerichtshofs konsequenterweise vornehmen müssen, im Widerspruch zu der gesetzlichen Regelung steht.

4. Zusammenfassung

§ 231 StGB bestraft nach dem eindeutigen Gesetzeswortlaut auch diejenigen Beteiligten, in deren Reihen die schwere Folge eintritt. Mit der Gegenansicht ließe sich aber aus Gerechtigkeitsgründen bezweifeln, ob hier nicht eher Selbstgefährdungsaspekte eine Rolle spielen müssten. Gerade dies gibt der § 231 StGB in seiner jetzigen Fassung nicht vor. Um den Erwägungen der Gegenansicht Rechnung tragen zu können, wäre eine Gesetzeskorrektur notwendig.

---

[233] *Stree*, FS-Schmitt, 215 (226).

V. Liegt § 231 StGB vor, wenn der Angegriffene die schwere Folge in Notwehr hervorruft?

In neuerer Zeit wurde die Frage stark diskutiert, ob auch derjenige Täter des § 231 StGB sein kann, der die schwere Schlägereifolge in Notwehr hervorruft. Zunächst muss hierbei mit aller Sorgfalt unterschieden werden: Beteiligt sich eine Person lediglich aus Notwehr oder -hilfe an einer körperlichen Auseinandersetzung im Sinne des Raufhandelstatbestandes, kann sie nicht bestraft werden; schließlich ist sie gemäß § 231 Abs. 2 StGB ohne ihr Verschulden hineingezogen worden. Gerät aber jemand, der sich schuldhaft an einer Schlägerei oder an einem Angriff mehrerer beteiligt, während dieser Auseinandersetzung in eine Notwehrsituation, so stellt sich die rechtliche Bewertung als schwierig dar.

Verdeutlichen mag dies folgender

Beispielsfall[234]*: Der Angeklagte hatte sich rechtswidrig und schuldhaft an einer Schlägerei beteiligt. Im Laufe der Auseinandersetzung tötete er seinen Widersacher P durch einen Messerstich.*

Der Bundesgerichtshof entschied in dem Beispielsfall, dass wegen Beteiligung an einer Schlägerei strafbar sein kann, wer sich an einer Schlägerei beteiligt und dabei einen anderen in Notwehr tötet, obwohl er selbst durch die Notwehrhandlung die objektive Bedingung der Strafbarkeit setzt[235]. Ein an einer Schlägerei schuldhaft Beteiligter könne wegen einzelner Abwehrmaßnahmen in Notwehr handeln (zum Beispiel bei einem plötzlichen Angriff mit einem Messer). Die strafbare Beteiligung an einer Schlägerei im Allgemeinen werde hierdurch nicht berührt[236]. Ein Beteiligter kann also – nach Auffassung des Bundesgerichtshofs – auch dann nach § 231 StGB strafbar sein, wenn er im Rahmen einer Schlägerei in Notwehr einen Angreifer tötet oder (im Sinne von § 226 StGB) schwer verletzt; auch die in Notwehr verursachte Todesfolge sei objektive Bedingung der Strafbarkeit und begründe damit die Strafe des (hinsichtlich dieses Aktes) in Notwehr handelnden Beteiligten[237].

Um eine Schlägerei handele es sich auch, wenn jemand, der von zwei Personen angegriffen wird, in Trutzwehr (Vorgehen unter Abzielen auf Körperverletzung) gegen die Angreifer vorgeht; anders verhalte es sich, wenn der Angegriffene

[234] BGHSt 39, 305 (305).

[235] BGHSt 39, 305 (305).

[236] RGSt 73, 341 (341); 59, 264 (264); Sch/Sch-*Stree*, § 231 Rn. 9.

[237] BGHSt 39, 305 (307 ff.).

sich auf reine Schutzwehr beschränkt[238]. In diesem Fall, in dem sich eine Person durch Vorhalten der Arme oder eines Gegenstandes schützen wolle, sei die für die Schlägerei notwendige Mitwirkung von mindestens drei Personen nicht gegeben[239].

Das Reichsgericht entschied schon genauso wie der Bundesgerichtshof heute, ging nur wie selbstverständlich von einer Strafbarkeit wegen Beteiligung an einer Schlägerei aus[240].

Gegen die Ansicht des Bundesgerichtshofs, die Tötung eines Angreifers in Notwehr löse die objektive Strafbarkeitsbedingung des § 231 StGB aus, haben sich insbesondere *Günther*[241] und *Henke*[242] gewandt[243]. Selbstverständlich kann nach dieser Meinung der Angegriffene selbst, der sich in Notwehr verteidigt, erst recht nicht Täter des § 231 StGB sein.

Demnach bleibt zu untersuchen, wie die Vertreter der Literatur, die dem Bundesgerichtshof bei der Beurteilung der Fälle, in denen der *Angreifer* in Notwehr handelt, zustimmen, die Konstellation beurteilen, in der der *Angegriffene* gemäß § 32 StGB vorgeht.

1. Die juristische „Zwickmühle“

Gegen die Strafhaftung aus § 231 StGB wird angeführt, dass auf diesem Weg der rechtswidrig Angegriffene vor die folgenschwere Entscheidung gestellt werde, entweder den rechtswidrigen Angriff hinzunehmen oder aber seine eigene Strafbarkeit wegen Raufhandels auszulösen[244]. Eine solche juristische „Zwickmühle“ sei mit dem Gerechtigkeitsempfinden kaum mehr zu vereinbaren, da es den Notwehrübenden vor eine Wahl stellen würde, die ihm nicht zuzumuten wäre.

Der Bundesgerichtshof sieht eine solche „Zwickmühle“ allerdings zu Recht auch in den Fällen, in denen sich der Täter seinerseits einem durch Notwehr ge-

---

238 BGHSt 15, 371 (371); Sch/Sch-*Stree*, § 231 Rn. 2; SK-*Horn/Wolters*, § 231 Rn. 3.

239 LK-*Hirsch*, § 231 Rn. 4.

240 RGSt 3, 228 (228); 33, 35 (35); 59, 266 (266).

241 *Günther*, JZ 1985, 585 ff.

242 *Henke*, Jura 1985, 585 ff.

243 Dazu siehe oben Dritter Teil, B., IV., 2.

244 Ausführungen dazu bei *Wagner*, JuS 1995, 296 (298), der sich aber letztlich trotz seiner Bedenken dem Bundesgerichtshof anschließt.

rechtfertigten, also rechtmäßigen lebensbedrohlichen Angriff ausgesetzt sieht[245]. Hier muss sich der Täter ebenfalls entscheiden, ob er den Angriff hinnimmt und damit sein Leben gefährdet oder ob er sich wehrt und damit die strafrechtliche Folge auslöst[246]. Die „Zwickmühle“, die die Kritiker des Bundesgerichtshofs als ungerecht empfinden, stellt sich also durchaus nicht nur beim Notwehrübenden, sondern auch bei dem Gegner des Notwehrübenden. Diese Konfliktsituation beschreibt keine Ausnahmesituation, die im Wege der Gesetzesauslegung des § 231 StGB zu vermeiden ist; vielmehr handelt es sich hier um eine zwingende Folge der Kollision von Schlägereitatbestand und Notwehrrecht. Vermeiden ließe sich die Konfliktsituation lediglich durch eine Gesetzesänderung, aber nicht durch Einschränkung des insofern eindeutigen Wortlautes des § 231 StGB.

Gegen eine Straflosigkeit des in Notwehr Handelnden lässt sich zudem Folgendes anführen: Der Täter des § 231 StGB kann sich ohnehin nie sicher sein, dass die objektive Bedingung der Strafbarkeit nicht von einem anderen Beteiligten ausgelöst wird. Es kommt folglich wiederum nicht auf den persönlichen schadensauslösenden Beitrag an, sondern abermals nur auf die Beteiligung an sich, die die Gefahr der Eskalation und der erheblichen Verletzungen in sich trägt.

2. Die Notwendigkeit einer einheitlichen Entscheidung

Der Angeklagte rügte im Beispielsfall eine Verletzung des Grundsatzes, dass über die rechtfertigende Wirkung einer Notwehrhandlung nur einheitlich entschieden werden könne. Eine Aufspaltung dahin, dass der Messerstich zwar nach § 212 StGB gerechtfertigt sei, aber zu einer Verurteilung nach § 231 StGB führe, sei unzulässig. So könne sich die Notwehr auf Verhaltensweisen erstrecken, die mit den der Notwehr dienenden Tötungs- oder Körperverletzungshandlungen unmittelbar zusammenfallen, obgleich sie anfangs mit der Abwehr des konkreten Angriffs in keinerlei Zusammenhang stand. Derjenige, der eine unerlaubt mitgeführte Schusswaffe als Notwehrmittel einsetze, sei sowohl bezüglich des Tötungs- oder Körperverletzungsdelikts als auch wegen des unerlaubten Mitsichführens straflos zu stellen. Die Rechtfertigungswirkung des § 32 StGB entfalte sich für beide Delikte. Nichts anderes dürfe für das Zusammenspiel von Tötungs- beziehungsweise Körperverletzungsdelikt und der Beteiligung an einer Schlägerei gelten.

Diese Argumentation des Angeklagten lässt sich hingegen nicht in Einklang bringen mit der herrschenden Auslegung der Norm. Im Rahmen des § 231 StGB wird der Täter eben nicht wegen des Tötungsunrechts bestraft; die schwere Fol-

---

[245] BGHSt 39, 305 (309).

[246] BGHSt 39, 305 (309).

ge ist lediglich objektive Bedingung der Strafbarkeit. Vielmehr pönalisiert die Norm die Beteiligung am kollektiven Gefährdungsunrecht der Schlägerei (so genannte Gefährdungstheorie[247]). Die Schutzrichtung des Schlägereitatbestandes ist eine völlig andere als die der Tötungs- beziehungsweise Körperverletzungsdelikte. Die Argumentation des Angeklagten wurde also zu Recht vom Bundesgerichtshof als nicht stichhaltig verworfen.

Im selben Kontext ließe sich daran denken, die „Zwickmühle" des Angeklagten bei der Strafzumessung strafmildernd zu berücksichtigen[248]. Eine solche Möglichkeit bestünde zwar, würde aber wiederum die strafwürdige Tatsache verdecken, dass sich der Angeklagte ohne Not an der körperlichen Auseinandersetzung beteiligt hat.

3. Das „Odium des Unrechtmäßigen"

Der Bundesgerichtshof hat zutreffend dargetan, dass § 32 StGB nicht das gesamte Täterverhalten im Rahmen einer körperlichen Auseinandersetzung mehrerer rechtfertigt. Vielmehr ist richtigerweise zu differenzieren zwischen den in Frage kommenden Tötungs- beziehungsweise Körperverletzungsdelikten und der Beteiligung an der Schlägerei. Wie *Stree* im Anschluss an den Bundesgerichtshof bereits festgestellt hat, ist also das Rechtswidrigkeitsmoment bei der Tötungshandlung und bei der Schlägereibeteiligung unterschiedlich zu beurteilen[249].

Geppert schreibt zutreffend[250], dass früheres rechtswidriges Verhalten, eben die rechtswidrige und schuldhafte Beteiligung an der Schlägerei, nicht nachträglich durch Rechtfertigungsgründe legalisiert werden kann, die das frühere vollendete Verhalten vom „Odium der Unrechtmäßigen" befreien könnten. Wenn auch während des Gesamtvorgangs der Schlägerei im Laufe der Auseinandersetzung im Einzelnen eine konkrete Notwehrsituation auftaucht, so bleibt doch insgesamt die Beteiligung an der Schlägerei rechtswidrig, wenn auch der Täter wegen der tatbestandsmäßigen Abwehrhandlung im Einzelnen gerechtfertigt sein kann.

4. Zusammenfassung

Der Bundesgerichtshof bleibt seiner Linie auch in diesem Problemkreis treu und setzt seine Rechtsprechung konsequent fort: Wie, wann oder bei wem die

---

[247] Siehe oben Zweiter Teil, B., I., 3.

[248] So vorgeschlagen von *Stree* (JR 1994, 370 (371)), was er aber schließlich selbst verwirft.

[249] *Stree*, JR 1994, 370 (371).

[250] *Geppert*, JK 94, StGB § 227/1

schwere Folge ausgelöst wird, ist für die Strafbarkeit nach § 231 StGB ohne Belang. Im Gegensatz dazu bemüht sich die Literatur stets, den Anwendungsbereich des § 231 StGB einzuschränken, wobei sich manche Gerechtigkeitslücke offenbart.

VI. Ist § 32 StGB auf § 231 StGB anwendbar?

Höchst bedeutsam ist die Frage, ob auf eine Schlägereisituation die Notwehrvorschrift des § 32 StGB anwendbar ist. Hierbei ist zunächst zu differenzieren:

Die Notwehrbefugnis hat grundsätzlich bei einzelnen während des Raufhandels begangenen Verletzungshandlungen keinen Einfluss auf die Strafbarkeit gemäß § 231 StGB. Auf § 32 StGB kann man sich insofern jedenfalls im Rahmen der §§ 211 f., 223 ff. StGB berufen. Demjenigen Täter wiederum, der sich aufgrund seiner Unterlegenheit gezwungen sieht, bei einer einverständlichen Schlägerei nun plötzlich entgegen der Abmachung ein Messer zu ziehen und zu benutzen, ist das Notwehrrecht zu versagen[251].

Umstritten – und damit für die Auslegung des Schlägereitatbestandes bedeutsam – ist die Problematik, ob die Beteiligung *an sich* durch Notwehr gedeckt sein kann.

Eine starke Literaturmeinung ordnet – entgegen der Rechtsprechung und der wohl überwiegenden Literatur – § 231 Abs. 2 StGB erst auf der Rechtfertigungs- beziehungsweise Schuldebene ein[252]. Konsequenterweise bejaht diese Ansicht auch die Anwendbarkeit des § 32 StGB auf den Schlägereitatbestand, und zwar dann, wenn die Beteiligung am Raufhandel durch eine Verteidigungshandlung entsteht und der Täter sich auf sie unter Einhaltung der Voraussetzungen des § 32 StGB beschränkt, außerdem wenn der Täter, nachdem er die Beteiligung erkennbar aufgegeben hat, sich nunmehr gegen einen Angriff zur Wehr setzt[253].

Die herrschende Ansicht in der Literatur und die Rechtsprechung sehen in § 231 Abs. 2 StGB einen Tatbestandsauschluss[254]. Gleichwohl sei auch nach dieser

[251] Sch/Sch-*Stree*, § 231 Rn. 9.

[252] Näher zu dieser Diskussion unten im Dritten Teil, C., VII.

[253] LK-*Hirsch*, § 231 Rn. 17; *Jung*, JuS 1994, 263 (263); *Schmidhäuser*, BT, § 1 Rn. 26.

[254] BGHSt 31, 124 (127); OLG Celle, MDR 1970, 608 (608); *Eisele*, ZStW 110 (1998), 69 (75 ff.); *Henke*, Jura 1985, 585 (588); *Maurach/Schroeder/Maiwald*, BT 1, § 11 Rn. 5.

Ansicht die Vorschrift des § 32 StGB auf den Schlägereitatbestand anwendbar[255].

Die Gegenansicht[256] verneint eine Anwendbarkeit des § 32 StGB mit der Begründung, dass es sich bei § 231 StGB um ein Delikt gegen die Allgemeinheit handele. So sei beispielsweise auch eine Einwilligung nicht möglich, da kein disponibles Rechtsgut betroffen sei[257]. Diese Ansicht kann sich auf eine vereinzelt gebliebene Entscheidung des Bundesgerichtshofs berufen, in der das Gericht Bedenken bezüglich der generellen Anwendbarkeit der Notwehr äußerte[258]. Hiernach rechtfertige § 32 StGB nur Verteidigungshandlungen gegen den Angreifer, nicht aber Eingriffe in die Rechtsgüter unbeteiligter Dritter oder der Allgemeinheit.

Eisele stützt sich in seiner Argumentation auf den dem Notwehrrecht immanenten Grundsatz „Das Recht braucht dem Unrecht nicht weichen“[259]. Es bedürfe aber gerade keiner Rechtsbewährung gegenüber der Allgemeinheit, da diese für den Angriff keine Verantwortung trage. § 32 StGB sei mithin für den Schutz der Rechtsgüter der Allgemeinheit nicht brauchbar.

Diese Argumentation scheint schlüssig zu sein. Warum sollte § 32 StGB bei § 231 StGB anwendbar sein, wenn dieser doch ein Delikt zum Schutze der Allgemeinheit darstellt, welche überall sonst das Notwehrrecht gerade nicht benötigt?

Es darf aber nicht übersehen werden, dass § 231 StGB als abstraktes Gefährdungsdelikt nur zum einen die Allgemeinheit vor Gefahren einer Schlägerei schützt. Zum anderen sollen auch die individuellen Beteiligten vom Schutzzweck des Raufhandels umfasst sein[260]. Diese Individuen müssen sich dann aber auch auf § 32 StGB berufen dürfen; ansonsten wäre jedem Beteiligten schon wegen seiner Beteiligung sein Notwehrrecht verwehrt. Die Einordnung des § 231 StGB als bloßes Delikt zum Schutze der Allgemeinheit steht also auf „wackligen Füßen“.

---

[255] So geht wohl BGHSt 39, 305 (307 ff.) von der Anwendbarkeit des § 32 StGB aus.

[256] *Wessels/Hettinger*, BT 1, Rn. 353; NK-*Paeffgen*, § 231 Rn. 12; *Eisele*, ZStW 110 (1998), 69 (85 ff.); ders., JR 2001, 270 (274).

[257] *Eisele*, JR 2001, 270 (274); NK-*Paeffgen*, § 231 Rn. 12.

[258] BGH, GA 1960, 213 (214).

[259] *Eisele*, ZStW 110 (1998), 69 (86).

[260] Sch/Sch-*Stree*, § 231 Rn. 1.

Unberücksichtigt bleibt bei der Ausklammerung des § 32 StGB folgende Erwägung: Wenn § 32 eine einzelne während der Schlägerei begangene Körperverletzung rechtfertigt, verbleibt es immer noch bei der raufhandelsspezifischen Verstärkung des „Aufschaukelungs-Mechanismus"[261]. Dem Täter diesbezüglich das Notwehrrecht abzuerkennen, würde das von ihm verwirklichte Unrecht künstlich aufspalten.

Es spricht also vieles dafür, eine Rechtfertigung gemäß § 32 StGB im Rahmen des Schlägereitatbestandes zuzulassen.

Ein Folgeproblem der Frage, ob § 32 StGB auf § 231 StGB anwendbar ist, stellt sich dahingehend, ob eine Person, die sich auf bloße Schutzwehr beschränkt, für den Begriff der Schlägerei konstituierende Wirkung entfaltet. Mit anderen Worten: Kann eine sich lediglich schützende Person die dritte Person sein, die die körperliche Auseinandersetzung erst zu einer Schlägerei macht? Überwiegend wird dies verneint[262]; kritisch sieht eine solche Schlussfolgerung hingegen *Paeffgen*[263], der den nur Schutzwehr Übenden erst auf Rechtfertigungsebene straflos stellen will, da hier eine Form von Gegenwehr vorliege. Dann würde aber durchaus eine Schlägerei im Sinne des § 231 Abs. 1 Mod. 1 StGB vorliegen und die beiden anderen Beteiligten wären zu bestrafen. *Paeffgen* macht von diesem Grundsatz dann aber eine Ausnahme, wenn das Opfer die Hände oder einen Gegenstand als Schutzschild über sich hält[264].

Diese Differenzierung kann nicht überzeugen. *Paeffgen* muss sich die Frage gefallen lassen, was er unter Schutzwehrüben versteht. Wenn Trutzwehr das Einschlagen auf den Gegner bedeutet und das Vorhalten der Hände nicht tatbestandsmäßig wirken soll, ist zweifelhaft, was dann unter den Begriff der Schutzwehr fallen würde. Eine Ausklammerung der Fälle des Vorhaltens eines Schutzes aus dem Bereich der Schutzwehr ergibt so keinen Sinn. Vielmehr ist die sich auf Schutzwehr beschränkende Person – im Einklang mit der überwiegenden Auffassung – nicht als Beteiligter an der Schlägerei anzusehen. Konsequenterweise müssen dann die beiden übrigen Schläger ebenfalls straflos gestellt werden.

---

[261] NK-*Paeffgen*, § 231 Rn. 12.

[262] BGHSt 15, 369 (371); LK-*Hirsch*, § 231 Rn. 4; SK-*Horn/Wolters*, § 231 Rn. 3; *Wessels/Hettinger*, BT 1, Rn. 350.

[263] NK-*Paeffgen*, § 231 Rn. 5.

[264] NK-*Paeffgen*, § 231 Rn. 5.

VII. Liegt eine Strafbarkeit nach § 231 StGB vor, wenn ein Zuschauer vor Aufregung einen tödlichen Herzschlag erleidet?

In der Kommentarliteratur zu § 231 StGB wird häufig der Fall diskutiert, ob die Vorschrift selbst dann eingreift, wenn ein an der Schlägerei völlig unbeteiligter Zuschauer ohne eine physische Beeinträchtigung durch Dritte allein aufgrund seiner innerlichen Aufregung einen tödlichen Herzschlag erleidet.

Beispielsfälle:

1. Im Rahmen einer Schlägerei zwischen A, B und C finden sich einige Zuschauer ein, darunter die Mutter des C. Als diese sieht, dass ihr Sohn schwer misshandelt wird, erleidet sie einen Herzschlag, an dem sie noch vor Ort verstirbt.

2. Ein Vater, der am Fernseher zufällig Zeuge einer Hooligan-Auseinandersetzung wird und miterlebt, wie sein Sohn dabei schwer geschlagen wird, erleidet einen tödlichen Herzinfarkt.

Erlebe ein Bürger unmittelbar, dass eine der wichtigsten Staatsfunktionen – die Gewährleistung von Frieden in der Bevölkerung – während einer Schlägerei nicht aufrechterhalten werde, und gerate er darüber so in Aufregung, dass er beispielsweise einen tödlichen Herzschlag erleide, nimmt eine Ansicht § 231 StGB an[265]. Fehle es hingegen an einer solchen Unmittelbarkeit – wie im zweiten Beispielsfall –, sei eine solche durch Dritte vermittelte Wahrnehmung nicht mehr vom Schutzzweck der Vorschrift gedeckt.

Die herrschende Ansicht lässt § 231 StGB in den „Herzschlag-Fällen" demgegenüber nicht durchgreifen[266]. Die Unmittelbarkeit des Erlebens spielt hiernach gar keine Rolle.

Für die erste Ansicht spricht sicherlich, dass sich die herrschende Meinung bei ihrem Verständnis in einen gewissen Widerspruch bringt: § 231 StGB wurde gerade dazu konzipiert, Kausalitätsproblematiken in Zusammenhang mit einer Schlägerei zu umgehen. Die Vorschrift schließt eine Strafbarkeit nicht aus dem individuellen Verhalten einer Person, sondern aus der Situation, aus der Schlägerei selbst. Jene ist eben auch kausal für den Tod desjenigen geworden, der aus Aufregung einen Herzschlag erleidet.

---

[265] NK-*Paeffgen*, § 231 Rn. 20.

[266] Sch/Sch-*Stree*, § 231 Rn. 14; *Rengier*, BT 2, § 18 Rn. 7.

Demgegenüber muss aber festgestellt werden, dass ein durch Aufregung ausgelöster Herzschlag keine typische Folge einer Schlägerei ist. Der Schutzzweck der Vorschrift gebietet es – zumal auch aufgrund der Weite der Norm – nur die schlägereispezifischen Folgen zu erfassen. So greift § 231 StGB dann, wenn ein Zuschauer durch eine umher fliegende Flasche tödlich getroffen wird[267]. In den Herzschlag-Fällen realisiert sich demgegenüber das allgemeine Lebensrisiko, das jede Person selber zu tragen hat, und gerade nicht ein Risiko, welches auf die Schlägerei zurückzuführen ist.

Wenn schon das allgemeine Lebensrisiko hier eine Rolle spielen soll, drängt sich unvermittelt die Frage auf, ob die oben genannten Problemkonstellationen nicht über allgemeine Grundsätze des StGB gelöst werden können, namentlich mit Hilfe der Grundsätze der objektiven Zurechnung. Objektiv zurechenbar kann ein durch menschliche Handlung verursachter Erfolg nur dann sein, wenn die Handlung eine rechtlich missbilligte Gefahr geschaffen hat und sich diese in tatbestandskonformer Weise in dem Erfolg niedergeschlagen hat[268]. In den Herzschlagfällen verursacht die Schlägerei zwar ein rechtlich relevantes Risiko, nämlich die Gefährdung der körperlichen Unversehrtheit der Involvierten. Allerdings fehlt hierbei der Risikozusammenhang, weil der Schutzzweck der Körperverletzungsdelikte, zu denen § 231 StGB gehört, nicht auf die Vermeidung solcher Verletzungen gerichtet ist, die bei einem anderen als dem unmittelbar Betroffenen eintreten[269]. So werden von der Literatur ausdrücklich Schockschäden im Rahmen der objektiven Zurechnung ausgeschlossen[270]. Um nichts anderes geht es im Rahmen der hier diskutierten Herzschlag-Fälle.

Hohmann wendet gegen diese Heranziehung der objektiven Zurechnung ein, sie implementiere eine nach dem Wortlaut des § 231 StGB nicht begründbare und auch kriminalpolitisch nicht gewollte Schuldbeziehung des Täters zur schweren Folge[271]. Dem kann aber insofern widersprochen werden, als es bei der hier vorgeschlagenen Anwendung der Zurechnungsregeln nicht um die Beziehung des *Täters* zur schweren Folge geht, sondern um die Beziehung der von mehreren Personen verursachten *Schlägerei* zur besonderen Folge. Somit kann diese Fallgruppe mit Hilfe der Regeln des Allgemeinen Teils des StGB aus dem Bereich des § 231 StGB ausgeschlossen werden.

---

[267] *Otto*, BT, § 23 Rn. 7.

[268] Zur Definition der objektiven Zurechnung vergleiche *Roxin*, AT I, § 11 Rn. 39 ff.; *Wessels/Beulke*, AT, Rn. 179 ff.; *Jescheck/Weigend*, AT, S. 286 ff.

[269] *Roxin*, AT I, § 24 Rn. 83; *Kühl*, AT, § 17 Rn. 75; SK-*Rudolphi*, Vor § 1 Rn. 78.

[270] *Kühl*, AT, § 17 Rn. 75.

[271] MüKo-*Hohmann*, § 231 Rn. 27.

VIII. Muss zwischen Eintritt der schweren Folge und der Schlägerei ein gefahrspezifischer Zusammenhang bestehen oder reicht bloße Kausalität aus?

Nach dem Wortlaut des Gesetzes ist allein erforderlich, dass durch eine Schlägerei oder einen Angriff mehrerer der Tod eines Menschen oder eine schwere Körperverletzung „verursacht" worden ist. Durch die aus dieser Formulierung resultierende Weite der Norm wird der Anwendungsbereich des § 231 StGB gegenüber den allgemeinen Kausalitätserfordernissen nicht eingeschränkt. Lediglich dann, wenn eine schwere Folge völlig unabhängig von der Schlägerei eintritt, greift § 231 StGB nicht.

Beispielsfälle:

1. Der bei einer Schlägerei verletzte A fällt auf dem Transport zum Krankenhaus einem Verkehrsunfall zum Opfer.

2. Da er es nicht für nötig hält, lässt sich der bei einer Schlägerei verletzte X erst verspätet von einem Arzt behandeln, obwohl ihm geraten wurde, vorher die Behandlung aufzunehmen. Aufgrund dieser Verspätung verstirbt X.

Der Bundesgerichtshof schließt sich in seiner letzten Aufsehen erregenden Entscheidung zum Schlägereitatbestand[272] seinen früheren Entscheidungen[273] an, nach denen lediglich ein ursächlicher Zusammenhang im strafrechtlichen Sinne zwischen der Schlägerei und deren schweren Folge bestehen muss[274]. Dabei hält der Bundesgerichtshof sich eng an den Wortlaut der Vorschrift.

Im Gegensatz dazu will die überwiegende Meinung in der Literatur, vor allem die Kommentarliteratur, nur eine tatbestandsspezifische Folge ausreichen lassen, d. h. eine Folge, für die gerade die spezifische Gefahr einer Schlägerei das ausschlaggebende Moment sei[275]. Fehle dieser gefahrspezifische Zusammenhang, so sei der Eintritt der schweren Folge kein Indiz für die Gefährlichkeit der Schlägerei, die sich von anderen folgenlosen Schlägereien nicht mehr so gravierend abhebe, dass eine andere strafrechtliche Wertung erforderlich wäre.

Allerdings stellt sich hier weniger ein spezifisches Problem des Schlägereitatbestandes als vielmehr eines des Allgemeinen Teils des StGB. Selbst wenn man

---

[272] BGHSt 39, 305 (305).

[273] BGHSt 16, 133 (133); 33, 100 (100).

[274] Zustimmend zum Beispiel *Hohmann/Sander*, BT II, § 10 Rn. 12.

[275] *Stree*, FS-Schmitt, 215 (221 ff.); Sch/Sch-*Stree*, § 231 Rn. 14; LK-*Hirsch*, § 231 Rn. 12; SK-*Horn/Wolters*, § 231 Rn. 8a; *Rengier*, FS-Roxin, 811 (816).

mit dem Bundesgerichtshof lediglich Ursächlichkeit verlangen würde, wäre fraglich, ob in den Krankenwagen-Fällen die schwere Folge zurechenbar wäre. Schließlich muss auch eine objektive Bedingung der Strafbarkeit dem Tatgeschehen – also vorliegend der Schlägerei – zurechenbar sein[276]. Kommt es aber in den hier relevanten Fallgruppen zum Todeseintritt oder zu einer schweren Körperverletzung, liegt eher eine Verkettung unglücklicher Umstände vor als der Eintritt einer durch die Schlägerei verursachten Gefahr. Es zeigen sich in solchen Fällen Parallelen zu den bereits erläuterten Situationen, in denen ein Zuschauer vor Aufregung einen Herzschlag erleidet und verstirbt. Auch hier realisiert sich das allgemeine Lebensrisiko, ohne dass es der Prüfung eines gefahrspezifischen Zusammenhanges bedarf.

Dies verdeutlicht auch der folgende von *Strenger* gebildete Beispielsfall[277]:

Bei einem Raufhandel wird ein Beteiligter durch einen herabfallenden Dachziegel getötet.

Wäre nun das Opfer gar nicht an der Schlägerei beteiligt gewesen, hätte es sich nicht an dem Ort befunden, an dem es durch den Dachziegel getötet wurde. Kausalität im Sinne der conditio-sine-qua-non-Formel liegt also unproblematisch vor. Deswegen könnten die Kritiker des Bundesgerichtshofs einwenden, dass eine Strafbarkeit nach § 231 StGB trotzdem ausscheiden müsste, da sich keine der Schlägerei immanente Gefahr verwirklicht hat. Dem muss aber entgegengehalten werden, dass die Rechtsprechung wohl zu keinem anderen Ergebnis mit Hilfe allgemeiner Regeln über die objektive Zurechnung kommen würde. Der Eintritt des Todes resultiert hier eben nicht aus der Schlägerei; er ist ihr nicht zuzurechnen. Das Konstrukt eines gefahrspezifischen Zusammenhangs, wie es ihn im Rahmen der erfolgsqualifizierten Delikte gibt, ist gar nicht von Nöten, um diese – praktisch wohl sehr seltenen – Konstellationen auszuschließen. Würde man mit den Stimmen der Kritiker argumentieren, müsste man sich dem Vorwurf ausgesetzt sehen, man trage dazu bei, die Grenzen zwischen erfolgsqualifizierten Delikten und der schweren Folge des § 231 StGB zu verwischen[278]. Die Heranziehung von Vorschriften wie §§ 226, 227 StGB, um den Zusammenhang zwischen Schlägerei und Eintritt der schweren Folge zu konkretisieren, kann aber auch mit Hinblick auf den Schutzzweck dieser Normen keinen Gewinn bringen. Während die §§ 226, 227 StGB individuelles Verletzungsunrecht erfassen, geht es beim Schlägereitatbestand um kollektives Gefährdungsunrecht.

---

[276] Vergleiche nur *Lackner/Kühl*, § 231 Rn. 5; *Kuhlen/Roth*, JuS 1995, 711 (714).

[277] Siehe *Strenger*, Raufhandel (1930), S. 24.

[278] Ähnlich *Rengier*, FS-Roxin, 811 (816).

Ebenfalls über die Regeln der objektiven Zurechnung lässt sich der von *Horn* und *Wolters*[279] angesprochene Fall lösen, in dem durch die Schlägerei Zuschauer veranlasst werden, unter sich Streit (mit schwerer Folge) zu beginnen. Hier tritt der eigenverantwortliche Deliktsentschluss der nunmehr Schlagenden an die Stelle des ursprünglichen Zurechnungszusammenhanges. Nicht anders verhält es sich dann, wenn die tatbestandsmäßige Schlägerei beendet ist, jedoch zwei weitere Personen den Streit weiterführen und erst hierdurch die schwere Folge verwirklicht wird.

Somit bleibt festzustellen, dass ein gefahrspezifischer Zusammenhang zwischen Schlägerei und Eintritt der schweren Folge im Rahmen des § 231 StGB nicht angenommen werden sollte. Schwierige Fallgruppen lassen sich besser über die allgemeinen Regeln der objektiven Zurechnung lösen. Es ist stets zu prüfen, ob sich die schwere Folge nach den für die objektive Zurechnung geltenden Regeln als Realisierung der im Gesamtvorgang der Schlägerei angelegten Gefahr darstellt[280].

IX. Kommt es für die Straflosigkeit nach § 231 Abs. 2 StGB nur darauf an, ob der Beteiligte in das Geschehen anfänglich unverschuldet hineingezogen worden ist?

Die frühere Fassung des § 227 StGB ließ die Auslegung zu, dass Straflosigkeit immer dann eintrete, wenn der Beteiligte anfänglich unverschuldet in den Raufhandel hineingezogen worden sei[281]. Folgt man dieser Auslegung, müsse auch derjenige straffrei bleiben, der sich zu einem späteren Zeitpunkt nicht mehr gerechtfertigt an der Auseinandersetzung beteiligt hat.

Die überwiegende Ansicht in Rechtsprechung und Literatur vertritt seit jeher, dass Straffreiheit nur derjenige erlangen kann, der an der Schlägerei oder dem Angriff mehrerer zu keinem Zeitpunkt in vorwerfbarer Weise beteiligt war[282]. Zwingende Folge dieser Auffassung ist, dass ein Beteiligter, der die schwere Folge in gerechtfertigter Weise herbeiführt, trotzdem bestraft werden kann, falls seine Beteiligung zu einem anderen Zeitpunkt nicht gerechtfertigt war.

---

[279] SK-*Horn/Wolters*, § 231 Rn. 8a.

[280] *Lackner/Kühl*, § 231 Rn. 5.

[281] So *Frank*, § 227 Anm. III; *Kriegsmann*, Mittäterschaft und Raufhandel (1907), S. 200 f.; *Eisele*, ZStW 110 (1998), 69 (74 ff.).

[282] RGSt 30, 281 (283); *Arzt/Weber*, BT, § 6 Rn. 87; Sch/Sch-*Stree*, § 231 Rn. 7; *Hohmann/Sander*, BT II, § 10 Rn. 10.

Eisele gibt der herrschenden Auslegung zu, dass durch die Neuformulierung des Tatbestandes im Rahmen des 6. Strafrechtsreformgesetzes die gesetzgeberische Tendenz deutlich geworden ist, die überwiegende Ansicht in Literatur und Rechtsprechung zu stützen[283]. Nichtsdestotrotz sei weiterhin eine Auslegung möglich, die nur auf die anfängliche unverschuldete Beteiligung abziele[284]. Schließlich sei der Begriff „vorzuwerfen" ein normatives Tatbestandsmerkmal, dessen Ausfüllung es erst noch bedürfe.

Dagegen spricht aber, dass die Auslegung einer Norm sich streng an ihrem Wortlaut zu orientieren hat[285]. Tatsächlich spricht § 231 Abs. 2 StGB nicht von der anfänglichen Beteiligung, sondern nur von der Beteiligung an sich. Zudem muss sich die Auslegung einer Strafnorm immer auch an der gesetzgeberischen Intention ausrichten, die – was *Eisele* selber zugibt – darauf gerichtet war, nur denjenigen straffrei zu stellen, der zu keinem Zeitpunkt während der Auseinandersetzung vorwerfbar gehandelt hat.

Mit Blick auf die angeheizte Situation eines Raufhandels will *Eisele* dem nicht vorwerfbar in die Schlägerei hineingeratenen Beteiligten zugestehen, dass dieser nicht bei jedem Schlag gerechtfertigt oder entschuldigt sein müsse; schließlich stelle die ständige Überlegung, ob man in der aktuellen Kampfsituation gerechtfertigt ist oder nicht, eine nur schwer zu erfüllende Aufgabe dar[286].

Dabei geht *Eisele* nicht hinreichend auf den Sinn und Zweck des Schlägereitatbestandes ein. Ziel des § 231 StGB ist es nicht, die persönliche Beziehung des Täters zu seiner jeweiligen Schlägereihandlung strafrechtlich zu beurteilen. Stattdessen wird aus der Beteiligung an sich die Gefährlichkeit für ein Gesamtgeschehen geschlossen. Es kommt also weniger darauf an, ob einzelne Handlungen des Täters gerechtfertigt oder entschuldigt sind, sondern darauf, ob die Beteiligung an der körperlichen Auseinandersetzung einer Strafe bedarf.

Es bleibt festzuhalten, dass Straffreiheit nur derjenige erlangen kann, der an der Schlägerei oder dem Angriff mehrerer zu keinem Zeitpunkt in vorwerfbarer Weise beteiligt war.

---

283 *Eisele*, JR 2001, 270 (271); so auch *Schumacher*, Bochumer Erläuterungen, § 231 Rn. 1.

284 *Eisele*, JR 2001, 270 (272).

285 *Wessels/Beulke*, AT, Rn. 57; *Gropp*, AT, § 2 Rn. 20.

286 *Eisele*, JR 2001, 270 (272).

X. Ist der Ort, an dem die schwere Folge eintritt, als Tatort im Sinne des § 9 StGB anzusehen?

Lediglich in der Literatur umstritten ist die Bedeutung des Eintritts der schweren Folge für den Begehungsort der Tat. Hierbei geht es entscheidend um die Frage, ob dem Eintritt des Todes oder der schweren Körperverletzung tatbegründende Wirkung beizumessen ist; schließlich ist nach § 9 Abs. 1 Mod. 3 StGB der Tatort der Erfolgsort.

Diesem Streit kommt beispielsweise dann Bedeutung zu, wenn sich ein ausländisches Opfer eines Angriffs mehrerer Ausländer auf das Territorium der Bundesrepublik Deutschland schleppt, auf dem es schließlich verstirbt. Fraglich ist dann, ob tatsächlich eine Inlandstat vorliegt oder eben nicht.

Nach einer in der Literatur vorherrschenden Ansicht ist der Ort, an dem die schwere Folge eintritt, Tatort im Sinne des § 9 StGB[287]. Der Eintritt einer objektiven Bedingung der Strafbarkeit stelle einen zum Tatbestand gehörenden Erfolg dar.

Namentlich von *Stree* wird hingegen die Ansicht vertreten, dass der Erfolgseintritt im Rahmen des Schlägereitatbestandes für die Bestimmung des Tatorts nach § 9 StGB keinerlei Bedeutung aufweist[288]. Eine unrechtsneutrale und schuldgelöste Strafgröße, der praktisch ein strafeinschränkender Gehalt zu Eigen sei, könne nicht wesentlich dafür sein, wo eine Straftat verübt worden sei.

Hierfür scheinen die Eigenarten des oben geschilderten Beispielsfalls zu sprechen. Dabei findet die Beteiligung gerade nicht in der Bundesrepublik Deutschland, sondern im Ausland statt. Auch wenn das Opfer erst in der Bundesrepublik Deutschland seinen Verletzungen erliegt, liegt nach *Geisler* keine inländische Interessenverletzung vor.

Auf den ersten Blick ist diese Argumentation schlüssig genug, auf den zweiten Blick darf aber die Umkehrung des Beispielsfalles nicht außer Betracht bleiben. Man stelle sich also einen Fall vor, in dem das Opfer einer auf deutschem Boden begangenen Schlägerei erst auf ausländischem Boden verstirbt. Hier bestimmt die Vorschrift des § 9 Abs. 1 Mod. 1 StGB, dass auch der Ort Tatort ist, an dem der Täter gehandelt hat. Folglich ist jede Inlandshandlung strafbar, auch wenn sich ihr Erfolg erst im Ausland manifestiert. Konsequenz dieser Regelung ist die Feststellung, dass auch ein unrechtskonstituierender Umstand keine tatortsbe-

[287] Sch/Sch-*Eser*, § 9 Rn. 7; *Schmidhäuser*, ZStW 71 (1959), 545 (559).

[288] *Stree*, JuS 1965, 465 (473 f.); ders. FS-Schmitt, 215 (219 f.); ebenso *Jakobs*, AT, S. 340.

stimmende Wirkung entfaltet. Warum sollte dann eine objektive Strafbarkeitsbestimmung, die gerade nicht zum Unrechtsgehalt zählt, eine solche Wirkung zuzusprechen sein?

Entscheidend für die von *Stree* begründete Gegenansicht spricht der Wortlaut des Schlägereitatbestandes: Bestraft wird der Täter, weil er sich an einer folgenschweren Schlägerei beteiligt. „Schon wegen dieser Beteiligung" wird sein Verhalten sanktioniert; nicht die Herbeiführung der schweren Folge ist Strafgrund. Abermals zeigt es sich, dass in der Literatur häufig auf die personale Beziehung des Täters zum Eintritt der schweren Folge abgestellt wird. Gerade dies steht aber im offenen Widerspruch zum Wortlaut des Schlägereitatbestandes.

Folgt man der wohl überwiegenden Ansicht würden sich zudem Friktionen zu den erfolgsqualifizierten Delikten ergeben. Diese gehören im Gegensatz zur schweren Folge im § 231 StGB zum tatbestandlichen Unrecht. Deshalb kann die schwere Folge bei den erfolgsqualifizierten Delikten ausschlaggebend für die Bestimmung des Tatorts sein. Bei § 231 StGB sollte dann aber anderes gelten, denn hier ist der Eintritt der schweren Folge eben nicht Bestandteil des tatbestandlichen Unrechts.

XI. Besteht eine eingeschränkte Rechtskraft, wenn die schwere Folge erst nach der letzten Tatsachenverhandlung eintritt?

§ 231 StGB erweist sich bei näherer Untersuchung als Auslöser für ein überwiegend prozessuales, in der Literatur bisher vernachlässigtes Problem: Die schwere Folge des § 231 StGB wird von der überwiegenden Ansicht in der Literatur und auch von der Rechtsprechung als objektive Bedingung der Strafbarkeit eingeordnet[289], welche somit als materiell-rechtliche Strafbarkeitsvoraussetzung anzusehen ist. Folglich erfasst die Rechtskraft des Strafurteils, die sich gerade auf alle materiell-rechtlichen Strafbarkeitsvoraussetzungen erstreckt[290], auch die schwere Schlägereifolge. Wird demnach ein Angeklagter vom Vorwurf der Beteiligung an einer Schlägerei freigesprochen, da der Eintritt der objektiven Strafbarkeitsbedingung zu Unrecht verneint wurde, greift der Grundsatz „ne bis in idem". Der Verbrauch der Strafklage stellt nach einhelliger Meinung ein Verfahrenshindernis für eine erneute Verhandlung dar[291]. Fraglich ist aber, wie eine Situation zu würdigen ist, in der es erst nach der formellen Rechtskraft des Urteils zum Eintritt des schweren Schlägereierfolges kommt.

---

[289] Siehe oben im Zweiten Teil, C., I.

[290] *Meyer-Goßner*, Einl. Rn. 171; *Schlüchter*, StPO, S. 225; *Kühne*, StPO, Rn. 641.

[291] *Roxin*, StPO, § 50 Rn. 6; *Kühne*, StPO, Rn. 640; *Schlüchter*, StPO, S. 225.

Beispielsfall: Das Gericht verneint die Voraussetzungen des § 226 StGB im Rahmen des § 231 StGB und spricht den angeklagten Schlägereibeteiligten frei. Nach Eintritt der formellen Rechtskraft des Urteils verstirbt das Opfer aufgrund der bei der Auseinandersetzung erlittenen schweren Verletzungen.

Ausnahmsweise ist hierbei die Möglichkeit einer erneuten Sachentscheidung vertreten worden[292]. Das Gericht wäre gar nicht in der Lage gewesen, den Eintritt der schweren Schlägereifolge als Grundlage der Entscheidung zu berücksichtigen. Folglich sei eine Einschränkung der materiellen Rechtskraft erforderlich. Der Grundsatz „ne bis in idem“ müsse aus Gerechtigkeitserwägungen zurücktreten.

Diese Argumentation greift schon mit Blick auf die Natur der schweren Folge nicht. Als objektive Strafbarkeitsbedingung gehört der schwere Erfolgseintritt eben nicht zum Unrecht der Tat. Im Rahmen des § 231 StGB geht es – zumindest nach der herrschenden Meinung – um die abstrakt gefährliche körperliche Auseinandersetzung in Form einer Schlägerei oder eines Angriffs mehrerer. Die Umstände, die hierfür ausschlaggebend waren, kannte das Gericht bei seiner Entscheidung durchaus. Nur weil ein rein rechtlicher Grund – das Nichteintreten der schweren Folge – ausblieb, konnte nicht wegen § 231 StGB verurteilt werden.

Es darf außerdem nicht unberücksichtigt bleiben, dass dem Täter durch eine eingeschränkte Rechtskraft ein immenses Risiko aufgebürdet wird. Die Aufnahme dieses Risikos steht hingegen in keinem Zusammenhang mit der ohnehin im Rahmen des § 231 StGB nicht erforderlichen persönlichen Verursachung der schweren Folge. Wenn schon ein Tatbestand dem Täter das Risiko einer Bestrafung für einen Erfolg aufbürdet, den er selbst nicht verursacht hat, würde es eine doppelte Härte bedeuten, falls ihm zusätzlich eine eingeschränkte Rechtskraft auferlegt wird.

XII. Besteht zwischen § 231 StGB und den Körperverletzungs- beziehungsweise Tötungsdelikten Tateinheit?

Wird § 231 StGB in der Praxis angenommen, ergibt sich das Problem, in welchem Verhältnis der Schlägereitatbestand zu den meist mitverwirklichten Körperverletzungsdelikten steht.

---

[292] *Schnaidt*, Objektive Bedingungen der Strafbarkeit (1949), S. 33 f.; *Beling*, Reichsstrafprozeßrecht, S. 270.

Mit §§ 211 ff. StGB sowie § 226 StGB und § 227 StGB besteht nach der allgemeinen Auffassung Tateinheit[293]. Ebenfalls Tateinheit liege bei gleichzeitiger Verwirklichung einer einfachen oder auch nach § 224 StGB qualifizierten Körperverletzung vor. Nach *Stree* soll § 231 StGB jedoch dann zurücktreten, wenn das Unrecht der Tat voll von den Tötungs- beziehungsweise Körperverletzungsdelikten erfasst wird[294]. Als Beispiel nennt er die mittäterschaftliche Tötung des Angegriffenen durch sämtliche Angreifer.

Nach einer Schrifttumsmeinung[295] soll § 231 StGB als abstraktes Gefährdungsdelikt hinter die entsprechenden Verletzungsdelikte (§§ 226, 227 StGB), außerdem in der Angriffsmodalität hinter § 224 Abs. 2 StGB zurücktreten. Für die Annahme von Tateinheit sei insoweit kein Raum. *Montenbruck* hält es für möglich, die Angriffsmodalität im Wege der Konsumtion hinter § 224 Abs. 2 StGB zurücktreten zu lassen[296]. Schließlich führe auch der Angriff mehrerer zu einer erhöhten Gefährdung von Leib und Leben. Zudem würden die Gerichte bei der Annahme von Tateinheit die (falsche) Schlussfolgerung nahe legen, dass der Eintritt der schweren Folge konstitutiv für den Unrechtstatbestand wirke. Deshalb sei schon aus kriminalpolitischen Erwägungen heraus die Annahme von Tateinheit verfehlt[297].

Die letztgenannte Ansicht berücksichtigt allerdings nicht hinreichend den eigenständigen Unrechtsgehalt des § 231 StGB. Während die Körperverletzungsdelikte die Verletzung der Rechtsgüter des Opfers sanktionieren, erfasst § 231 StGB auch die Gefahren, die für die Rechtsgüter Dritter bestehen. Schließlich geht es beim Raufhandel um die Vermeidung der Eskalation und schwerer Verletzungen.

Außerdem spricht für die Annahme von Tateinheit der Umstand, dass das unmittelbare Ansetzen zur Körperverletzung nicht inhaltsgleich mit dem Angriffsbeginn bei § 231 Abs. 1 Mod. 2 StGB ist. Es zeigt sich wieder, dass viele strafrechtliche Autoren leichtfertig davon ausgehen, der Angriffsmodalität des § 231 Abs. 1 Mod. 2 StGB keinen eigenständigen Spielraum zuzuschreiben. Gerade diese Ansicht müsste aber durch die bereits dargelegten Überlegungen[298] überholt worden sein.

---

[293] RGSt 32, 33 (33); 67, 367 (370); BGHSt 33, 100 (104); BGH, NStZ 1984, 328 (329); SK-*Horn/Wolters*, § 231 Rn. 9.

[294] Sch/Sch-*Stree*, § 231 Rn. 17.

[295] *Maurach/Schroeder/Maiwald*, BT 1, § 11 Rn. 5; *Montenbruck*, JR 1986, 138 (141).

[296] *Montenbruck*, JR 1986, 138 (141).

[297] *Montenbruck*, JR 1986, 138 (142).

[298] Siehe Zweiter Teil, B., III., 2.

XIII. Schlussfolgerung

Das Erfordernis des Eintritts der schweren Folge birgt eine Unmenge an Auslegungsschwierigkeiten und Rechtsprobleme, deren Klärung längst nicht abschließend betrieben worden ist. Bis in die jüngste Zeit besteht Streit, in welchem Zusammenhang der schwere Schlägereierfolg zu der Verantwortlichkeit des einzelnen Beteiligten steht.

Der Bundesgerichtshof stellt dabei in richtiger Weise auf den Wortlaut „Beteiligung“ des § 231 StGB ab und wendet die Norm extensiv an. Gerechtigkeitslücken, wie sie die Literatur zum Teil berechtigterweise sieht, entstehen dabei nicht durch die Rechtsprechung, sondern sind der Gesetzesfassung immanent.

C. Rechtsprobleme ohne Bezug zum Eintritt der schweren Folge

Im Folgenden sollen nun diejenigen Rechtsprobleme des Schlägereitatbestandes analysiert werden, die in keinem Zusammenhang zu dem Erfordernis des Eintritts der besonderen Schlägereifolge stehen.

I. Genügt für eine „Beteiligung“ auch eine psychische Mitwirkung oder eröffnet dies den Anwendungsbereich der §§ 26, 27 StGB?

Im Rahmen der Problematiken, die nicht aus dem Erfordernis des schweren Raufhandelserfolges resultieren, kommt der Frage eine immense Bedeutung zu, ob eine bloß psychisch wirkende Beeinflussung den Anwendungsbereich des Schlägereitatbestandes eröffnet.

Beispielsfall: Während einer Wirtshausschlägerei ruft A, der unbeteiligt am Rande steht, dem an der Schlägerei beteiligten B zu: „Nimm doch ein Messer und stich X ab.“ Tatsächlich ersticht B den ebenfalls an der Rauferei beteiligten X.

Zunächst darf in diesem Zusammenhang nicht unerwähnt bleiben, dass es für den Tatbestand des § 231 StGB unerheblich ist, ob der Täter auf den Gegner unmittelbar einwirkt (zum Beispiel Zuschlagen oder Zustechen), oder ob er zur Schlägerei dadurch beiträgt, dass er den Kämpfenden mit den benötigten Tatwerkzeugen ausstattet (zum Beispiel Anreichen von Steinen). Für den hier vorliegenden Streitpunkt kommt es aber nicht auf solche rein physischen Handlungen an; es geht vielmehr um die Möglichkeit einer Strafbarkeit nach § 231 StGB durch Zurufe oder Anfeuern, also psychische Unterstützungshandlungen.

Für die herrschende Meinung genügt durchaus eine psychische Unterstützung in Form von Zurufen, Anfeuerungen usw.[299]. Eine Meinungsgruppe in der Literatur sieht in solchen Fällen eher den Anwendungsbereich der Teilnahmevorschriften eröffnet[300]. Eine Einschränkung der Strafbarkeit macht aber selbst die herrschende Meinung dann, wenn eine allen Kämpfenden zugute kommende Hilfe gewährt wird (beispielsweise durch zu Verfügung Stellung von Waffen, Ablenken der Polizei); vielmehr sollen dann die §§ 26, 27 StGB greifen.

1. § 231 StGB contra §§ 26, 27 StGB

Für die herrschende Meinung wird angeführt, dass eine Einschränkung der Strafbarkeit den Begriff der „Beteiligung" verkürze. Psychische Beiträge könnten das raufhandelsspezifische Risiko sogar ausnahmsweise wesentlich erhöhen, wenn sich die körperlich Beteiligten dadurch in ihrem Vorgehen angespornt fühlen oder erst durch die Zurufe auf die Idee kommen, auf eine bestimmte, vielleicht auch gewalttätigere Weise vorzugehen[301].

Dagegen spricht aber, dass diese Auswirkungen auf die physisch Handelnden gerade typisch für die Handlungen sind, die von den Beteiligungsvorschriften des StGB erfasst werden. Der bloße Einwand der herrschenden Ansicht gegen die Gegenansicht, sie verkürze den Begriff der Beteiligung und entspreche nicht der Zielsetzung der Vorschrift[302], wird richtigerweise von *Stree* als wenig aussagekräftig abgetan[303].

Würde man der herrschenden Ansicht hier folgen, entstünden unhaltbare Friktionen zu den Teilnahmevorschriften des StGB. Lediglich tatortferne Beiträge würde die überwiegende Ansicht im Bereich der §§ 26, 27 StGB ansiedeln, was zu einer unnötigen Erweiterung der Strafbarkeit führen würde, und zwar bei einer Norm, die den Strafrechtsschutz an sich schon gravierend ausdehnt[304]. Würde beispielsweise eine dritte Person zu einer Körperverletzung anfeuern, hätte es mit einer Beihilfe zu § 223 StGB sein Bewenden. Es ist schwer verständlich, warum ausgerechnet bei der extensiv ausgelegten Norm des § 231 StGB eine eigene Täterschaft begründet werden sollte.

---

299 RGSt 3, 236 (241); *Arzt/Weber*, BT, § 6 Rn. 93; SK-*Horn/Wolters*, § 231 Rn. 5; *Tröndle/Fischer*, § 231 Rn. 9; MüKo-*Hohmann*, § 231 Rn. 16; *Hohmann/Sander*, BT II, § 10 Rn. 5.

300 *Stree*, FS-Schmitt, 215 (219 f.); Sch/Sch-*Stree*, § 231 Rn. 12; *Küper*, BT, S. 244; *Lackner/Kühl*, § 231 Rn. 4; NK-*Paeffgen*, § 231 Rn. 7.

301 *Zopfs*, Jura 1999, 172 (173).

302 So LK-*Hirsch*, § 231 Rn. 7.

303 *Stree*, FS-Schmitt, 215 (219).

304 Dazu bereits oben im Dritten Teil, B.

2. Gefährlichkeitsgehalt der psychischen Einflussnahme

Die rechtliche Gleichstellung von physischer und psychischer Mitwirkung stellt sich aber noch aus einem anderen Grund als problematisch dar: Die nur psychischen Mitwirkungshandlungen weisen in der Regel wohl doch einen wesentlich niedrigeren Unrechtsgehalt auf als die körperliche Agitation. So führt beispielsweise das bloße Anfeuern der Schläger wohl weniger zu schwersten Verletzungen als ein erneuter Schlag ins Gesicht eines Raufgegners. Zwar mag es richtig sein, dass der Zuruf „Nimm das Messer!" eine spätere schwere Folge auslösen kann; dies geschieht aber nicht unmittelbar durch den Zuruf. Der Zustechende muss zunächst für sich entscheiden, dass eine solche Vorgehensweise angebracht und erfolgsversprechend sein kann. Wenn er dann zusticht, war der Zuruf lediglich mittelbarer Auslöser für den Eintritt des schweren Schlägereierfolges.

Folglich bleibt festzuhalten, dass lediglich psychische Mitwirkungshandlungen regelmäßig einen wesentlich niedrigeren Gefährlichkeitsgehalt aufweisen; nur ausnahmsweise können Zurufe oder Anfeuerungsrufe das Gefahrenpotential der Auseinandersetzung erhöhen.

3. Wortlautargumentation

Zudem weist der Wortlaut schon auf eine restriktivere Auslegung hin: Wenn von einer „Schlägerei" die Rede ist, muss es gerade um das „Schlagen" einer anderen Person gehen, also um die Entfaltung körperlicher Kräfte. Eine gegensätzliche Wertung des eindeutigen Wortlautes würde die Grenzen der zulässigen Auslegung sprengen. Lediglich psychisch wirkende Beiträge unterfallen infolgedessen nicht dem Schlägereitatbestand.

4. Die Lösungsvorschläge von *Stree* und *Kriegsmann*

In diesem Zusammenhang geht *Stree* einen Schritt zu weit. Er will ebenfalls die Täterschaft desjenigen verneinen, der allen an der Schlägerei Beteiligten eine physische Unterstützung gewährt (zum Beispiel das Verteilen von Waffen an die Kontrahenten)[305]. Nimmt man hierbei wiederum eine strafrechtliche Beurteilung anhand des Gefährdungspotentials vor, so bleibt festzustellen, dass eine Unterstützungshandlung, die allen Beteiligten eine gewalttätigere Vorgehensweise sichert, durchaus geeignet ist, die Risiken für schwerste Verletzungen zu steigern.

[305] *Stree*, FS-Schmitt, 215 (220).

Nicht praktikabel ist eine von *Kriegsmann* erläuterte differenzierende Auffassung[306]. Er hat vorgeschlagen, die intellektuelle Unterstützung nur dann als Beteiligung einzustufen, wenn diese jederzeit in eine körperliche Unterstützung umschlagen könnte. Zurufe aus einiger Entfernung wären hiernach über die §§ 26, 27 StGB zu erfassen, während § 231 StGB anzunehmen wäre, wenn der Zurufende jederzeit in die körperliche Auseinandersetzung hineingezogen werden könnte. Diese differenzierende Lösung würde von der Praxis verlangen, exakt nachweisen zu können, in welcher Entfernung sich der Zurufende zu der eigentlichen Rauferei befand. Ein solcher Nachweis wird wohl kaum zu führen sein.

5. Zusammenfassung

Somit sprechen die besseren Argumente für eine restriktivere Auslegung des Beteiligungsbegriffes des § 231 StGB. Die bloße psychische Mitwirkung ist nicht als täterschaftliche Begehung des Schlägereitatbestandes zu qualifizieren, sondern über die Vorschriften der Teilnahme nach §§ 26, 27 StGB zu sanktionieren.

II. Entsteht eine „Schlägerei" schon dadurch, dass ein Dritter einen anderen daran hindert, die tätliche Auseinandersetzung zweier Personen zu schlichten oder dem Angegriffenen zu Hilfe zu kommen?

Beispielsfall: Polizist P will die sich gegenseitig schlagenden A und B auseinanderbringen. Davon wird er aber vom X, einem Freund des A, abgehalten, da dieser sich eine Verletzung des B wünscht.

Die Rechtsprechung bejaht eine „Schlägerei" auch dann, wenn der Dritte einen anderen daran hindert, die tätliche Auseinandersetzung zwischen zwei Personen zu schlichten oder dem Angegriffenen zu Hilfe zu kommen[307].

Die überwiegende Ansicht in der Literatur lehnt dies ab[308]. Während das Lehrbuch von *Maurach/Schroeder/Maiwald* die Annahme von § 231 StGB in diesen Fällen ohne nähere Begründung für „bedenklich" hält[309], werden andere Autoren konkreter und lehnen die Anwendbarkeit der Norm ab, da keine aktive Beteili-

[306] *Kriegsmann*, Mittäterschaft und Raufhandel (1907), S. 189.

[307] BGHSt 15, 369 (369).

[308] Sch/Sch-*Stree*, § 231 Rn. 3; MüKo-*Hohmann*, § 231 Rn. 6; LK-*Hirsch*, § 231 Rn. 4; SK-*Horn/Wolters*, § 231 Rn. 5; *Stree*, FS-Schmitt, 215 (217); *Hohmann/Sander*, BT II, § 10 Rn. 6.

[309] *Maurach/Schroeder/Maiwald*, BT 1, § 11 Rn. 6.

gung an der körperlichen Auseinandersetzung vorliege[310]. Es liege nur eine nach § 231 StGB straflose Beteiligung an einem Zweikampf vor[311].

Der Schutzzweck des § 231 StGB gebietet es, alle Verhaltensweisen zu sanktionieren, die dazu beitragen können, die Gefahr von Eskalationen und schwerwiegenden Verletzungen zu erhöhen. Gerade dies könnte auch dann vorliegen, wenn Schlichtungswillige davon abgehalten werden, die Schlägerei zu beenden. Zwar „schlägt" sich der Abhaltende nicht selber; er liefert aber einen Beitrag, der geeignet ist, die Schlägerei weiter fortbestehen zu lassen.

Dieser Argumentation kann entgegengehalten werden, dass ein Beitrag, der nur dazu führt, dass die Auseinandersetzung anhält, die Gefahr nicht erhöht. Es stellt sich also die Frage, ob es für § 231 StGB ausreicht, dass die Gefahrenlage aufrecht erhalten bleibt, oder ob es zu einem die Gefahr erhöhenden Beitrag kommen muss. *Stree* beantwortet diese Frage eindeutig und nachvollziehbar im Sinne der letzteren Möglichkeit[312]: „Wer einen anderen daran hindert, sich in das Kampfgeschehen einzumischen und die Schar der Kämpfenden zu vergrößern, vereitelt möglicherweise eine Eskalation der Tätlichkeiten, erweitert jedoch nicht die Gefahrenmomente".

III. Müssen für den Begriff der „Schlägerei" im Wesentlichen gleichartige Auswirkungen ein und derselben Erregung vorliegen?

Früher verlangte die Kommentierung im *Tröndle/Fischer* für den Begriff der „Schlägerei", dass die Auseinandersetzung eine Auswirkung ein und derselben Erregung war[313]. Diese Ansicht wurde aufgegeben, da die Ursache der Erregung der jeweiligen Tatbeteiligung – insbesondere aufgrund der Veränderung des Personenkreises durch Hinzukommende – im Laufe einer länger dauernden Auseinandersetzung wechseln kann[314]. Somit kommt diesem Streitpunkt keinerlei Bedeutung mehr zu und ist im Laufe dieser Untersuchung zu vernachlässigen[315].

---

[310] LK-*Hirsch*, § 231 Rn. 4; SK-*Horn/Wolters*, § 231 Rn. 5; *Zopfs*, Jura 1999, 172 (172).

[311] *Zopfs*, Jura 1999, 172 (172).

[312] *Stree*, FS-Schmitt, 215 (217).

[313] *Tröndle/Fischer*, 50. Aufl., § 231 Rn. 2.

[314] LK-*Hirsch*, § 231 Rn. 3; NK-*Paeffgen*, § 231 Rn. 4.

[315] Deshalb überholt: MüKo-*Hohmann*, § 231 Rn. 30.

IV. Können auch Drohungen beziehungsweise Einschüchterungen tatbestandsbegründend sein?

In der Kommentarliteratur wird – meist sehr kurz – der Themenkomplex behandelt, ob auch Drohungen oder Einschüchterungen unter § 231 StGB fallen können. Ein Ergebnis der Streitfrage kann aber erst erarbeitet werden, wenn man abermals sorgfältig zwischen den Begehungsmodalitäten differenziert.

Hirsch spricht im Rahmen der Schlägereimodalität die Fallgruppen der bloßen Drohung oder Einschüchterung schlicht nicht an; erst im Laufe der Erörterung der Angriffsmodalität verweist er ohne nähere Begründung kurz darauf, dass solche Handlungen nicht ausreichend seien[316]. *Günther* wird in diesem Zusammenhang konkreter[317]: Eine Drohung oder Einschüchterung könne nicht als Angriff betrachtet werden, da § 231 StGB, wie den schweren Folgen Tod oder schwere Körperverletzung zu entnehmen sei, einen tätlichen Angriff voraussetze.

Bloße Drohgebärden sind allerdings teilweise auch schon als Ansetzen zur Verwirklichung der Schlägereimodalität angesehen worden[318]. Eine solche Auslegung der ersten Modalität kann dem Wortlaut der Vorschrift, der stets Grenze der Auslegung sein muss, nicht entnommen werden. Der Begriff der Schlägerei geht schon nach seinem natürlichen Verständnis über den der Drohung hinaus[319].

Von wesentlich größerem Interesse dürfte die Fragestellung sein, ob Drohgebärden unter die Angriffsmodalität fallen. Nach der Rechtsprechung des Bundesgerichtshofs reicht für das Vorliegen eines Angriffs bereits das unmittelbar auf eine körperliche Einwirkung abzielende Vorgehen aus; zu einem körperlichen Eingriff müsse es nicht gekommen sein[320]. Dem widerspricht zumeist mit der Begründung *Günthers* die überwiegende Literatur[321].

Wie bereits im Laufe dieser Untersuchung herausgearbeitet wurde[322], kann eine Verfolgung des Opfers durch die Angreifer der Angriffsmodalität genügen, auch

[316] LK-*Hirsch*, § 231 Rn. 5.

[317] *Günther*, JZ 1985, 585 (586).

[318] So Sch/Sch-*Stree*, 21. Aufl., § 227 Rn. 6, 10.

[319] *Henke*, Jura 1984, 585 (586).

[320] BGHSt 33, 100 (102).

[321] Beispielsweise LK-*Hirsch*, § 231 Rn. 5.

[322] Siehe im Zweiten Teil, B., III., 2.

wenn noch kein unmittelbares Ansetzen zu einem Körperverletzungsdelikt vorliegt. Wenn aber schon eine Verfolgung ausreicht, ist es zwingende Konsequenz, auch bloße Drohgebärden für § 231 Abs. 1 Mod. 2 StGB als tatbestandsmäßig anzusehen. Schließlich ist die Verfolgung die Manifestation der Drohung, dass es beim Zusammentreffen zu Gewalttätigkeiten kommen werde.

Folglich erscheint eine sich am Wortlaut orientierende Lösung auf der Hand zu liegen. Drohungen können zum einen nicht den Begriff der „Schlägerei" ausfüllen, aber zum anderen durchaus mit dem Begriff des „Angriffs" korrespondieren. Es empfiehlt sich mithin eine Differenzierung zwischen den Begehungsmodalitäten des § 231 StGB dergestalt, dass bloße Drohungen oder Einschüchterungen der Angriffs-, aber nicht der Schlägereimodalität genügen.

V. Stellen eine Schießerei oder ein Steine-Werfen eine Schlägerei dar?

In der Literatur wird diskutiert, ob auch eine Schießerei oder ein Steine-Werfen tatbestandsbegründend für § 231 StGB wirken.

Während die ältere Rechtsprechung[323] und ein Teil der Literatur[324] die Schießerei und das Steine-Werfen als Raufhandel werten, spricht sich *Paeffgen*[325] richtigerweise entschieden dagegen aus.

Wenn unter einer „Schlägerei" auch eine Schießerei oder ein Steine-Werfen verstanden wird, sprengt das die Vorgaben des Art. 103 Abs. 2 GG. Hiernach kommt es bei der Auslegung des Gesetzes maßgeblich auf den Wortlaut der Norm an. Unter einer „Schlägerei" ist nun aber gerade der Austausch von Körperverletzungen durch gegenseitiges Aufeinandereinschlagen zu verstehen.

Die Gegenansicht führt teleologische Bedenken gegen die Ausklammerung einer Schießerei ins Feld. Sinn und Zweck des Schlägereitatbestandes sei es, solche Handlungen mit Strafe zu bewehren, die im Laufe einer körperlichen Auseinandersetzung mehrerer die Gefahr der Eskalation oder schwerer Verletzungen begründen.

An sich mag dieser Verweis auf den Sinn und Zweck des § 231 StGB schlüssig sein. Allerdings würde eine solche Betrachtung zum einen die Regelungen des Waffengesetzes unberücksichtigt lassen, die der eben genannten Gefahr genauso effektiv entgegentreten können. Zum anderen bleibt es dabei: Die hier diskutier-

---

[323] RGSt 32, 33 (33).

[324] *Stree*, FS-Schmitt, 215 (228); Sch/Sch-*Stree*, § 231 Rn. 3.

[325] NK-*Paeffgen*, § 231 Rn. 5; nun auch MüKo-*Hohmann*, § 231 Rn. 8.

ten Fallgruppen lassen sich nicht in Einklang bringen mit dem insofern eindeutigen Wortlaut des Schlägereitatbestandes.

VI. Ist die „Beteiligung" durch Unterlassen möglich?

In der Praxis soweit ersichtlich noch nicht vorgekommen, gleichwohl aber in der Literatur höchst umstritten[326], ist die Frage, ob eine Beteiligung im Sinne des § 231 StGB durch ein Unterlassen möglich ist[327].

Beispielsfall: Ein Hundehalter hält seinen bissigen Hund nicht von einem Eingreifen in den Raufhandel zurück. Durch den Biss des Hundes kommt es zum Tod eines an der Schlägerei Beteiligten.

Zunächst darf die Wichtigkeit dieses Streites nicht überschätzt werden. Zwar streitet sich die Lehre über die Lösung der Fälle „Beteiligung im Sinne des § 231 StGB durch Unterlassen"; ein praktischer Bezug fehlt jedoch bisher. In der Tat lassen sich dementsprechende Fallgruppen nur schwerlich bilden. Aber häufig genug eröffnet die Wirklichkeit dem Rechtsanwender Fallgestaltungen, die sich ein Dogmatiker bei aller Fantasie nicht hätte ausdenken können. Folglich soll diese Problematik hier nicht zu kurz kommen.

Derjenige, der verpflichtet ist, einen anderen von der Beteiligung an einer Schlägerei abzuhalten, ist stets Überwachergarant, selbst dann, wenn er den anderen vor den Gefahren, die von der Schlägerei ausgehen, zu schützen hat. Solche Schutzpflichten im Sinne einer Beschützergarantenstellung sind unergiebig für die hier interessierende Frage, ob der Unterlassende Täter des § 231 StGB sein kann. Es geht mithin eher um den Überwachergarant, der verhindern muss, dass die von ihm zu überwachende Person Gefahren für Dritte heraufbeschwört. Aus der Dogmatik der Unterlassungsdelikte folgt also, dass der Überwachergarant dafür verantwortlich gemacht wird, dass ein anderer in gefährlicher Weise tätig geworden ist. Daraus ist zu schließen, dass sein Untätigbleiben nur als Mitwirken an der Tat des Überwachenden, der selbst strafrechtlich verantwortlich handelt, zu beurteilen ist. Zwar liegt eine Täterschaft im Sinne des StGB vor; allerdings entsteht keine völlig neue Tat.

Die Richtigkeit des vorstehenden Gedankenganges bestätigt sich durch folgende Überlegungen: Man stelle sich nur den Fall vor, dass ein Vater seinem minderjährigen Sohn bei einer Kirmesschlägerei zuschaut und nicht eingreift. Erscheint

---

[326] Vergleiche nur *Stree*, FS-Schmitt, 215 (217 ff.).

[327] Dafür beispielsweise LK-*Hirsch*, § 231 Rn. 7; dagegen SK-*Horn/Wolters*, § 231 Rn. 5 und NK-*Paeffgen*, § 231 Rn. 16.

es sachgerecht, einen solchen Vater nach dem strengen Strafrahmen des § 231 StGB zu verurteilen? Mehr noch: Man nehme an, erst das Unterlassen des Vaters und damit seine Qualifizierung als Täter erfüllt die Mindestanzahl der für § 231 StGB erforderlichen Beteiligten. Das Gerechtigkeitsempfinden wäre „auf den Kopf gestellt". Eine solche untragbare Konsequenz ließe sich mit der herrschenden Meinung nur dann vermeiden, wenn festgestellt wird, dass es in solchen Fällen an der Modalitätenäquivalenz des § 13 Abs. 1 Hs. 1 StGB fehlt.

Ebenfalls erscheint es völlig sachfremd, denjenigen Unterlassenden zu bestrafen, der selber am Tatort nicht anwesend ist, sich aber dafür verantwortlich zeichnet, dass sich eine zu überwachende Person an der körperlichen Auseinandersetzung beteiligt. Der Garant, der es geschehen lässt, dass der zu Überwachende sich zum Tatort begibt, um dort mitzukämpfen, kann mangels seiner Abwesenheit am Tatort nicht Täter sein; schließlich setzt der Begriff der Beteiligung in § 231 StGB eine solche Anwesenheit am Tatort voraus. Warum sollte der Unterlassende, der seiner Überwacherpflicht vor Ort nicht nachkommt, anders strafrechtlich beurteilt werden?

Stree stellt in diesem Zusammenhang fest[328]: „Das Nichtverhindern der Beteiligung an einer Schlägerei ist demnach ein Beteiligen an dieser Beteiligung und nicht eine eigene Beteiligung an der Schlägerei. Es handelt sich somit um eine Beihilfe zu einer Tat nach § 227 StGB".

Eine andere Beurteilung und damit eine Begründung der Täterschaft nach § 231 StGB durch Unterlassen könnte lediglich in Fällen wie dem oben genannten Hund-Fall in Frage kommen. Nach *Stree* trägt der Hund potentiell zu der Gefahrenlage bei einer Schlägerei bei; somit sei der Hundehalter für etwaige Bisswunden durch den Hund verantwortlich[329]. Allerdings verkennt *Stree* in diesem Zusammenhang, dass ein solcher Fall unter dem Blickwinkel des Unrechtsgehaltes nicht mit dem Fall vergleichbar ist, in dem der Hund bewusst gehetzt wird, also gleichsam als gefährliches Werkzeug eingesetzt wird. Zudem kann der Hund-Fall nicht anders gelöst werden als diejenigen Fälle, in denen ein Überwachergarant das Handeln der zu überwachenden Person geschehen lässt. Es würde der Rechtssicherheit zuwiderlaufen, wenn einerseits eine Beteiligung durch Unterlassen akzeptiert wird, andererseits nicht; bloße Varianten derselben Täterschaftsform dürfen nicht unterschiedlich strafrechtlich gelöst werden.

[328] *Stree*, FS-Schmitt, 215 (217).

[329] *Stree*, FS-Schmitt, 215 (218).

VII. Spielt § 231 Abs. 2 StGB schon im Tatbestand oder erst in der Rechtswidrigkeit beziehungsweise in der Schuld eine Rolle?

In Absatz 2 des § 231 StGB wird darauf hingewiesen, dass nach Absatz 1 nicht strafbar ist, wer an der Schlägerei oder dem Angriff mehrerer beteiligt war, ohne dass ihm dies vorzuwerfen ist. Fraglich ist insofern, ob Absatz 2 sinngemäß bereits auf der Ebene des Tatbestandes Bedeutung erlangt, oder ob es sich hierbei um eine Frage der Rechtswidrigkeit beziehungsweise der Schuld handelt.

Einigkeit besteht zunächst darin, dass trotz des negativ gefassten Wortlauts keine Beweislastumkehr zum Nachteil des Beschuldigten erfolgt[330]. Die dogmatische Diskussion um die Einordnung im dreistufigen Deliktsaufbau darf nicht unerörtert bleiben, da sie beispielsweise dann an Bedeutung gewinnt, wenn eine Strafbarkeit etwaiger Teilnehmer an der körperlichen Auseinandersetzung zu beurteilen ist. Wird nämlich bereits der Tatbestand des § 231 StGB durch dessen Absatz 2 ausgeschlossen, muss eine Teilnahme schon zwingend am Erfordernis der vorsätzlichen rechtswidrigen Haupttat scheitern. Falls aber § 231 Abs. 2 StGB erst Fragen der Rechtswidrigkeit oder der Schuld betrifft, kann beim Vorliegen eines Entschuldigungsgrundes durchaus eine taugliche Haupttat im Sinne der Teilnahmevorschriften gegeben sein, so dass der Anstifter oder Gehilfe bestraft werden kann[331]. Deshalb ist die Annahme, dieses Problem sei „rein theoretischer Natur“, verfehlt[332].

Die wohl herrschende Ansicht in der Literatur und die Rechtsprechung ordnen § 231 Abs. 2 StGB dem Tatbestand zu[333]. Die allgemeinen Rechtfertigungs- beziehungsweise Entschuldigungsgründe wirken demnach bereits tatbestandsausschließend[334]. Absatz 2 sei folglich ein negativ gefasstes Tatbestandsmerkmal. Folge dieser Sichtweise ist es, dass eine Teilnahme wegen Fehlens der vorsätzlichen rechtswidrigen Haupttat nicht möglich ist.

Paeffgen vertritt die Auffassung, dass die Vorwerfbarkeitsklausel eine Rückausnahme hinsichtlich der Möglichkeit, Strafbefreiung durch Rechtfertigung zu erlangen, darstellt[335]. Die Klausel sei als generalisierende Beschränkung aller ein-

---

330 RGSt 65, 340 (340); *Henke*, Jura 1985, 585 (588); *Eisele*, ZStW 110 (1998), 69 (74).

331 *Eisele*, ZStW 110 (1998), 69 (75).

332 So aber *Schumacher*, Bochumer Erläuterungen, § 231 Rn. 4

333 BGHSt 31, 124 (127); OLG Celle, MDR 1970, 608 (608); MüKo-*Hohmann*, § 231 Rn. 19; *Eisele*, ZStW 110 (1998), 69 (76 ff.); *Henke*, Jura 1985, 585 (588); *Maurach/Schroeder/Maiwald*, BT 1, § 11 Rn. 5.

334 So ausdrücklich *Lackner/Kühl*, § 231 Rn. 4; *Henke*, Jura 1985, 585 (586).

335 NK-*Paeffgen*, § 231 Rn. 13 f.

schlägigen Rechtfertigungsgründe anzusehen und ähnle damit der so genannten actio illicita in causa. Deren Befürworter wollen dann, wenn eine Notwehrlage pflichtwidrig (zum Beispiel durch Provokation) herbeigeführt worden ist, zwar die Strafbarkeit des Vorsatzdeliktes gemäß § 32 StGB ausschließen, dann aber aus dem Fahrlässigkeitsdelikt bestrafen. Für den Absatz 2 des Schlägereitatbestandes bedeutet dies: Wer die Schlägerei oder den Angriff mehrerer (mit-) verursacht hat, kann sich nicht auf den jeweiligen Rechtfertigungsgrund – zumeist § 32 StGB – berufen. *Paeffgen* ordnet die Vorwerfbarkeitsklausel weder dem Tatbestand noch der Rechtswidrigkeit beziehungsweise Schuld zu, sondern sieht sie als „Rückausnahme" an[336].

Nach der Gegenansicht ist in dem Vorwerfbarkeitserfordernis lediglich ein deklaratorischer Hinweis darauf zu sehen, dass die Beteiligung nur dann bestraft wird, wenn sie vorsätzlich, rechtswidrig und schuldhaft war. Es gehe beim zweiten Absatz des Schlägereitatbestandes um Fragen der Rechtswidrigkeit oder der Schuld[337]. Hiernach wäre Teilnahme dann möglich, wenn lediglich Entschuldigungsgründe für den Täter streiten würden.

Hierfür spricht, dass bei einem Tatbestandsausschluss konsequenterweise angenommen werden müsste, dass der Gerechtfertigte oder Entschuldigte auch nicht Beteiligter im Sinne des Absatzes 1 ist, so dass bei Unterschreitung der dort geforderten Mindestzahl tatbestandsmäßige Beteiligung auch für die anderen entfallen würde. Dies entspräche nicht dem Sinn des Schlägereitatbestandes[338]. Tatsächlich soll auch jeder, der sich auf gewalttätige Weise an der Schlägerei oder dem Angriff mehrerer beteiligt, für den Tatbestand konstituierende Wirkung entfalten.

1. Formalistische Argumentationen

Rein formal spricht für die Einordnung außerhalb des Tatbestandes die Neufassung der Vorschrift durch das 6. Strafrechtsreformgesetz. Dabei wurde ein eigenständiger Absatz 2 geschaffen, der sich von den Tatbestandsmerkmalen des Absatzes 1 deutlich abhebt. Würde der Gesetzgeber in der Vorwerfbarkeitsklausel ein Tatbestandsmerkmal sehen wollen, hätte es für diese Trennung in eigenständige Absätze keinen Anlass gegeben[339].

---

336 NK-*Paeffgen*, § 231 Rn. 13.

337 LK-*Hirsch*, § 231 Rn. 16; SK-*Horn/Wolters*, § 231 Rn. 6; Sch/Sch-*Stree*, § 231 Rn. 7 ff.

338 *Arzt/Weber*, BT, § 6 Rn. 87.

339 Vergleiche dazu SK-*Horn/Wolters*, § 231 Rn. 6.

Ein weiteres rein formales Argument gegen die wohl herrschende Meinung liefert *Paeffgen*. Es sei merkwürdig, warum bei einem im Besonderen Teil eher unbedeutenden Tatbestand eine elementare Regelung (Ausschluss des Tatbestandes durch das Eingreifen von Rechtfertigungsgründen) nicht zum Tragen kommen soll[340]. So kommt *Paeffgen* schließlich zu der von ihm vorgeschlagenen Lösung, die einen Vergleich zu der actio illicita in causa zieht.

Gegen diesen Vorschlag spricht aber wiederum die Tatsache, dass die Figur der actio illicita in causa nicht durch den Gesetzgeber positiviert worden ist und bis heute keine Anerkennung durch die herrschende Literatur gefunden hat[341]. Tatsächlich wurde eine einzelne aktuelle Entscheidung des Bundesgerichtshofs[342], in welcher er die Grundsätze der Rechtsfigur angewendet hat, ohne ausdrücklich darauf hinzuweisen, von der überwiegenden Literatur auf das Heftigste abgelehnt[343]. Zudem kennt das Gesetz die Rechtsfigur der „Rückausnahme", wie *Paeffgen* sie anwenden will, nicht.

Aus dem Wortlaut „vorwerfbar" lassen sich keine Erkenntnisse gewinnen; tatsächlich hat der Gesetzgeber die alte Fassung „ohne sein Verschulden" aus dem Tatbestand gestrichen. Diese alte Formulierung stützte wohl eher die Ansicht, die den Absatz 2 auf Rechtswidrigkeits- und eben Schuldebene einordnet. Der neutrale Wortlaut der heutigen Fassung ist also für die hier durchzuführende Untersuchung unergiebig.

Wenn *Hohmann* meint, der Wortlaut verbinde die Vorwerfbarkeit sprachlich eindeutig mit der Beteiligung, knüpfe also inhaltlich unmittelbar an die tatbestandliche Handlung an[344], ist das freilich richtig; allerdings knüpfen auch die Rechtfertigungsgründe an die Handlung des Täters an.

2. Die Argumentation mit der Entstehungsgeschichte

Eisele macht für eine Tatbestandseinordnung des § 231 Abs. 2 StGB die Entstehungsgeschichte der Norm fruchtbar[345]. Die Verfasser des Preußischen StGB stellten sich in dem damaligen Verschuldenserfordernis nicht nur eine Möglich-

[340] NK-*Paeffgen*, § 231 Rn. 14.

[341] BGH, NStZ 1983, 452 (453); NStZ 1988, 450 (450); MDR 1992, 69 (70); *Wessels/Beulke*, AT, Rn. 350; *Roxin*, AT I, § 15 Rn. 64.

[342] BGH, NStZ 2001, 143 (143).

[343] *Roxin*, JZ 2001, 667 (667); *Engländer*, Jura 2001, 534 (537); *Eisele*, NStZ 2001, 416 (417).

[344] MüKo-*Hohmann*, § 231 Rn. 19.

[345] *Eisele*, ZStW 110 (1998), 69 (75 f.).

keit vor, die Notwehr zu erfassen. Darüber hinaus sollte das Erfordernis strafbefreiend wirken[346], wobei eben nicht die Rechtfertigungs- und Entschuldigungsgründe gemeint waren. Zudem verlangte das Reichsgericht bezüglich des Verschuldensmomentes Vorsatz[347], was nach *Eisele* für einen Tatbestandsausschluss spricht[348].

Sicherlich kann diese historische Argumentation zur Auslegung der heutigen Vorwerfbarkeitsklausel beitragen; allerdings darf ihre Bedeutung auch nicht den Blick darauf verstellen, dass sich der Raufhandel in seiner Fassung und zudem in seiner Anwendung durch Rechtsprechung und Literatur gewandelt hat.

3. Vermeidung eines Dogmatikbruches

Gegen die herrschende Auffassung streitet entscheidend ein bereits oben erwähntes, von *Paeffgen*[349] vorgebrachtes, dogmatisches Argument: Wenn das Vorwerfbarkeitserfordernis sachlich auf die Rechtfertigungs- und Entschuldigungsgründe zu beschränken ist, erscheint es unsinnig, einen Tatbestandsausschluss anzunehmen. Der gängige dreistufige Deliktsaufbau wäre „auf den Kopf gestellt". Schließlich ist es richtig, wenn *Paeffgen* die Frage aufwirft, warum der Gesetzgeber einen solchen Bruch mit der Dogmatik ausgerechnet bei einem so praktisch unbedeutenden Tatbestand vollzieht.

4. Zusammenfassung

Demnach kann § 231 Abs. 2 StGB in seiner Neufassung lediglich einen Verweis auf die allgemeinen Rechtfertigungs- und Entschuldigungsgründe darstellen.

VIII. Setzt der Begriff „Angriff" ein rechtswidriges Handeln voraus?

In der strafrechtlichen Literatur ist umstritten, ob das objektive Tatbestandsmerkmal „Angriff" ein rechtswidriges Handeln voraussetzt.

Nach einer Sichtweise in der Literatur muss der Angriff mehrerer rechtswidrig gewesen sein[350].

---

346 Verhandlungen, S. 143.

347 RG, JW 1925, 2470 (2470).

348 *Eisele*, ZStW 110 (1998), 69 (76).

349 Vergleiche NK-*Paeffgen*, § 231 Rn. 14.

350 Sch/Sch-*Stree*, § 231 Rn. 2.

Nach einer starken Meinungsgruppe in der Literatur kann ein Angriff im Sinne des Schlägereitatbestandes hingegen auch rechtmäßig gewesen sein[351]. Eine Strafbarkeit nach § 231 StGB sei auch in solch gelagerten Fällen gegeben.

Zunächst bleibt festzustellen, dass die praktische Relevanz dieses Streites wohl als sehr gering anzusehen ist, was sich unter anderem daran zeigt, dass die Rechtsprechung einen Fall des rechtmäßigen Angriffs noch nicht zu entscheiden hatte. Zudem lassen sich dementsprechende Fallgruppen nur schwerlich bilden. Man könne sich aber etwa einen Fall vorstellen, in dem ein Dieb sein Opfer beraubt, welches die Verfolgung mit mehreren Freunden aufnimmt, den Dieb stellt und niederschlägt, um das gestohlene Hab und Gut zurückzubekommen.

Die wohl überwiegende Ansicht, die auch den rechtmäßigen Angriff erfassen will, beruft sich zum einen auf den eindeutigen Wortlaut der Norm[352]. Im Gegensatz zu beispielsweise § 32 wird im Rahmen des § 231 StGB nicht von einem „rechtswidrigen Angriff" gesprochen. Zum anderen sei schließlich auch bei der Modalität „Schlägerei" eine Rechtswidrigkeit nicht zu verlangen[353].

Die Annahme, nur ein rechtswidriger Angriff, löse die Straffolge des § 231 StGB aus, ist mithin verfehlt.

IX. Schlussfolgerung

Diejenigen Rechtsprobleme des Schlägereitatbestandes, die ohne Zusammenhang mit dem Erfordernis der schweren Folge diskutiert werden, lassen sich dogmatisch sauber lösen und können deshalb als überwiegend geklärt angesehen werden. Dabei fällt besonders auf, dass nicht selten die Literatur Streitpunkte quasi „heraufbeschwört", um scheinbar gerechte Ergebnisse zu erzielen. Zumeist müssen diese Versuche doch am eindeutigen Wortlaut des § 231 StGB scheitern.

D. Zusammenfassung

Der Schlägereitatbestand des § 231 StGB schafft in seiner heutigen Fassung mithin eine Vielzahl von Rechtsproblemen, die bis in die heutige Zeit zu regen Diskussionen und Meinungsstreitigkeiten führen.

---

351 *Henke*, Jura 1985, 585 (587); LK-*Hirsch*, § 231 Rn. 5; *Eisele*, ZStW 110 (1998), 69 (80 f.).

352 *Eisele*, ZStW 110 (1998), 69 (80).

353 *Eisele*, ZStW 110 (1998), 69 (80 f.).

So wird es nicht zu klären sein, ob der vorzeitige beziehungsweise der nachzeitige Ausstieg strafbarkeitsbegründend wirken oder nicht. Ob § 231 StGB sogar dann greifen soll, wenn der Angreifer selbst oder einer seiner Mitangreifer Opfer im Sinne des Raufhandels werden, wird sich auch in der Zukunft nicht eindeutig beantworten lassen. Ebenfalls schwierig bleibt das Verhältnis zwischen dem Schlägereitatbestand und dem Rechtfertigungsgrund der Notwehr und -hilfe.

Eine Einigung erscheint ob der Vielfalt der literarischen Auseinandersetzungen nahezu unmöglich. Trotzdem beziehungsweise gerade deswegen ist das Bedürfnis nach einer eindeutigen Handhabung des Schlägereitatbestandes enorm groß.

Die Rechtsprechung des Bundesgerichtshofs nimmt den Wortlaut der Vorschrift ernst und wendet § 231 konsequenterweise immer dann an, wenn der Täter sich schuldhaft an der körperlichen Auseinandersetzung beteiligt. Während die Literatur häufig auf die persönliche Beziehung des Täters zum Eintritt der schweren Folge verweist, um Gerechtigkeitslücken zu vermeiden, stellt die Rechtsprechung richtigerweise auf die Beteiligung an sich ab, ohne die Handlungen des Täters auf die schwere Folge zu beziehen. Die Konsequenz der Rechtsprechung ist hierbei zu loben; Gerechtigkeitslücken, die die Literatur aufzeigt, ergeben sich aber durchaus. Dies kann hingegen nicht der Rechtsprechung zur Last gelegt werden, sondern dem Gesetzgeber, der § 231 StGB in seiner jetzigen, wohl als missglückt zu bezeichnenden Fassung billigt.

Eines jedenfalls ist durch die Untersuchung deutlich geworden: Diejenigen Probleme, deren Lösung nahezu unmöglich scheint, „kreisen“ um das Erfordernis des Eintritts des schweren Raufhandelserfolges.

Vierter Teil: Dogmatische Bedenken gegen § 231 StGB und ihre Lösung durch Streichung der „schweren Folge“

Der Schlägereitatbestand erweist sich mithin als schwierig sowohl in seiner dogmatischen Einordnung als auch in seiner praktischen Anwendung. § 231 StGB knüpft die Bestrafung schon an die Beteiligung, sofern die Schlägerei oder der von mehreren verübte Angriff den Tod oder eine schwere Körperverletzung nach sich zieht. Für die Verurteilung wegen Beteiligung an einer Schlägerei kommt dem Eintritt der schweren Folge mithin konstitutive Wirkung zu. Ohne die besondere Schlägereifolge gewinnt § 231 StGB in seiner jetzigen Fassung keinerlei Bedeutung.

Nachdem nun die dogmatische Problematik dargestellt worden ist, und die praxis- und theorierelevanten Problemkreise beleuchtet worden sind, geht es im Folgenden darum, sich mit den genaueren dogmatischen Bedenken gegen die Vorschrift auseinanderzusetzen, wobei insbesondere verfassungsrechtliche Aspekte eine große Rolle spielen werden (Schuldprinzip, Art. 3 GG, Verhältnismäßigkeitsprinzip). Im Anschluss daran soll eine tragfähige Lösung für die Handhabung des § 231 StGB entwickelt werden, die diesen Bedenken Rechnung trägt, aber auch alle diejenigen Rechtsprobleme in den Griff bekommen kann, die schon im Dritten Teil festgestellt wurden.

A. Dogmatische Bedenken gegen § 231 StGB

Zweifelhaft ist, ob sich der geltende § 231 StGB nicht generellen dogmatischen Bedenken ausgesetzt sieht. Hierbei wird hauptsächlich ein möglicher Verstoß des Schlägereitatbestandes gegen das Schuldprinzip diskutiert. In neuerer Zeit werden bei der verfassungsrechtlichen Diskussion außerdem das Gleichheitsgebot nach Art. 3 GG und das Verhältnismäßigkeitsprinzip ins Spiel gebracht[354].

I. Verstoß gegen das Schuldprinzip

Warum wird der Beteiligte an einer Rauferei selbst dann strafrechtlich zur Verantwortung gezogen, wenn seine Urheberschaft für eine der in § 231 StGB genannten Folgen nicht nachzuweisen ist oder sogar feststeht, dass sein Beitrag hierfür nicht ursächlich war? So behauptet *Paeffgen*, dass es „irritierend“ sei, Nachsicht mit den „einfachen Schlägern“ zu üben, um anschließend „urplötzliche Strenge“ walten zu lassen, falls ein „ganz besonders schwerwiegender Er-

[354] So vor allem *Hund*, Beteiligung an einer Schlägerei (1988); *Rönnau/Bröckers*, GA 1995, 549 ff.

folg – durchaus unabhängig vom Willen der meisten Akteure – eingetreten sei"[355].

So stellt sich die Frage, ob der geltende § 231 StGB gegen den Grundsatz des Schuldprinzips verstößt. Eine Bestrafung setzt Schuld des Täters voraus; mit dem Schuldurteil wird dem Täter vorgeworfen, sich rechtswidrig verhalten zu haben, obwohl er rechtmäßig hätte handeln können („nulla poena sine culpa")[356]. Einem Strafvorwurf darf sich der Täter hingegen nur ausgesetzt sehen, wenn er das ihm zur Last gelegte tatbestandliche Unrecht schuldhaft, also vorsätzlich (§ 15 StGB) oder – falls das Gesetz es ausdrücklich zulässt – fahrlässig begangen hat[357].

Das Schuldprinzip, welchem vom Bundesverfassungsgericht sogar Verfassungsrang eingeräumt worden ist[358], wird als Mittel zur Begrenzung der Strafe verstanden[359]. *Roxin*[360] führt dazu treffend aus: „Das Gerechtigkeitsgefühl, dem für die Stabilisierung des allgemeinen Rechtsbewusstseins große Bedeutung zukommt, verlangt, daß niemand härter bestraft werden darf, als er es verdient; und ‚verdient' ist nur eine schuldentsprechende Strafe". Unverschuldetes Unrecht darf folglich bei der Strafzumessung nicht berücksichtigt werden; eine das Maß der Schuld übersteigende Bestrafung ist unzulässig. Kernbegriff hierbei ist also das Unrecht der Tat. Der Unrechtstatbestand ist die Gesamtheit der Merkmale, die den spezifischen Unrechtstypus eines Deliktes durch Angaben über Taterfolg, Tathandlung, Tatobjekt und Täter beschreiben[361]. Alle diese Merkmale des Unrechtstatbestandes muss der Täter vorsätzlich oder gegebenenfalls – also bei ausdrücklicher gesetzlicher Anordnung – fahrlässig verwirklicht haben[362]. Ein tatbestandsmäßiges und rechtswidriges Verhalten kann demnach nur dann bestraft werden, wenn der Täter dafür persönlich verantwortlich ist[363].

Die schwere Folge des § 231 StGB wird hingegen gemäß der herrschenden Meinung gerade nicht vom tatbestandlichen Unrecht erfasst, sondern ist als objektive Bedingung der Strafbarkeit losgelöst von Vorsatz oder Fahrlässigkeit zu

---

355 NK-*Paeffgen*, § 231 Rn. 2.

356 BGHSt 2, 194 (200); 18, 87 (94).

357 BVerfGE 20, 323 (331); 25, 269 (285); 27, 18 (29); 45, 187 (259).

358 BVerfGE 20, 323 (331).

359 *Roxin*, AT I, § 3 Rn. 48.

360 *Roxin*, AT I, § 3 Rn. 49.

361 *Roxin*, AT I, § 10 Rn. 12.

362 *Tröndle/Fischer*, Vor § 13 Rn. 10.

363 Sch/Sch-*Lenckner*, Vorbem. §§ 13 ff. Rn. 103.

verstehen. In diesem Zusammenhang stellt sich der Schlägereitatbestand nicht als Sondertatbestand dar: Objektive Bedingungen finden sich überall im Besonderen Teil des Strafgesetzbuches (zum Beispiel die Nichterweislichkeit der behaupteten ehrenrührigen Tatsache in § 186 StGB oder die im Rausch begangene rechtswidrige Tat in § 323 a StGB, so genannte Rauschtat).

Zunächst kann sich die vorliegende Untersuchung nicht mit dem Problem befassen, ob objektive Bedingungen der Strafbarkeit an sich gegen das Schuldprinzip verstoßen[364]. Die generelle Zulässigkeit sei hier mit der Begründung unterstellt, dass das strafwürdige Unrecht bereits in der Tatbestandshandlung liegt, so dass die objektive Strafbarkeitsbedingung nur strafbarkeitsbegrenzende Funktion hat[365]. Da also der Gesetzgeber dem Täter sogar entgegenkommt, in dem er ihn nicht stets, sondern nur in objektiv bestimmten Fällen bestraft, ist kein Verstoß gegen das Schuldprinzip gegeben[366].

Zurück zu § 231 StGB: Gegen die herrschende Einordnung der schweren Folge als objektive Strafbarkeitsbedingung werden – wie bereits oben kurz aufgezeigt worden ist[367] – ernstliche Kritikpunkte vorgebracht. Im Folgenden sollen diese von der herrschenden Meinung abweichenden Auffassungen näher untersucht und auf ihre Stichhaltigkeit getestet werden.

1. Die Bedenken *Jeschecks*

Jescheck sieht insofern einen Verstoß gegen das Schuldprinzip, als objektive Strafbarkeitsbedingungen an sich nur Strafschärfungsgründe darstellen, die ihrem Wesen nach – streng genommen – zum Unrechtstatbestand gehören müssten[368]. Tatsächlich habe der Gesetzgeber sie als Strafbarkeitsbedingungen eingestuft, um sie so vom Vorsatz- beziehungsweise Fahrlässigkeitserfordernis abzukoppeln. Aus rein kriminalpolitischen Erwägungen aber dürfe man einen solchen Schritt gegen die Strafrechtsdogmatik nicht unternehmen. *Jeschecks* Argumentation befasst sich folglich weniger mit der Problematik des § 231 StGB, sondern eher mit einer Schwierigkeit, die den objektiven Strafbarkeitsbedingungen generell innewohnt.

---

364 Zu den objektiven Strafbarkeitsbedingungen umfassend *Geisler*, Objektive Bedingungen der Strafbarkeit (1998).

365 BGHSt 16, 124 (124); *Dreher*, JZ 1953, 421 (426); *Gottwald*, JA 1998, 771 (771).

366 BGHSt 16, 124 (124).

367 Siehe oben im Zweiten Teil, C., II.

368 LK-*Jescheck*, Vor § 13 Rn. 86.

Jescheck entfernt sich also entgegen der überwiegenden Ansicht von der Doktrin, dass objektive Strafbarkeitsbedingungen unzulässig sind. Mit der oben genannten Begründung soll dem hier aber kurz widersprochen werden. Eine genauere Auseinandersetzung mit den grundsätzlichen Bedenken würde den Rahmen dieser Arbeit offensichtlich sprengen.

2. Die Bedenken *Hirschs*

Hirsch sieht ebenfalls ernstliche Bedenken, was einen Verstoß gegen das Schuldprinzip anbelangt[369], bezieht sich dabei aber im Unterschied zu *Jescheck* konkret auf den Raufhandel: Dem Täter werde von der herrschenden Meinung das Erfolgsrisiko aufgebürdet, ohne dass das konkrete Bestehen eines derartigen Risikos für ihn voraussehbar gewesen zu sein brauche. Für ein nur abstraktes Gefährdungsdelikt sei der Strafrahmen, wie ein Vergleich mit dem tatbestandlich sogar an engere Voraussetzungen geknüpften alten § 367 Nr. 10 StGB zeige, erheblich zu hoch, so dass in Wirklichkeit doch eine Erfolgshaftung – sogar für von anderen verursachte Erfolge – vorliege[370].

Diese Zweifel an der Strafrahmenhöhe des Schlägereitatbestandes verstärken sich laut *Hirsch*, wenn man bedenkt, dass die herrschende Meinung § 231 StGB als abstraktes Gefährdungsdelikt ansieht[371]. In diesem Zusammenhang sei besonders auffallend, dass in der Praxis Verstöße gegen § 231 StGB regelmäßig härter sanktioniert werden als solche nach den Vergehen der §§ 223, 224 StGB, welche sogar reine Erfolgsdelikte darstellen.

Eine weitere Stütze für seine Auffassung sieht *Hirsch* in der Existenz der Vorschrift des § 18 StGB, der ausdrücklich „wenigstens Fahrlässigkeit" hinsichtlich der schweren Folge verlangt[372]. Zwar gelte § 18 StGB lediglich für erfolgsqualifizierte Delikte; jedoch müsse das, was für straferhöhende Umstände gelte, a maiore ad minus erst recht für strafbegründende gelten, da in diesem Fall – im Unterschied zu § 18 StGB – noch nicht einmal das in der vorsätzlichen Verwirklichung eines Grundtatbestandes liegende besondere Risiko gegeben und in § 231 StGB darüber hinaus sogar die eigene Erfolgsverursachung entbehrlich sei.

---

369 LK-*Hirsch*, § 231 Rn. 1.

370 LK-*Hirsch*, § 231 Rn. 1; *Bemmann*, Objektive Bedingungen der Strafbarkeit (1957), S. 44; *Lampe* ZStW 83 (1971), 177 (192 ff.); *Roxin*, AT I, § 23 Rn. 12.

371 LK-*Hirsch*, § 231 Rn. 1.

372 LK-*Hirsch*, § 231 Rn. 1.

Argumentativ besonders schwer wiegt folgende Erwägung *Hirschs*: Überall dort, wo der Gesetzgeber in den letzten Jahrzehnten neue abstrakte Gefährlichkeitsdelikte ins StGB aufgenommen habe, werde von ihm hinsichtlich eine an diese geknüpften besonderen Folge stets wenigstens Fahrlässigkeit verlangt[373]. Beispiele hierfür seien die §§ 315 ff. StGB. Diese Wertung des Gesetzgebers könne laut *Hirsch* nicht in Einklang gebracht werden mit der herrschenden Auslegung des Schlägereitatbestandes.

3. Die Bedenken von *Horn* und *Wolters*

Horn und *Wolters* gestehen der Argumentation *Hirschs* zwar zu, dass ernstliche Bedenken, was einen Verstoß gegen das Schuldprinzip anbelangt, von der Deliktsstruktur her angebracht sind, verwerfen diese Bedenken hingegen aufgrund des kriminalpolitischen Effekts der Vorschrift[374]: *Horn* und *Wolters* führen in ihrer Kommentierung des § 231 StGB aus, dass der Einwand bezüglich eines Verstoßes gegen das Schuldprinzip „zwar nicht von der Deliktsstruktur, wohl aber vom kriminalpolitischen Effekt her leicht zu parieren sei"[375]. So schließen sich *Horn* und *Wolters* im Ergebnis trotz des Zugeständnisses gewisser Wertungswidersprüche der herrschenden Ansicht an, die § 231 StGB für vereinbar mit dem Schuldprinzip ansieht.

4. Die Bedenken *Günthers*

Verfassungsrechtliche Bedenken ergeben sich – vor allem für *Günther* – aus der oben bereits dargestellten Problematik, ob auch derjenige als Täter des § 231 StGB anzusehen ist, der während der Auseinandersetzung selbst die schwere Folge erleidet[376]. Wenn sogar vorsätzliche und fahrlässige Selbsttötungen und Selbstverletzungen grundsätzlich straflos blieben, weil das Strafrecht den Bürger nicht vor sich selbst, sondern vor Rechtsgutsverletzungen durch Dritte schütze, könne erst recht nichts anderes für abstrakte Selbstgefährdungen gelten[377].

Günther nennt ein Beispiel, das seine Bedenken gegen die Verfassungsmäßigkeit des Schlägereitatbestandes auf den Punkt bringt: „Ein Angreifer kann etwa in nur für ihn besonders riskanter Weise vorgehen oder die schwere Folge aufgrund eigener Ungeschicklichkeit oder Konstitution erleiden, ohne daß für Dritte

---

[373] LK-*Hirsch*, § 231 Rn. 1.

[374] SK-*Horn/Wolters*, § 231 Rn. 2.

[375] SK-*Horn/Wolters*, § 231 Rn. 2.

[376] Dazu Dritter Teil, B., III.

[377] *Günther*, JZ 1985, 585 (586).

eine größere Gefahr bestand. Soll man ihn deswegen kriminalisieren und bestrafen?“[378].

Letztlich spielen für *Günther* insoweit Gerechtigkeitsempfindungen eine Rolle, welche sich aber aus einem Verstoß gegen das Schuldprinzip ableiten lassen. Wenn es nicht gerecht anmutet, einen Täter zu bestrafen, dann muss ihm die persönliche Schuld aberkannt werden.

5. Die Bedenken von *Rönnau* und *Bröckers*

In Anschluss an *Günther* nennen es *Rönnau* und *Bröckers* eine „strafrechtsuntypische Reaktion“, dass der eigene Schaden strafbarkeitskonstitutiv wirke, während Selbstverletzungen - ob nun vorsätzlich oder fahrlässig verursacht – straflos blieben[379].

Zudem verweisen *Rönnau* und *Bröckers* in ihrer Auseinandersetzung mit dem Schlägereitatbestand auf den rechtsstaatlichen Grundsatz des „nulla poena sine culpa“ – keine Strafe ohne Schuld[380]: Ein tatbestandsmäßiges und rechtswidriges Verhalten könne hiernach nur dann bestraft werden, wenn der Täter dafür persönlich verantwortlich sei. Damit wäre die hier dargelegte Kritik bei der Argumentation *Hirschs* angelangt.

6. Die Bedenken *Fristers*

Auch *Frister* hält § 231 StGB für nicht vereinbar mit dem Schuldprinzip[381]. Nach seiner Konzeption seien alle objektiven Bedingungen der Strafbarkeit wegen Verstoßes gegen das Schuldprinzip verfassungswidrig, wenn sie solche Umstände erfassten, die für das Strafbedürfnis überhaupt erst konstituierend seien. Ohne den Eintritt der schweren Folge wäre eine Bestrafung nach § 231 StGB nicht möglich, so dass nach dieser Ansicht das Schuldprinzip verletzt wäre. Um Missverständnisse zu vermeiden: *Frister* will nicht der Ansicht folgen, die objektive Strafbarkeitsbedingungen generell als unzulässig ansieht. Nur dann, wenn ohne die Bedingung kein eigenständiges strafwürdiges Unrecht verbleibe - wie es in § 231 StGB der Fall ist – sei die objektive Strafbarkeitsbedingung unzulässig.

---

378 *Günther*, JZ 1985, 585 (586).

379 *Rönnau/Bröckers*, GA 1995, 549 (551).

380 *Rönnau/Bröckers*, GA 1995, 549 (550).

381 *Frister*, Schuldprinzip (1988), S. 29 ff.

Zudem will *Frister* einen verfassungsrechtlichen Verstoß aus Zurechnungsgrundsätzen annehmen: Strafe könne – gerade wegen ihrer höchstpersönlichen Auswirkungen – aufgrund eines vergangenen Verhaltens nicht ohne Zurechnungserwägungen gerechtfertigt werden. Solche Erwägungen gründen sich aber nach *Frister* auf eine unabdingbare Voraussetzung – eigenes Verhalten des Täters. Gerade dies sei aber bei § 231 StGB nicht erforderlich. Wie *Rönnau/Bröckers* feststellen, „stößt" *Frister* damit „ins Mark" des Schlägereitatbestandes[382].

7. Eigene Stellungnahme zum Verstoß gegen das Schuldprinzip

Da das Schuldprinzip volle Kongruenz zwischen dem äußeren Unrechtstatbestand eines Deliktes und der subjektiven Tatseite fordert, liegt die Ansicht nahe, dass dem Täter Vorsatz, zumindest aber Fahrlässigkeit hinsichtlich der schweren Folge vorzuwerfen sein muss. Insoweit scheint die Ansicht *Hirschs*, der sich – wie gezeigt – einige Autoren angeschlossen haben, kaum widerlegbar.

a) Die Möglichkeit des Entlastungsbeweises

Um die vorgenannten Bedenken zu zerstreuen, wurde schon die Möglichkeit in Betracht gezogen, dass Straflosigkeit dann eintreten solle, wenn der Täter nachweisen könne, dass er zur Gefährlichkeit des Raufhandels nichts beigetragen habe[383]. Ein solcher Entlastungsbeweis ist hingegen nicht mit dem Grundsatz „in dubio pro reo" zu vereinbaren[384].

b) Entgegenwirkungsbemühungen

Im Rahmen einer ausführlichen Untersuchung, ob § 231 StGB gegen das Schuldprinzip verstößt, dürfen Bemühungen, einem solchen Verstoß entgegenzuwirken, nicht unerwähnt bleiben. So wurde in den Reformvorschlägen von 1962 und im späteren Alternativentwurf die Streichung der schweren Folge unter gleichzeitiger Herabsetzung des Strafrahmens gefordert. Da beide Entwürfe schließlich nicht Gesetz geworden sind, kann eine argumentative Durchschlagskraft von ihnen nicht erwartet werden. Wohl aber kann aus diesen Reformbemühungen gefolgert werden, dass die Bedenken bezüglich des Schuldprinzips nicht leichtfertig abgetan werden sollten. Vor allem aber zeigt sich an den Vorschlägen, dass eine Streichung der schweren Folge zumindest erwägenswert ist.

---

[382] *Rönnau/Bröckers*, GA 1995, 549 (552).

[383] *Schönke/Schröder*, 16. Aufl., § 227 Rn. 1, 15.

[384] Siehe schon oben im Dritten Teil, B., II., 1.

c) Die Argumentation mit dem früheren § 367 Nr. 10 StGB

Als eines der stärksten Argumente gegen die Einordnung des Schlägereitatbestandes als objektive Bedingung der Strafbarkeit wird der Vergleich mit der Vorschrift des früheren § 367 Nr. 10 StGB herangezogen. Hierbei wurde eine Strafe von bis zu 6 Wochen Haft (bloße Übertretung) angedroht, falls bei einer Auseinandersetzung im Sinne des Schlägereitatbestandes „eine Waffe, insbesondere ein Messer oder ein anderes Werkzeug" benutzt wurde. Bemerkenswerterweise setzte diese Vorschrift es nicht voraus, dass es im Rahmen der Auseinandersetzung zum Eintritt einer schweren Folge gekommen sein muss.

Der frühere § 367 Nr. 10 StGB betraf mithin die Konstellation einer qualifizierten Beteiligung an einem nicht qualifizierten Raufhandel[385]. Die Vertreter der Ansicht, dass der geltende § 231 StGB gegen das Schuldprinzip verstößt, verweisen auf den offensichtlichen Wertungswiderspruch zwischen der Rechtsfolge des früheren § 367 Nr. 10 StGB und der des geltenden Raufhandelstatbestandes. Die Diskrepanz zwischen höchstens 6 Wochen Haft und bis zu dreijähriger Freiheitsstrafe habe zur Folge, dass sich Zweifel einstellen, ob der Eintritt der schweren Folge tatsächlich irrelevant für das Unrecht der Tat sein kann. Die Frage drängt sich auf, warum eine regelmäßig weniger gefährlichere, da unbewaffnete, Beteiligungshandlung bedeutend härter bestraft werden sollte als die regelmäßig wohl durchaus gefährliche, bewaffnete Beteiligungshandlung. Die Bedenken sind aufgrund der Auffälligkeit der Rechtsfolgendiskrepanz durchaus angebracht. Allerdings darf nicht außer Betracht gelassen werden, dass der Gesetzgeber selbst die Wertungsproblematik nahezu gänzlich beseitigt hat, indem er die Vorschrift des § 367 Nr. 10 StGB schlicht aus dem Gesetz gestrichen hat.

Zudem bestreitet eine große Zahl von Verteidigern der herrschenden Auslegung das tatsächliche Vorliegen eines Widerspruches[386]. So sei schon die Annahme irreführend, man könne beide Vorschriften miteinander vergleichen. Der Raufhandelsbegriff sei im früheren § 367 Nr. 10 StGB ein anderer als der im Schlägereitatbestand; beide Vorschriften fußen auf unterschiedlichen Erwägungen[387]. Tatsächlich darf nicht verkannt werden, dass der Schlägereibegriff des § 367 Nr. 10 StGB wechselseitige Körperverletzungen von lediglich zwei Personen voraussetzte[388]. Das Erfordernis der Beteiligung von drei Personen ist also auf den Raufhandel beschränkt, was sich aus dessen Schutzzweck, also der Verhinderung schwerster Verletzungen und der Eskalation bei Auseinandersetzungen

[385] *Kriegsmann*, Mittäterschaft und Raufhandel (1907), S. 370.

[386] *Stree*, JuS 1965, 465 (473).

[387] *Stree*, JuS 1965, 465 (472).

[388] *Stree*, JuS 1965, 465 (473).

mehrerer, ergibt. Ebenso wie die erste Modalität wurde die Angriffsmodalität im Rahmen des alten § 367 Nr. 10 StGB anders verstanden: Für eine Strafbarkeit nach dem Übertretungstatbestand reichte der Angriff eines einzelnen Täters aus; ein Zusammenwirken mehrerer war hingegen nicht erforderlich. *Gloede* folgert hieraus richtig, dass der frühere § 367 Nr. 10 StGB die Strafandrohung dieser Modalität auf individuelle Gefährlichkeitserwägungen stützte[389]. § 231 StGB will im Gegensatz dazu einen gefährlichen Gesamtvorgang erfassen und strafrechtlich würdigen, bei dem es nicht nur um den einzelnen Täter und seine persönliche Gefährlichkeit geht, sondern um das Zusammenwirken mehrerer potentiell gefährlicher Täter.

Ein Widerspruch zwischen den Rechtsfolgen des § 231 StGB und des früheren § 367 Nr. 10 StGB darf also nicht ohne weiteres angenommen werden, da die beiden Normen nicht vergleichbar sind.

Nicht außer Acht gelassen werden darf eine von *Geisler* aufgestellte Erwägung[390]. Es wäre wertungsmäßig unverhältnismäßig, würde man die Strafandrohung des geltenden Schlägereitatbestandes als zu hoch ansehen. Tatsächlich erscheint bei Zugrundelegung des Wertesystems des heutigen Strafgesetzbuches die Rechtsfolge des alten § 367 Nr. 10 StGB als zu niedrig. Der auf den Körper eines anderen abzielende Angriff eines bewaffneten Täters werde seit 1975 von der versuchten gefährlichen Körperverletzung erfasst, deren Strafobergrenze unter Zugrundelegung der Milderungsmöglichkeit gemäß §§ 23 Abs. 1, 49 Abs. 1 StGB drei Jahre und neun Monate ausmache. *Geislers* Argumentation wird nun auch durch die vom 6. Strafrechtsreformgesetz eingeführte Versuchsstrafbarkeit der einfachen Körperverletzung gestützt. Der körperlichen Integrität wird im geltenden Strafrechtssystem der höchste Schutz eingeräumt. In dieses System passt der Übertretungstatbestand nicht mehr, was seine Streichung deutlich untermalt. Der Rechtsfolgenvergleich zum früheren § 367 Nr. 10 StGB kann folglich einen Verstoß gegen das Schuldprinzip nicht begründen.

d) Die extensive Auslegung des § 231 StGB

Besonders stichhaltig ist hingegen folgende Argumentation gegen die herrschende Meinung: Wenn schon die herrschende Ansicht die schwere Folge als objektive Bedingung der Strafbarkeit ansieht und damit die Möglichkeit der Anwendung der Strafvorschrift immens ausdehnt, sollte die Rechtsprechung den Tatbestand eher restriktiv auslegen. Wie bereits ausgeführt, ist das Gegenteil der Fall: Die Praxis – insbesondere der Bundesgerichtshof in Fortführung der Recht-

---

[389] *Gloede*, Raufhandel, S. 55.

[390] *Geisler*, Objektive Bedingungen der Strafbarkeit (1998), S. 288 f.

sprechung des Reichsgerichts – legt § 231 StGB extensiv aus. Beispielhaft seien nur die Urteile abermals erwähnt, die diejenigen Täter bestrafen, die vor dem Eintritt der schweren Folge aus der Schlägerei ausgestiegen sind beziehungsweise erst danach hinzugekommen sind. Demnach ist es unerheblich, zu welchem Zeitpunkt während eines einheitlichen Schlägereigeschehens die Beteiligung erfolgt ist. Durch diese Rechtsprechung wird also die Einordnung der besonderen Tatfolge als objektive Bedingung der Strafbarkeit keineswegs „ausgeglichen" – im Gegenteil. Sowohl die dogmatischen Grundlagen des Schlägereitatbestandes als auch die praktische Anwendung mahnen wohl eher zu Zurückhaltung. Mehr noch: Löst man sich von dem Raufhandelsdelikt und betrachtet das Rechtsinstitut der objektiven Bedingung der Strafbarkeit an sich, darf man nicht aus dem Auge verlieren, dass jene Rechtsfiguren unrechtsirrelevant und schuldunabhängig sind. Sie stellen an sich einen „Fremdkörper" in einem rechtsstaatlichen Schuldstrafrecht dar. So wurde schon früher die Ansicht vertreten, die objektiven Strafbarkeitsbedingungen seien mit dem Schuldprinzip nicht zu vereinbaren[391]. Mag dies in seiner Weite nur schwerlich richtig sein, so muss wohl doch eine restriktive Handhabung dieser Rechtsinstitute geboten sein.

e) Schuldunabhängige Zufallshaftung

Eine schuldunabhängige Zufallshaftung ist unzulässig[392]. Ein tatbestandsmäßiges und auch rechtswidriges Verhalten darf nur bestraft werden, wenn der Täter dafür auch persönlich verantwortlich ist[393]. Dies schreibt das Schuldprinzip eindeutig vor. Konsequenz ist die Frage, ob in § 231 StGB eine schuldunabhängige Zufallshaftung positiviert ist, welche wiederum dem Schuldprinzip entgegenläuft.

Sicherlich hängt es im Rahmen einer körperlichen Auseinandersetzung nur vom Zufall ab, wann und bei wem die schwere Folge eintritt. Allerdings verlangt der Tatbestand eine Schuldbeziehung, und zwar zur Beteiligung an sich, nicht hingegen zum Eintritt der schweren Folge. Diese ist lediglich objektive Bedingung der Strafbarkeit. Somit würde sich der Kreis jetzt wieder schließen: Man wäre abermals bei der Frage angelangt, ob objektive Strafbarkeitsbedingungen generell zulässig sind oder gegen das Schuldprinzip verstoßen. Darauf kann hier nicht eingegangen werden, so dass als Resultat der vorstehenden Überlegungen festzuhalten bleibt, dass das Erfordernis der schweren Folge verfassungsrechtlich angreifbar bleibt.

---

391 *Bemmann*, Objektive Bedingungen der Strafbarkeit (1957), S. 42 ff., 52 ff.

392 Statt vieler LK-*Hirsch*, § 231 Rn. 1.

393 *Rönnau/Bröck*ers, GA 1995, 549 (550).

f) Die Beweisnot im Rahmen des § 231 StGB

Die von der Rechtsprechung häufig angeführte Beweisnot kann keine geeignete Begründungsgrundlage für die Existenz des geltenden Raufhandelstatbestandes darstellen. Eine solche Argumentation konterkariert die Unschuldsvermutung. Ein strafgesetzlicher Tatbestand kann zwar auf beweisrechtliche Schwierigkeiten zurückgehen und aufgrund dieser erst entstanden sein. Die Ausfüllung des Tatbestandes muss allerdings der Rechtssicherheit Vorrang leisten gegenüber der Vermeidung von Beweisschwierigkeiten.

Mithin können diese Schwierigkeiten nur Anlass zur Schaffung eines strafgesetzlichen Tatbestandes sein; sie dürfen hingegen nicht dazu führen, einen Tatbestand zu legitimieren, der gegen eines der höchsten Rechtsprinzipien, das Schuldprinzip, verstößt.

g) Die Zurechnungserwägungen *Fristers*

Auf den Einwand *Fristers*, im Rahmen des § 231 StGB würden Zurechnungserwägungen nicht hinreichend berücksichtigt, da kein tätereigenes ursächliches Verhalten erforderlich sei, erwidert ein Teil der Literatur, dass diese Ansicht eine Überzeichnung der Zurechnungserfordernisse darstelle[394], ohne eine entsprechende Begründung zu liefern. Die Bedenken „stehen also noch im Raum" und verstärken auf treffende Weise die Zweifel an der Vereinbarkeit mit dem Schuldprinzip.

h) Das Wesen der objektiven Strafbarkeitsbedingungen

Die herrschende Meinung, die § 231 StGB für verfassungsgemäß hält, stützt sich zumeist auf das Wesen der objektiven Strafbarkeitsbedingungen[395]. Diese seien nämlich wie Strafausschließungsgründe zu behandeln[396]. Zwangsläufig drängt sich dabei die Frage auf, wenn schon die objektiven Strafbarkeitsbedingungen wie Strafausschließungsgründe angewendet werden, warum sie dann nicht auch als solche bezeichnet werden? Konsequenterweise kommt *Montenbruck* zu diesem Ergebnis[397]; die herrschende Meinung hingegen scheint beide Rechtsfiguren dennoch klar voneinander trennen zu wollen[398]. Dann kann

[394] LK-*Hirsch*, § 231 Rn. 1, Fußnote 7; NK-*Paeffgen*, § 231 Rn. 2.

[395] RGSt 3, 236 (239); BGHSt 14, 130 (132); 33, 100 (103); *Stree*, JuS 1965, 465 (472); *Tröndle/Fischer*, § 231 Rn. 5.

[396] *Gottwald*, JA 1998, 771 (771).

[397] *Montenbruck*, JR 1986, 138 (140).

[398] Vergleiche nur *Gottwald*, JA 1998, 771 (771).

aber auch der Vergleich mit den Strafausschließungsgründen nicht fruchtbar sein, wenn man den Schlägereitatbestand anhand des Schuldprinzips bemisst.

i) Der Vergleich mit den §§ 315 ff. StGB

Sicherlich erscheint es ein wenig merkwürdig, dass der Gesetzgeber in den §§ 315 ff. StGB ein Fahrlässigkeitsmoment für erforderlich hält, zumal im Rahmen der Verkehrsdelikte eine konkrete, und nicht wie bei § 231 StGB abstrakte Gefährdung vorliegen muss. Warum sollte für ein den Täter belastendes abstraktes Gefährdungsdelikt Fahrlässigkeit nicht erforderlich sein, wenn an anderer Stelle des StGB für eine konkrete Gefährdung dieses Erfordernis besteht? Dieser Umstand verdeutlicht die Sonderstellung des Schlägereitatbestandes im Gesamtgefüge des StGB. Nichtsdestotrotz hat sich der Gesetzgeber für die vorliegende Fassung des § 231 StGB entschieden. Ein Fahrlässigkeitsmoment mit *Hirsch*[399] hineinzulesen, kann mit Blick auf das Bestimmtheitsgebot des Art. 103 Abs. 2 GG nicht überzeugen. Der Vergleich mit den Straßenverkehrsdelikten zeigt gleichwohl auf, dass der Schlägereitatbestand als Sondertatbestand mit dem Schuldprinzip in Konflikt gerät.

j) Die Argumentation mit § 18 StGB

Hirsch will den Rechtsgedanken des § 18 StGB, welcher für erfolgsqualifizierende Delikte gilt, auf den Schlägereitatbestand anwenden, indem er schreibt, dass das, was für straferhöhende Umstände gelte (also das Erfordernis des Fahrlässigkeitsmomentes), gleichfalls für strafbegründende gelten müsse[400]. Dies setzt aber voraus, dass das Erfordernis des Eintritts einer schweren Folge strafbarkeitsbegründend für § 231 StGB wirkt. Dies ist zu bejahen. Zwar gehört die schwere Folge nicht zum Unrechtstatbestand wie die vorsätzliche Beteiligung an der Auseinandersetzung, allerdings liegt eine Strafbarkeit nach § 231 StGB nur dann vor, wenn es zum Eintritt der objektiven Strafbarkeitsbedingung gekommen ist. Somit ist *Hirsch* in diesem Punkt zuzustimmen. Einfach formuliert bedeutet dies: § 231 StGB „verträgt" sich nicht mit der Rechtsfigur der erfolgsqualifizierten Delikte; die jeweils zugrunde liegenden Wertungssysteme widersprechen einander. Trotzdem würde es die Auslegungsmöglichkeiten des Rechtsanwenders sprengen, falls man mit *Hirsch* bei der Auseinandersetzung mit § 231 StGB auf den § 18 StGB verweist. Die Argumentation mit § 18 StGB zeigt gleichwohl, dass Friktionen zum Schuldprinzip bestehen und nicht leichtfertig übergangen werden dürfen.

---

[399] LK-*Hirsch*, § 231 Rn. 1.

[400] LK-*Hirsch*, § 231 Rn. 1.

8. Zusammenfassung

Eines jedenfalls hat sich bei der Auseinandersetzung mit dem Schuldprinzip gezeigt: Mit dem bloßen Verweis, dem Schuldprinzip werde insoweit Genüge getan, als die Beteiligung an der Schlägerei vorsätzlich erfolgen muss[401], ist es nicht getan.

Die Gerechtigkeitslücke, die sich in einem Verstoß gegen das Schuldprinzip manifestiert, lässt sich in einfacher Weise auf einen Nenner bringen: Die fehlende persönliche Verantwortlichkeit in Bezug auf den Eintritt der schweren Schlägereifolge kann nicht dadurch ausgeglichen werden, dass man dieses Erfordernis als objektive Bedingung der Strafbarkeit auffasst.

Die Bedenken, die sich ergeben, wenn man § 231 StGB anhand des Schuldprinzips genauer dogmatisch untersucht, wiegen so schwer, dass eine Vereinbarkeit nur schwerlich angenommen werden kann. Auslöser dieser Probleme ist aber keineswegs der Unrechtstatbestand, also die bloße Beteiligung an einer Schlägerei, sondern eher das Erfordernis des Eintritts der schweren Folge.

II. Verstoß gegen das Verhältnismäßigkeitsprinzip

Diskutiert wird in der neueren Literatur, ob der geltende Schlägereitatbestand gegen das Verhältnismäßigkeitsprinzip, dessen Rechtsgrundlage das Rechtsstaatsprinzip des Art. 20 GG bildet, verstößt. Das Prinzip der Verhältnismäßigkeit im weiteren Sinn besteht aus den Grundsätzen der Geeignetheit, Erforderlichkeit und Verhältnismäßigkeit im engeren Sinn[402], deren Bezugspunkt immer der Zweck der Norm beziehungsweise der Grundrechtseinschränkung ist[403]. Eignung ist gegeben, wenn die Wahrscheinlichkeit erhöht wird, dass der angestrebte Erfolg eintritt[404]. Erforderlichkeit bedeutet, dass zur Erreichung des Erfolges das mildeste Mittel gleicher Wirksamkeit eingesetzt werden muss[405]. Die Verhältnismäßigkeit im engeren Sinn (oder auch Proportionalität) setzt voraus, dass Beeinträchtigungen nicht außer Verhältnis zu dem angestrebten Zweck stehen, dass sie bei einer Gesamtbewertung angemessen und deshalb dem Betroffenen zumutbar sind[406].

---

[401] *Henke*, Jura 1985, 585 (590).

[402] Gefolgt wird hierbei der Terminologie des Bundesverfassungsgericht (E 7, 377 (407); 30, 292 (316); 41, 378 (395)).

[403] Sachs-*Sachs*, Art. 20 Rn. 149.

[404] BVerfGE 30, 392 (316); 33, 171 (187); 67, 157 (173); Sachs-*Sachs*, Art. 20 Rn. 150.

[405] BVerfGE 100, 313 (375); Sachs-*Sachs*, Art. 20 Rn. 152.

[406] BVerfGE 50, 217 (227); 93, 213 (237 f.); Sachs-*Sachs*, Art. 20 Rn. 154.

Hund wirft in seiner Dissertation die Frage auf, ob der heutige Schlägereitatbestand tatsächlich geeignet und erforderlich ist, die mit ihm verfolgten Zwecke zu erreichen[407]. Letztlich begründet er seine ablehnende These nicht weiter, sondern verweist auf die Tatsache, dass eine Normenkontrolle durch das Bundesverfassungsgericht wohl kaum letztlich dazu führen würde, bei § 231 StGB die Verfassungswidrigkeit festzustellen.

Obwohl eine Verwerfung durch das Bundesverfassungsgericht tatsächlich kaum in Frage kommt, hat eine Beleuchtung des Raufhandels unter dem Gesichtspunkt des Verhältnismäßigkeitsprinzips durchaus seinen Reiz. § 231 StGB dient dem Zweck, solche Schlägereisituationen strafrechtlich zu erfassen, die die Gefahr der Eskalation und der schwersten Verletzungen in sich tragen. Geeignet zur Bekämpfung dieser Gefahren ist der Schlägereitatbestand mit seiner hohen Strafandrohung durchaus. Gerade aber mit Blick auf die Tatsache, dass aus dem großen Kreis der Schlägereien nur solche als strafwürdig erfasst werden, bei denen es zum Eintritt der schweren Folge gekommen ist, lässt sich die Erforderlichkeit und vor allem die Verhältnismäßigkeit im engeren Sinne bezweifeln. Zwar ließe sich noch vertreten, dass § 231 StGB das relativ mildeste Mittel ist, höchst problematisch ist dann aber die Anschlussfrage, ob die Bestrafung nur solcher Schläger, die bei einer folgenschweren Auseinandersetzung mitgekämpft haben, in einem angemessenen Verhältnis zu der Bekämpfung der dem Raufhandel immanenten erhöhten Gefahr steht. Unproblematisch ließe sich eine Antwort dann finden, wenn jeder, der sich an einem Raufhandel beteiligt, selbst dann bestraft wird, wenn ein folgenschwerer Ausgang ausbleibt. Würde also die schwere Folge nicht für § 231 StGB konstituierend wirken, wäre die Norm mit dem Verhältnismäßigkeitsprinzip unproblematisch vereinbar. So aber bleiben Zweifel an der Verfassungsmäßigkeit des bestehenden Schlägereitatbestandes.

III. Verstoß gegen Art. 3 Abs. 1 GG

Die Einordnung der schweren Folge als objektive Bedingung der Strafbarkeit wird von einem Teil der Literatur nicht nur unter dem Blickwinkel eines Verstoßes gegen den Schuldgrundsatz oder das Verhältnismäßigkeitsprinzip problematisiert. Verfassungsrechtliche Bedenken werden zudem unter dem Gesichtspunkt des Art. 3 Abs. 1 GG erhoben[408]. Diese Verfassungsnorm gebietet, bei steter Orientierung am Gerechtigkeitsgedanken Gleiches gleich, Ungleiches seiner Eigenart entsprechend verschieden zu behandeln[409]. Hiernach liegt eine Ungleich-

[407] *Hund*, Beteiligung an einer Schlägerei (1988), S. 121.

[408] *Hund*, Beteiligung an einer Schlägerei (1988), S. 121 ff; *Rönnau/Bröckers*, GA 1995, 549 (553 ff.).

[409] *Jarass/Pieroth*, Art. 3 Rn. 5.

behandlung des Gleichen vor, wenn verschiedene Personengruppen im Vergleich zu anderen Personengruppen verschieden behandelt werden, obwohl beide tatsächlich unter einen gemeinsamen Oberbegriff gefasst werden können.

§ 231 StGB widerspreche, so *Rönnau/Bröckers*, dem Gleichheitsgebot, da es an einem sachlichen Grund für die Differenzierung nach Eintritt oder Ausbleiben des schweren Erfolges fehle[410]. Das Erfordernis der schweren Folge führe also dazu, dass nur ein kleiner Teil der Personen, die sich an der Schlägerei beteiligen, ohne sachlichen Grund für eine Differenzierung herausgegriffen und wegen § 231 StGB bestraft wird. Es bleibe im Rahmen einer Bestrafung völlig außer Betracht, auf welche Art und Weise beziehungsweise mit welcher Intensität sich die einzelne Person an der Schlägerei beteiligt habe und ob die Handlung dieser Person für den Eintritt der schweren Folge ursächlich geworden sei. In der Konsequenz laufe deshalb die Interpretation der schweren Folge als objektive Strafbarkeitsbedingung auf eine „reine Zufallshaftung" hinaus, die dem Strafrecht fremd ist[411].

Schafft die Legislative neue Straftatbestände, sind diese stets am Maßstab beziehungsweise der Schranke des Art. 3 Abs. 1 GG zu messen. Falls in den Tatbeständen zwischen Tathandlungen oder Tätergruppen differenziert wird, muss für diese Differenzierung ein sachlicher Grund bestehen. Dabei wird der Legislative aber ein weiter Gestaltungsspielraum zuerkannt[412].

Die gesetzgeberische Konzeption des § 231 StGB bildet zwei Tätergruppen: Dies sind zum einen diejenigen Täter, die an einer Schlägerei teilnehmen, welche zum Eintritt des Todes oder der schweren Körperverletzung eines Menschen führt. Zum anderen ergibt sich aus § 231 StGB auch die Tätergruppe, die an einer folgenlosen körperlichen Auseinandersetzung teilnimmt, aber nicht im Sinne der Vorschrift bestraft wird.

Wie bereits dargelegt, muss es für diese vom Gesetzgeber vorgenommene Differenzierung einen sachlichen Grund geben. Hierbei werden in der Literatur drei verschiedene Begründungsansätze vertreten.

1. Entlastung der Gerichte als sachlicher Grund

Stree sieht als Begründung für die Ungleichbehandlung die Tatsache an, dass der Gesetzgeber durch das Erfordernis des Eintritts einer schweren Folge den

[410] *Rönnau/Bröckers*, GA 1995, 549 (553).

[411] *Rönnau/Bröckers*, GA 1995, 549 (553).

[412] BVerfGE 47, 109 (124); 50, 142 (162).

Täterkreis des Schlägereitatbestandes begrenzen wollte[413]. Würde das Gesetz jeden Beteiligten an einer Schlägerei bestrafen, auch wenn es nicht zum Eintritt einer schweren Folge gekommen ist, wäre der Anwendungsbereich des Schlägereitatbestandes erheblich weiter: Die Zahl der Täter wäre viel höher. Nach *Stree* entlastet folglich das Erfordernis einer schweren Folge als Strafbarkeitsbeschränkung die Justiz[414].

Wie *Hund* aber richtig herausgearbeitet hat, greift diese Erwägung *Strees* nur bedingt[415]: Der Justiz obliegt es, bei einem Ausscheiden des § 231 StGB noch immer zu prüfen, ob sich die Beteiligten wegen Körperverletzungsdelikte nach §§ 223, 224 StGB strafbar gemacht haben. Voraussetzung für eine solche weitere Prüfung der Gerichte ist dann lediglich die Stellung eines Strafantrags nach § 230 StGB oder die Bejahung des besonderen öffentlichen Interesses an der Strafverfolgung durch die ermittelnde Staatsanwaltschaft.

Zudem darf auch nicht verkannt werden, dass jede Strafbarkeitsbeschränkung zwangsläufig einen Entlastungseffekt für die Justiz bedeutet. Wie das Bundesverfassungsgericht es schon entschieden hat, kann der Entlastungseffekt nicht als sachlicher Grund für eine Differenzierung ausreichen[416]. Ansonsten könnte der Gesetzgeber die unsinnigsten Unterscheidungen zwischen Tätergruppen und Tathandlungen treffen, nur um die Judikative zu entlasten; der Entlastungseffekt wäre reiner Selbstzweck.

2. Gewährleistung des staatlichen Eingreifens als sachlicher Grund

Nach *Hund* könnte § 231 StGB den Sinn haben, das Eingreifen der Strafverfolgungsbehörden zu gewährleisten, wenn während einer Schlägerei ein Mensch den Tod findet oder schwer verletzt wird, weil diese Fälle in der Öffentlichkeit Aufsehen erregen[417]. Das Sicherheitsgefühl, das Vertrauen in den Staat, könne in solchen Fällen leiden, in denen ein Toter oder schwer Verletzter auf dem Kampfplatz zurückbleibt, die Strafverfolgungsbehörden hingegen untätig bleiben.

Hund selber konstatiert aber, dass eine solche Aufwertung des Schlägereitatbestandes die Tötungs- beziehungsweise Körperverletzungsdelikte außer Betracht

---

[413] *Stree*, JuS 1965, 465 (473).

[414] *Stree*, JuS 1965, 465 (472 f.).

[415] *Hund*, Beteiligung an einer Schlägerei (1988), S. 102.

[416] BVerfGE 10, 234 (246).

[417] *Hund*, Beteiligung an einer Schlägerei (1988), S. 97.

lässt[418]. Allein die Möglichkeit des Vorliegens eines solchen Delikts zwingt die Strafverfolgungsorgane die Ermittlungen aufzunehmen. Die Vorschrift des § 231 StGB ist insofern nicht Ausgangspunkt der Ermittlungen.

Folglich kann die Gewährleistung der staatlichen Präsenz keinen sachlichen Grund für die Beschränkung des § 231 StGB liefern.

3. Indiz der Gefährlichkeit als sachlicher Grund

Überwiegend wird als Begründung für die Differenzierung herangezogen, dass der Eintritt der schweren Folge als Indiz für die besondere Gefährlichkeit eines Raufhandels dienen kann[419]. Der Eintritt des Todes beziehungsweise der schweren Körperverletzung zeige die objektive Gefährlichkeit des Gesamtvorgangs; gerade wegen dieser Gefahren sei die Beteiligung an einer Schlägerei unter Strafe gestellt[420]. Diese Auffassung muss sich die Frage gefallen lassen, ob der Eintritt oder das Ausbleiben des Raufhandelserfolges tatsächlich ein geeigneter Maßstab für die Feststellung ist, ob eine Schlägerei besonders gefährlich war. So lehnen einige Autoren die Indizwirkung des Eintritts der schweren Folge ab[421].

Gerade bei der Argumentation der herrschenden Meinung kann man einen verblüffenden Widerspruch feststellen: Einerseits wird § 231 StGB – wie bereits dargelegt[422] – von der überwiegenden Ansicht als abstraktes Gefährdungsdelikt ausgelegt. Der Eintritt einer konkreten Gefährdung sei also im Rahmen des Raufhandelstatbestandes keine Voraussetzung. Allerdings soll der Eintritt der schweren Folge ein Indiz für den Eintritt einer konkreten Gefährdung sein, für die im Rahmen der abstrakten Gefährdungsdelikte an sich kein Raum sein dürfte. Schließlich ist die generelle Gefährlichkeit bestimmter Handlungen gesetzgeberisches Motiv gewesen, gerade eine solche Norm als abstraktes Gefährdungsdelikt auszugestalten. Verlangt man nun aber eine konkrete Gefährdung, wäre die Dogmatik der abstrakten Gefährdungsdelikte „auf den Kopf gestellt“. Dieser Widerspruch zeigt eklatant, auf welch wackligen Beinen die dogmatische Einordnung des § 231 StGB durch die wohl überwiegende Meinung steht.

Die von der herrschenden Meinung dargelegte Indizwirkung etwaiger Folgen wird erst recht zweifelhaft, wenn man die Fallgruppe betrachtet, in der der Tod

---

[418] *Hund*, Beteiligung an einer Schlägerei (1988), S. 104.

[419] BGHSt 16, 130 (132); BGH, NJW 1965, 1285 (1285); *Montenbruck*, JR 1986, 138 (140).

[420] BGHSt 16, 130 (133).

[421] *Günther*, JZ 1985, 585 (586); *Hund*, Beteiligung an einer Schlägerei (1988), S. 97 ff.; *Frister*, Schuldprinzip (1988), S. 60.

[422] Zweiter Teil, B., II.

schon eingetreten ist, bevor sich ein Beschuldigter an der Schlägerei beteiligt[423]. Wie bei der Auseinandersetzung mit dieser Problemkonstellation bereits festgestellt, sollte die Argumentation mit der Indizwirkung aufgegeben werden.

4. Eigene Stellungnahme zum Gleichheitsgebot

Somit bleibt festzuhalten, dass ein sachlicher Grund für die bei § 231 StGB festgestellte Ungleichbehandlung nur schwerlich zu finden ist.

Tatsächlich lässt sich das Resümee ziehen, dass der Gesetzgeber aus der großen Zahl potentieller Täter anscheinend willkürlich einen kleinen Kreis herausgreift und eine Bestrafung eben dieser kleinen Anzahl anordnet.

Hund stellt folgerichtig die These auf, dass der Raufhandelserfolg funktionslos ist[424]. Daraus wiederum leitet er einen weiteren Nachteil des Schlägereitatbestandes ab, der ihn im Laufe seiner Untersuchung zu der Erkenntnis gelangen lässt, dass die Vorschrift entbehrlich ist.

Eine solche Stellungnahme geht in ihrer Konsequenz zu weit: Zwar stimmt es, dass das Erfordernis der schweren Folge bei genauer verfassungsrechtlicher Prüfung funktionslos erscheint, allerdings sagt dies nichts darüber aus, ob ein Schlägereitatbestand im Strafgesetzbuch dennoch Sinn macht – falls man das Erfordernis der schweren Folge aufgibt.

IV. Schlussfolgerung

Die angestellten verfassungsrechtlichen Bedenken und die angreifbare dogmatische Einordnung zeichnen ein eindeutiges Bild: § 231 StGB wirft eine Vielzahl von Problemen schon aufgrund seiner gesetzgeberischen Konzeption auf.

Jedoch geht es beim Schlägereitatbestand nicht nur um eine dogmatisch einleuchtende und verfassungsrechtlich vertretbare Lösung. Jede Kritik ist auch vor dem Hintergrund zu sehen, dass § 231 StGB eine nicht unbedeutende kriminalpolitische Funktion besitzt, die dazu anregt, den Tatbestand verfassungskonform auszulegen oder sogar umzugestalten.

---

[423] *Seitz*, NStZ 1994, 185 (186).

[424] *Hund*, Beteiligung an einer Schlägerei (1988), S. 105.

B. Lösungsvorschläge in der Literatur

Fraglich ist folglich, was nun nötig ist, um die vorgenannten Rechtsprobleme in den Griff zu bekommen, wie genau sich der Schlägereitatbestand verfassungskonform auslegen lässt, und wie die Norm gefasst werden sollte, damit sich Friktionen rechtlicher Art erübrigen.

Eine Vielzahl der Probleme, die die Auslegung des § 231 StGB betreffen, weisen eine Gemeinsamkeit auf: Es geht um die Bedeutung der schweren Folge und ihre Stellung zu dem persönlichen Unrecht, das der Täter während der Schlägerei oder dem Angriff mehrerer verwirklicht.

I. Die Auffassung von *Hirsch*

Hirsch hat einen Lösungsvorschlag unterbreitet, mit dem er die von ihm aufgestellten Bedenken hinsichtlich des Schuldprinzips ausräumen will. Er verlangt, dass der Täter des Schlägereitatbestandes die Möglichkeit, dass durch die Schlägerei oder den Angriff mehrerer eine der in § 231 StGB bezeichneten schweren Folgen eintritt, zumindest voraussehen konnte[425]. Nach *Hirschs* Ansicht enthält § 231 StGB also eine Vorsatz-Fahrlässigkeits-Kombination. Eine Anwendbarkeit des § 18 StGB schließt er hingegen aus, verweist dabei lediglich auf Parallelen. Eine analoge Anwendung will *Hirsch* aber nicht vornehmen. Dies übersieht *Hohmann*, wenn er eine analoge Anwendung *Hirsch* zuschreibt und dies aufgrund des Fehlens einer Regelungslücke kritisiert[426].

Nun könnte man denken, dass die Auffassung von *Hirsch* aufgrund des Fahrlässigkeitserfordernisses zu einer strikten Beschränkung des Anwendungsbereiches des § 231 StGB führen würde. Dem ist aber nach genauerer Untersuchung nicht so: Verlangt man mit der überwiegenden Ansicht, dass sich in der Folge die spezifische Gefährlichkeit einer Schlägerei oder des gemeinschaftlichen Angriffs realisiert hat, reduziert sich der Anwendungsbereich des Schlägereitatbestandes auf solche Konstellationen, in denen der Eintritt der schweren Folge nahe lag. In solchen Fällen ist aber auch regelmäßig objektiv und individuell eine Vorhersehbarkeit der Eskalation gegeben, so dass *Hirsch* regelmäßig zum selben Ergebnis kommen würde wie die herrschende Meinung.

---

[425] LK-*Hirsch*, § 231 Rn. 15.

[426] MüKo-*Hohmann*, § 231 Rn. 3.

II. Die Auffassung von *Bemmann*

Bemmann vertritt in seiner Schrift von 1957[427] eine noch schärfere Ansicht als *Hirsch*. Nach *Bemmann* ist für den Raufhandelserfolg sogar Vorsatz zu verlangen. Dies begründet er wie folgt: In die Konzeption eines modernen Schuldstrafrechts passe das Rechtsinstitut einer objektiven Bedingung der Strafbarkeit nicht, da es lediglich ein Überbleibsel der peinlichen Gesetzgebung früherer Jahrhunderte sei[428]. Vielmehr sollen solche Gesetzesmerkmale in den Bereich des Schuldausschlusses fallen oder als unrechtskonstituierendes Merkmal zum Tatbestand gehören. Da *Bemmann* die schwere Folge des Raufhandelstatbestandes zum Unrechtstatbestand zählt, verlangt er diesbezüglich – nach seiner Konzeption durchaus konsequent – Vorsatz nach § 15 StGB. Dabei will er die intellektuelle Komponente des Vorsatzes ausreichen lassen; voluntatives Handeln sei nicht erforderlich. Demnach wäre ein Täter gemäß § 231 StGB zu bestrafen, wenn er sich willentlich an dem Raufhandel beteilige und dabei mit dem Eintritt der schweren Folge rechne.

Bemmanns Antwort auf die Frage nach der richtigen Handhabung des Raufhandels vermag nicht zu überzeugen. Zwar ist es durchweg konsequent, Vorsatz zu verlangen, falls die schwere Folge als Unrechtsmerkmal aufgefasst wird. Allerdings geht gerade diese Annahme fehl. Ein gesetzliches Merkmal, das bewusst vom Gesetzgeber als objektive Strafbarkeitsbedingung konzipiert wurde, kann nicht als Unrechtsmerkmal verstanden werden. Die bestehende Norm würde zu Gunsten scheinbar gerechter Ergebnisse nicht ernst genommen werden.

III. Die Auffassung von *Hund*

In seiner Dissertation von 1988 widmet sich *Hund* ausführlich dem Schlägereitatbestand und wägt die Vorteile und die Nachteile der Vorschrift gegeneinander ab.

Dabei hält er den früheren § 227 StGB für „kriminalpolitisch ineffektiv" und fordert den Gesetzgeber auf, den Tatbestand zu „überdenken"[429]. *Hund* zitiert zuletzt *Marti*, der schon 1891 schrieb[430]: „Wir möchten daher dem Gesetzgeber aufs Wärmste anempfohlen haben, in Zukunft keine Sonderbestimmungen über den Raufhandel mehr in das Strafgesetzbuch aufzunehmen, indem die allgemei-

---

[427] *Bemmann*, Objektive Bedingungen der Strafbarkeit (1957), S. 1 ff.

[428] *Bemmann*, Objektive Bedingungen der Strafbarkeit (1957), S. 52 ff.

[429] *Hund*, Beteiligung an einer Schlägerei (1988), S. 131.

[430] *Marti*, Raufhandel (1891), S. 87.

nen Grundsätze zur Beurtheilung eines jeden Raufhandels vollständig genügen,...".

Die regelmäßige Konkurrenz des Schlägereitatbestandes zu den meistens mitverwirklichten Körperverletzungsdelikten führe laut *Hund* zu einer relativen Unbedeutendheit der Vorschrift des § 231 StGB[431].

Aus der Streichung der Norm glaubt *Hund* gar Vorteile zu ziehen: Ungerecht harte Strafen im Einzelfall, die durch das Erfordernis der schweren Folge entstehen, könnten vermieden werden.

Die Forderung von *Hund* geht in ihren Ausmaßen zu weit. Eine Streichung der Vorschrift würde sicherlich die Auslegungsschwierigkeiten vermeiden, würde aber eine nicht zu unterschätzende kriminalpolitische Lücke hinterlassen. Eben dies verkennt *Hund*, wenn er die Vorschrift auf diesem Sektor für ineffektiv hält. Er begründet diese Ineffektivität mit den Schwierigkeiten, die die schwere Folge mit sich bringt. Wie bereits dargelegt, stimmt es durchaus, dass gerade die objektive Bedingung der Strafbarkeit § 231 StGB zu einem nur schwer zu handhabenden Tatbestand macht. Aber bedeutet dies automatisch, dass ein Schlägereitatbestand sinnlos ist?

Richtigerweise muss die Antwort auf diese Frage verneint werden. Im Gegensatz zu *Hund* kann das kriminalpolitische Bedürfnis für eine Norm, die eine Schlägerei oder einen Angriff mehrerer sanktioniert, nicht missachtet werden. Auch wenn im Rahmen der Diskussionen zum 6. Strafrechtsreformgesetz eine Streichung erwogen worden ist[432], stellte der Bundesrat und ihm folgend der Rechtsausschuss des Bundestages auf die kriminalpolitische Notwendigkeit des Schlägereitatbestandes ab[433]: Die Bestimmung sei ein „unentbehrlicher ... Auffangtatbestand" mit erheblicher praktischer Bedeutung, deren Streichung mit einem umfassenden Schutz der körperlichen Unversehrtheit nicht in Einklang zu bringen sei[434].

§ 231 StGB ist zwar nur eine eingeschränkte Bedeutung in den Fällen zuzusprechen, in denen allein aufgrund dieses Tatbestandes verurteilt wird. Allerdings erhöht sich diese Bedeutung dann, wenn eine Verurteilung wegen Beteiligung an einer Schlägerei neben die im Rahmen der Auseinandersetzung verwirklichte Körperverletzung tritt. Würde nämlich nur eine Körperverletzung als solche ge-

---

[431] *Hund*, Beteiligung an einer Schlägerei (1988), S. 91.

[432] BT-Drucks. 13/8587, S. 7.

[433] BT-Drucks. 13/8587, S. 61; BT-Drucks. 13/9064, S. 40.

[434] Ähnlich *Freund*, ZStW 109 (1997), 455 (487); *Stächelin*, StV 1998, 98 (98).

ahndet werden, würde das Urteil nicht das verwirklichte Unrecht in seinem ganzen Ausmaß erfassen[435]. Die durch die Schlägerei oder den Angriff mehrerer verursachte Gefahr würde nicht hinreichend strafrechtlich gewürdigt, wenn ausschließlich nach §§ 223 ff. StGB verurteilt wird. Die Ausgangslage bei einer körperlichen Auseinandersetzung mehrerer ist in ihrem Unrechtsgehalt nicht zu vergleichen mit einer Körperverletzung zwischen lediglich zwei Personen. Hier ist eine Gefährdung unbeteiligter Dritter regelmäßig nicht gegeben. Die Charakterisierung der Tat im Urteilsspruch wäre ohne die Einbeziehung des § 231 StGB unvollkommen.

Hund übergeht mit seiner Forderung zudem die Beweisproblematik, die bei Schlägereien häufig besteht. Oft laufen die Strafvorschriften der Körperverletzungsdelikte leer, weil unüberwindbare Zweifel an der Urheberschaft der begangenen Körperverletzungen bestehen. Gerade dann bedarf es einer Auffangnorm, die das Bedürfnis nach Bestrafung des Straftäters, was unbestritten in diesen Fällen besteht, ausfüllt.

Stree schreibt richtigerweise[436]: „...derzeit ist jedenfalls kaum damit zu rechnen, daß § 227 StGB ersatzlos dem Rotstift des Gesetzgebers zum Opfer fällt".

IV. Die Auffassung von *Montenbruck*

Montenbruck schlägt vor, den Eintritt der schweren Folge als eine Art „negativen Strafaufhebungsgrund" zu qualifizieren[437].

Dabei vergleicht er die schwere Folge zum einen mit der Vorschrift des Rücktritts nach § 24 StGB. Käme es im Rahmen einer Schlägerei nicht zum Eintritt einer schweren Folge, hätten sich der verbrecherische Wille und die Gefährlichkeit des Täters nachträglich als gering erwiesen. Genauso verhielte es sich beim Rücktritt vom Versuch. Der Sache nach wolle das Erfordernis der schweren Folge Bagatellangriffe beziehungsweise Bagatellschlägereien für straflos erklären.

Zum anderen sieht *Montenbruck* eine strukturelle Vergleichbarkeit mit §§ 248 a, 243 Abs. 2 StGB[438], also mit dem Aspekt der Geringwertigkeit bei den Eigentums- und Vermögensdelikten.

---

435 *Stree*, FS-Schmitt, 215 (215).

436 *Stree*, FS-Schmitt, 215 (215).

437 *Montenbruck*, JR 1986, 138 (140).

438 *Montenbruck*, JR 1986, 138 (140).

Auf den ersten Blick scheint die Argumentation *Montenbrucks* griffig, allerdings muss ihre Stichhaltigkeit bei genauerer Analyse bezweifelt werden. Der Vergleich zu der Rücktrittsvorschrift überzeugt insofern nicht, als § 24 StGB eine honorierungswürdige Umkehrleistung des Täters verlangt, die verdeutlicht, dass er sich eines Besseren besonnen hat und das Unrecht seiner Tat eingesehen hat. Dies liegt aber beim Schlägereibeteiligten, der das Glück einer schadlosen Auseinandersetzung hat, gerade nicht vor. Im Gegenteil: Er schlägt sich genauso sehr wie derjenige, der an einem folgenschweren Raufhandel teilnimmt, und begründet ebenso die Gefahr der Eskalation und der schwersten Verletzungen. Tatsächlich kann dieser folgenlose Beitrag noch gefährlicher wirken: Man denke an einen Fall, in dem mit höchster Brutalität oder sogar Waffeneinsatz gekämpft wird, eine schwere Verletzung aber letztlich glücklicherweise ausbleibt. Lediglich zufällig ist es nicht zum Erfolgseintritt im Sinne des § 231 StGB gekommen. Solche Zufallserwägungen spielen bei § 24 StGB hingegen keinerlei Rolle.

Ein Vergleich mit den Geringwertigkeitsklauseln muss wertungstechnisch deswegen leer laufen, weil die von § 231 StGB geschützten Rechtsgüter Leben und körperliche Unversehrtheit einen viel höheren Stellungswert im strafrechtlichen Gesamtgefüge einnehmen als der Schutz des Eigentums beziehungsweise des Vermögens.

V. Zusammenfassung

Die bisherigen Lösungsvorschläge in der Literatur gehen schon von unterschiedlichen Ansatzpunkten aus an den Schlägereitatbestand heran. Während die Einen versuchen, den Anwendungsbereich der Vorschrift dadurch einzuengen, dass sie den Eintritt der schweren Folge als Unrechtsmerkmal einordnen, bezweifeln Andere den Nutzen des § 231 StGB an sich. Jedenfalls ist allen Auffassungen zu entnehmen, dass es im Wesentlichen bei dem schwierigen Umgang mit der Norm um das Erfordernis der schweren Folge geht.

C. Die Streichung der „schweren Folge“

Diejenigen Auslegungsprobleme, die immer noch einer Lösung bedürfen, resultieren aus dem Erfordernis des Eintritts der schweren Folge, also dem Tod eines Menschen oder einer schweren Körperverletzung gemäß § 226 StGB. So einfach die Lösung auch klingt, ihre Effizienz ist beachtlich: Streichung des Erfordernisses des Eintritts der schweren Folge. Neu ist diese Forderung nicht, ist aber in heutiger Zeit nicht sonderlich populär, obwohl – was im Folgenden veranschaulicht wird – sie in sich schlüssig und stringent in der Anwendung des Raufhandels ist.

I. Bisherige Vorschläge hinsichtlich der Streichung der schweren Folge

Schon die Strafrechtsreformvorschläge von 1962 und der spätere Alternativvorschlag befürworteten eine Senkung des Strafrahmenniveaus. So sah der Entwurf von 1962 vor, die Strafandrohung des Raufhandelstatbestandes auf ein Jahr herabzusetzen[439]. Der zweite Absatz des § 156 E 1962 nahm eine Qualifizierung für die Fälle vor, in denen der Täter mit der Gefahr des Eintritts der schweren Folge rechnete oder rechnen musste; hierbei wurde eine Freiheitsstrafe bis zu drei Jahren vorgeschlagen. Im Ergebnis nichts anderes verlangen in der heutigen Literatur *Hirsch* und *Roxin*. Der Alternativvorschlag von 1970 gab das Erfordernis des Eintritts einer schweren Folge schließlich ganz auf und sah für die bloße Beteiligung an einer Schlägerei eine Freiheitsstrafe bis zu einem Jahr vor[440]. § 109 Abs. 2 AE sprach sich hierfür aus, um eine „Tabuwirkung" zu erreichen, „die der Bekämpfung von Roheit und Brutalität dient"[441].

Hirsch[442] schlug eine Gesetzesfassung vor, die die Beteiligung an einer Schlägerei – jetzt ohne das Erfordernis des Eintritts einer schweren Folge – aus dem Strafgesetzbuch herausnimmt und im Bereich des Ordnungswidrigkeitenrechts ansiedelt.

In neuerer Zeit mehren sich die Forderungen nach der Herabstufung des § 231 StGB in ein – erfolgsunabhängiges – „Polizeidelikt"[443]. So hält *Paeffgen* dies für spezialpräventiv ausgesprochen sinnvoll[444]. Ähnlich äußert sich auch *Geisler*[445].

Zopfs stellt sich in seiner Auseinandersetzung mit der schweren Folge im Schlägereitatbestand[446] die Frage, warum „nur die Beteiligung am Raufhandel bestraft wird, bei der sich die in jedem Raufhandel gelegene abstrakte Gefährdung bestätigt hat. Im Vergleich zur folgen- und deshalb straflosen Beteiligung am Raufhandel hat der Täter dasselbe Unrecht verwirklicht"[447]. Einen solchen Täter aus generalpräventiven Motiven heraus mit Freiheitsstrafe bis zu drei Jahren zu bestrafen, darf von einem rechtsstaatlichen Gesetzgeber nicht geduldet werden.

---

[439] § 156 Abs. 1 des E 1962.

[440] § 109 Abs. 2 AE.

[441] Begründung zum AE, § 109 Abs. 2, S. 47.

[442] *Hirsch*, ZStW 83 (1971), 172 (172).

[443] LK-*Hirsch*, § 231 Rn. 1; NK-*Paeffgen*, § 231 Rn. 25; *Hirsch*, ZStW 83 (1971), 172 (172); *Geisler*, Objektive Bedingungen der Strafbarkeit (1998), S. 275.

[444] NK-*Paeffgen*, § 231 Rn. 25.

[445] *Geisler*, Objektive Bedingungen der Strafbarkeit (1998), S. 275.

[446] *Zopfs*, Jura 1999, 172 ff.

[447] *Zopfs*, Jura 1999, 172 (179).

II. § 231 StGB in seiner hier vorgeschlagenen Fassung

Schon in der Entscheidung des Reichsgerichts vom 11. November 1884[448] wird ausgeführt, dass es beim Raufhandel der Sache nach um eine „gleichsam polizeiliche Strafe“ geht. Die Frage drängt sich also auf, warum der Schritt verwehrt werden sollte, ein echtes „Polizeidelikt“[449] zu schaffen, wenn die Norm einzig Vorteile mit sich bringen würde.

Somit wäre es durchaus vorstellbar, das Erfordernis des Eintritts der schweren Folge aufzugeben und lediglich die Beteiligung an einer folgenlosen Schlägerei unter Strafe zu stellen. Der Unrechtstatbestand des Schlägereitatbestandes würde weiterhin lediglich die vorsätzliche Beteiligung an einer Schlägerei oder an einem von mehreren verübten Angriff erfassen; wegfallen würde die objektive Bedingung der Strafbarkeit. Die Norm wäre folglich zunächst wie folgt zu fassen:

> **„Wer sich an einer Schlägerei oder an einem von mehreren verübten Angriff beteiligt, wird mit Freiheitsstrafe bis zu einem Jahr oder mit Geldstrafe bestraft“.**

Das Vorwerfbarkeitskriterium in seiner jetzigen Fassung muss nicht geändert werden, da alle hiermit in Zusammenhang gebrachten Probleme eindeutig zu lösen sind.

> **„Nach Absatz 1 ist nicht strafbar, wer an der Schlägerei oder dem Angriff beteiligt war, ohne dass ihm dies vorzuwerfen ist“.**

Einzig erwägenswert wäre es, der Problematik den Boden zu entziehen, ob ein Beteiligter bestraft werden kann, der zu einem Zeitpunkt seiner Beteiligung gerechtfertigt oder entschuldigt war. Zwar wird die richtige Ansicht vertreten, dass ein Beteiligter, der die schwere Folge in gerechtfertigter Weise herbeiführt, trotzdem bestraft werden kann, falls seine Beteiligung zu einem anderen Zeitpunkt nicht gerechtfertigt war; dennoch könnte die Norm klarstellend wie folgt formuliert werden[450]:

---

[448] RGSt 11, 237.

[449] So wörtlich NK-*Paeffgen*, § 231 Rn. 25.

[450] So *Eisele*, JR 2001, 270 (272); ähnlich schon BT-Drucks. 13/9094, S. 16: „zu keinem Zeitpunkt in vorwerfbarer Weise beteiligt war“.

„Nach Absatz 1 ist nur nicht strafbar, wer an der Schlägerei oder dem Angriff beteiligt war, ohne dass ihm seine Beteiligung zu irgendeinem Zeitpunkt der Mitwirkung vorzuwerfen ist“.

Diese Formulierung ist hingegen nicht nötig, wenn man sich die Durchschlagskraft der Argumentation der herrschenden Meinung vor Augen führt; der Vorschlag sollte entgegen *Eisele* nicht Gesetz werden.

§ 231 StGB sollte mithin in ein allgemeines Gefährdungsdelikt umgestaltet werden, welches „polizeideliktischen“[451] Charakter aufweist. Dieser von *Paeffgen* benutzte Begriff sollte hingegen vermieden werden, da der Schlägereitatbestand nicht in den Bereich der Ordnungswidrigkeiten fallen, sondern seinen Platz weiterhin im Strafgesetzbuch einnehmen sollte.

Wird der strafrechtliche Bereich, den die Norm erfasst, erweitert, muss damit zwingend eine Senkung des Strafrahmens korrespondieren. Wie beim Gesetzesvorschlag schon aufgenommen, sollte Strafe Geldstrafe oder Freiheitsstrafe bis zu einem Jahr sein. Eine solche Senkung des Strafrahmenniveaus ist unumgänglich, um das vom Täter selbst verwirklichte Unrecht zu ahnden. Darüber hinausgehendes Unrecht könnte dann entweder von einer Qualifikation oder einer Erfolgsqualifikation erfasst werden.

III. Die Frage nach der Schaffung einer Qualifikation

Streicht man das Erfordernis des Eintritts der schweren Schlägereifolge aus § 231 StGB, stellt sich die Frage, ob es nicht angebracht wäre, den Todeseintritt oder den schweren Körperverletzungserfolg innerhalb einer Qualifikation, die unabhängig vom Grundtatbestand bestehen würde, aufzufangen.

Würde man eine Qualifikation schaffen, die den Eintritt einer schweren Folge erfasst, könnte die große Gefährlichkeit eines Raufhandels zusätzlich betont werden. Die Ausgestaltung als Qualifikation würde aber zwangsläufig bedeuten, dass sich der Vorsatz des Täters gemäß § 15 StGB auch auf die Verwirklichung der Qualifikationsmerkmale beziehen muss; der Täter müsste es also zumindest billigend in Kauf genommen haben, dass durch die Schlägerei oder den Angriff mehrerer der Tod eines Menschen oder eine schwere Körperverletzung gemäß § 226 StGB eintritt.

Allerdings können solche vorsätzlichen Körperverletzungs- oder Tötungshandlungen sachgerechter von den §§ 211 ff., 223 ff. StGB erfasst werden. Das tat-

---

[451] NK-*Paeffgen*, § 231 Rn. 25.

bestandliche Unrecht, das durch eine vorsätzliche Vorgehensweise verwirklicht wird, lässt die Bedeutung der Erfüllung des § 231 StGB in den Hintergrund treten. Sinnvoller wäre es dann, die in der Praxis wohl viel häufigeren Fälle, in denen der Täter bezüglich des Eintritts der schweren Folge fahrlässig handelt, zu erfassen. Dem würde die Schaffung einer Qualifikation nicht gerecht werden.

IV. Die Frage nach der Schaffung einer Erfolgsqualifikation

Will man auf den Tod oder den schweren Körperverletzungserfolg als besondere Folge der Schlägerei oder des Angriffs mehrerer im Strafgesetzbuch nicht verzichten, könnte man in Erwägung ziehen, ob sich diese besonderen Folgen nicht in einer Erfolgsqualifikation einbauen ließen.

Folglich müsste diese Erfolgsqualifikation im Sinne des § 18 StGB an das Erfordernis gekoppelt werden, dass der Täter hinsichtlich des Eintritts der schweren Folge zumindest fahrlässig gehandelt hat. Gerade dies wird wohl in den meisten Fällen des Raufhandels gegeben sein. So erklärt der Bundesgerichtshof, Schlägereien seien eben deswegen unter Strafe gestellt, weil sie „erfahrungsgemäß oft schwerwiegende Folgen“ hätten[452].

Der besondere Strafrahmen für den Fall des Eintritts einer schweren Folge sollte bestehen bleiben. Eine Anhebung des Strafrahmens aufgrund der Tatsache, dass der Täter zumindest fahrlässig handelt, erscheint nicht erforderlich.

Die Erfolgsqualifikation wäre sinnvoll wie folgt zu fassen:

> **„Hat die Schlägerei oder der Angriff den Tod eines Menschen oder eine schwere Körperverletzung (§ 226) zur Folge, ist auf Freiheitsstrafe bis zu drei Jahren zu erkennen“.**

V. Die Vorteile der Streichung der schweren Folge

Nun stellen sich zwangsläufig die beiden Fragen, was nun die entscheidenden Vorteile der Streichung des Erfordernisses des Eintritts der schweren Schlägereifolge wären, und was es rechtfertigt, einen Tatbestand gravierend zu verändern, der schon jahrzehntelang nahezu unverändert geblieben ist.

---

[452] BGHSt 33, 100 (103).

1. Nutzen dieser Lösung mit Blick auf die Rechtsprobleme

Gerade aus der Sicht der Rechtswissenschaftler ist nun fraglich, welche Auswirkungen es auf die mit dem § 231 StGB verbundenen dargelegten Rechtsprobleme hat, das Erfordernis des Eintritts der schweren Folge aufzugeben. Eine solche gravierende Änderung wäre lediglich dann sinnvoll, wenn durch sie ein Großteil der mit der geänderten Norm zusammenhängenden Auslegungsprobleme gelöst wird.

a) Wird auch derjenige bestraft, der vor dem Eintritt der schweren Folge aussteigt?

Die Problematik, ob auch derjenige zu bestrafen ist, der vor dem Eintritt der schweren Folge aussteigt, hätte sich erledigt, würde man das Erfordernis der besonderen Tatfolge aufgeben; der Täter hätte den Tatbestand des Raufhandels verwirklicht. Lediglich im Rahmen der Erfolgsqualifikation würde sich die Frage einer verschärften Strafbarkeit stellen. Diese Frage lässt sich hingegen leichter als nach der bisherigen Fassung beantworten: Der zwischen der Verwirklichung des Grunddelikts und dem Eintritt der Erfolgsqualifikation notwendige ursächliche Zusammenhang läge durchaus vor. Der Täter hätte es außerdem zumindest vorhergesehen haben müssen, dass es im späteren Verlauf der Schlägerei zu dem Eintritt einer schweren Folge kommen konnte. Tat er dies, verwirklicht er auch die Erfolgsqualifikation. Lediglich dann, wenn das Gericht zu dem Schluss kommt, dass die schwere Folge für den Täter – also subjektiv – nicht vorhersehbar war, ist er zu bestrafen. Dies werden in praxi wohl aber die Ausnahmefälle bleiben.

b) Wird auch derjenige bestraft, der nach dem Eintritt der schweren Folge hinzukommt?

Fraglich ist, was nach der hier vorgeschlagenen Lösung passiert, falls sich jemand nachträglich – also nach dem Eintritt der schweren Folge – an der körperlichen Auseinandersetzung beteiligt. Eindeutig wird der Täter wegen Beteiligung an einer Schlägerei im Sinne des Grunddeliktes bestraft. Die Erfolgsqualifikation kann dann nicht greifen, da der Täter zum Zeitpunkt des folgenschweren Ereignisses noch nicht beteiligt war, und es deswegen an einem ursächlichen Zusammenhang zwischen dem Eintritt der schweren Folge und der Verwirklichung des Grunddeliktes fehlt. Lediglich dann, wenn es erneut zu einer zweiten schweren Folge kommt, und der Täter dies auch zumindest vorhersehen konnte, greift die Erfolgsqualifikation wieder.

c) Kann auch der Verletzte strafbar sein, wenn außer ihm niemand zu Schaden kam?

Käme es zu der hier vorgeschlagenen Neuregelung, wäre die Problematik, ob auch der Verletzte selbst nach § 231 StGB zu bestrafen ist, leichter zu beantworten. Kommt es für die Begründung der Strafbarkeit nach § 231 StGB nicht mehr auf den Eintritt der schweren Folge an, sondern nur noch auf die Beteiligung an sich, ist der Verletzte auch strafbar. Ebenso wie die herrschende Meinung es zur bisherigen Fassung vertritt[453], kommt dann die Anwendung des § 60 StGB in Betracht. Die Erfolgsqualifikation ist aber mit der Argumentation „Selbstgefährdung" abzulehnen, da das Fahrlässigkeitserfordernis die Erfolgsqualifikation in die Nähe der Körperverletzungsdelikte „rückt", bei denen bloße Selbstverletzungen nicht tatbestandsbegründend wirken.

d) Liegt eine Strafbarkeit vor, wenn der Erfolg im Sinne des § 231 Abs. 1 Mod. 2 StGB bei einem Beteiligten der eigenen Seite eintritt?

Ähnlich lässt sich die Problematik lösen, ob die Angriffsmodalität die Strafbarkeit eines Beteiligten der eigenen Seite begründet. Auch hier ist jeder Beteiligte allein wegen dieser Beteiligung schon strafbar; die Erfolgsqualifikation greift dann aber auch, da der Täter es in den meisten Fällen hätte voraussehen können, dass es zu einem folgenschweren Ausgang kommt. Nur ausnahmsweise wird die subjektive Vorhersehbarkeit abzulehnen sein.

e) Liegt § 231 StGB vor, wenn der Angegriffene die schwere Folge in Notwehr hervorruft?

Unbedeutend erscheint nunmehr die Problematik, ob der Schlägereitatbestand vorliegt, wenn der Angegriffene die schwere Folge in Notwehr hervorruft. Der Wegfall der schweren Folge würde ebenfalls zum Wegfall dieser Problematik führen. Nur die bloße Beteiligung wird nun bestraft; es geht nicht um das Verhältnis zum Eintritt der schweren Folge. Strafschärfend wird hier wohl in den meisten Fällen die Erfolgsqualifikation gegeben sein, da – von Ausnahmefällen abgesehen – es wohl voraussehbar ist, dass es im Laufe einer körperlichen Auseinandersetzung zu Notwehrsituationen kommen kann[454], bei denen durchaus ein folgenschwerer Ausgang zu befürchten ist.

[453] Siehe oben im Dritten Teil, B., III.

[454] SK-*Horn/Wolters*, § 231 Rn. 8.

f) Ist § 32 StGB auf § 231 StGB anwendbar?

Die Frage nach der Anwendbarkeit des § 32 StGB auf den Schlägereitatbestand erfährt eine Lösung, falls der schwere Raufhandelserfolg aus dem Tatbestand gestrichen wird. Geht es nun nicht mehr um die einzelnen Verletzungshandlungen, ist nur noch auf die Beteiligung an sich abzustellen. Hier greift das Vorwerfbarkeitserfordernis des Absatzes 2, welches nach richtiger Ansicht einen Verweis auf die allgemeinen Rechtfertigungs- und Entschuldigungsgründe darstellt[455]. Hierunter fällt selbstverständlich auch § 32 StGB.

g) Liegt eine Strafbarkeit nach § 231 StGB vor, wenn ein Zuschauer vor Aufregung einen tödlichen Herzschlag erleidet?

Wiederum nur im Rahmen einer Erfolgsqualifikation würde sich nach der hier vertretenen Lösung die Frage stellen, ob auch der Tod des vor Aufregung einen Herzschlag erleidenden Zuschauers strafbarkeitsbegründend wirkt. Da aber wohl in den seltensten Fällen vorsätzlich oder fahrlässig bezüglich einer solchen Folge gehandelt wird, wird diese Fallgruppe eher zu vernachlässigen sein.

h) Muss zwischen Eintritt der schweren Folge und der Schlägerei ein gefahrspezifischer Zusammenhang bestehen oder reicht bloße Kausalität aus?

Nach der hier vorgeschlagenen „klassischen“ Aufteilung des Raufhandels in Grunddelikt und Erfolgsqualifikation lässt sich auch diese Problematik eindeutig lösen. Für das Grunddelikt reichen Kausalitäts- und objektive Zurechnungskriterien aus, um die Strafbarkeit wegen bloßer Beteiligung zu begründen. Bei der Erfolgsqualifikation muss darüber hinaus ein spezifischer Zusammenhang zwischen dem Grunddelikt und der schweren Folge bestehen, der über die Erfordernisse der Äquivalenztheorie hinausgeht[456]. Die Anforderungen an einen solchen spezifischen Gefahrzusammenhang werden von Rechtsprechung und Literatur freilich unterschiedlich aufgestellt (Muss sich die Todesfolge aus der Körperverletzungs*handlung* oder aus dem Körperverletzungs*erfolg* ergeben?[457]). Insoweit stellen sich die gleichen Schwierigkeiten wie bei allen erfolgsqualifizierten Delikten. Da die den besonderen Unrechtsgehalt der erfolgsqualifizierenden Delikte prägende spezifische Gefahr nicht allein dem Grunddeliktserfolg anhaftet, sondern bereits aus der hierauf gerichteten tatbestandlichen Handlung hervorgeht[458], reicht die Anknüpfung an die Beteiligungshandlung bei § 231 StGB aus.

[455] Zur Diskussion siehe oben Dritter Teil, C., VII.

[456] Statt vieler *Joecks*, § 227 Rn. 7.

[457] Zum Streitstand *Joecks*, § 227 Rn. 7.

[458] Sch/Sch-*Stree*, § 227 Rn. 5.

i) Kommt es für die Straflosigkeit nach § 231 Abs. 2 StGB nur darauf an, ob der Beteiligte in das Geschehen anfänglich unverschuldet hineingezogen worden ist?

Ohne das Erfordernis des Eintritts der schweren Folge ließe sich das Schlägereigeschehen eher noch als bisher als einheitliches Geschehen bewerten. Wenn heute noch vereinzelt unterschieden wird zwischen der Mitwirkung vor, während und nach Eintritt der schweren Folge, wäre das nun nicht mehr sachgerecht. Die Frage, ob der Beteiligte dann zu jedem Zeitpunkt der Schlägerei oder des Angriffs mehrerer gerechtfertigt oder entschuldigt sein muss, damit er gemäß § 231 Abs. 2 StGB nicht bestraft wird, wäre dann eindeutig in diesem Sinne zu beantworten.

j) Ist der Ort, an dem die schwere Folge eintritt, als Tatort im Sinne des § 9 StGB anzusehen?

Wird das Erfordernis des Eintritts der schweren Folge aufgegeben, so wirkt sich dies entscheidend darauf aus, welcher Ort Tatort im Sinne des § 9 StGB ist. Taterfolg wäre der Ort, an dem die Schlägerei stattgefunden hat oder der Angriff mehrerer durchgeführt worden ist. Der „zum Tatbestand gehörende Erfolg" ist allerdings nicht auf die Tatbestandsmäßigkeit zu beschränken[459]. Hierunter fallen auch die unrechtssteigernden erfolgsqualifizierenden Folgen[460], somit dann auch die im Rahmen des § 231 StGB zu schaffende besondere Folge, welche dann ebenfalls tatortbegründende Wirkung hätte.

k) Besteht eine eingeschränkte Rechtskraft, wenn die schwere Folge erst nach der letzten Tatsachenverhandlung eintritt?

Falls die schwere Folge des Schlägereitatbestandes als Erfolgsqualifikation ausgestaltet wird, gehört sie auch zum Unrecht der Tat. Wenn beispielsweise der Tod des Opfers erst nach der letzten Tatsachenverhandlung eintritt, war dem Gericht zu diesem Zeitpunkt der unrechtsrelevante Todeserfolg noch nicht bekannt. Es konnte ihn nicht aus rechtlichen, sondern aus tatsächlichen Gründen nicht berücksichtigen. Da das Unrecht der Tat in die Risikosphäre des Täters fällt, besteht in solchen Fällen eine eingeschränkte Rechtskraft.

---

459 Sch/Sch-*Eser*, § 9 Rn. 7.

460 Sch/Sch-*Eser*, § 9 Rn. 7.

l) Besteht zwischen § 231 StGB und den Körperverletzungs- beziehungsweise Tötungsdelikten Tateinheit?

Die Fragestellung, ob § 231 StGB auch ohne das Erfordernis der schweren Folge in Tateinheit zu den §§ 211, 212, 223 ff. StGB steht, lässt sich wie folgt beantworten: Der neue § 231 StGB würde eine Auffangnorm für diejenigen Delikte darstellen, die aufgrund der bekannten Beweisschwierigkeiten nicht nachweisbar sind. Dann wird es in der Praxis nicht selten vorkommen, dass die Vorschrift mit den beweisbaren Körperverletzungs- und Tötungsdelikten kollidiert. Die Annahme, dass § 231 StGB dann als Auffangnorm zurücktritt, liegt zwar nahe, würde in der Sache aber zu einem nicht tragbaren Ergebnis führen. Wiederum muss hier klargestellt werden, dass nur eine Wertung als Tateinheit dem eigenständigen Bedeutungsgehalt der Angriffsmodalität gerecht wird. Zudem wird so sachgerecht betont, dass § 231 StGB der erhöhten Gefahr der Eskalation und der schweren Verletzungen vorbeugt.

m) Zusammenfassung

Folglich bleibt festzustellen, dass eine Streichung der schweren Folge aus dem Schlägereitatbestand eine Vielzahl der mit der Vorschrift verbundenen Probleme lösen würde. Das Grunddelikt wäre eindeutig bei jeder schuldhaften Beteiligung anwendbar; auf die schwere Folge käme es nur bei der Erfolgsqualifikation an, die aber scharfe Konturen durch das Fahrlässigkeitserfordernis bereithält. Die neue Fassung würde den vielfach vorzufindenden Bemühungen entgegentreten, die trotz des eindeutigen bisherigen Wortlautes des § 231 StGB versuchen, den Eintritt der schweren Folge mit der persönlichen Schuld des einzelnen Täters in Verbindung zu bringen. Zwar ist schon durch die Wortlautkorrektur des 6. Strafrechtsreformgesetzes klargestellt worden, dass Anknüpfungspunkt der Strafbarkeit allein die Beteiligung an den Tatbestandsmodalitäten ist[461]. Allerdings würde eine Fassung ohne die schwere Folge eine gegenteilige Auslegung vollends unmöglich machen. Diejenigen Auslegungsschwierigkeiten, die unabhängig von der schweren Folge bestehen[462], sind mit den oben bereits dargelegten Argumentationen zu bewältigen.

[461] SK-*Horn/Wolters*, § 231 Rn. 1; MüKo-*Hohmann*, § 231 Rn. 4: „…, dass die Beteiligung an der Schlägerei für sich allein die maßgebliche Unrechtshandlung ist".

[462] Siehe Dritter Teil, C.

2. Nutzen dieser Lösung unter general- beziehungsweise spezialpräventiven Gesichtspunkten

Mit der Streichung der schweren Folge aus dem Schlägereitatbestand werden also nahezu sämtliche Auslegungsprobleme beseitigt. Über diesen dogmatischen Nutzen hinaus könnte die Streichung aus general- beziehungsweise spezialpräventiven Gesichtspunkten sinnvoll sein.

Die Erkenntnis, welches Maß an Gewalttätigkeiten und Zerstörungswut sich in einer Schlägerei, intensiv und extensiv wirkend, entwickeln kann, gehört seit langem zum kriminologischen Erfahrungsschatz der Strafrechtswissenschaft. Dennoch fehlt es weitgehend an speziell strafrechtlichen Deutungen der Ursachen jener Kausalverläufe, deren explosive Wirkung allerdings umso größere Aufmerksamkeit beansprucht. Fest steht Folgendes: Auch der geringste Anlass setzt nur zu oft eine Kausalkette in Gang, an deren Ende Tote und Schwerverletzte zu beklagen sind. Es ist der Schlägerei eigentümlich, für die Beteiligten von vorneherein in jeder Hinsicht unübersichtlich und unkontrollierbar zu sein. Weder lässt sich vorhersehen, welchen Ausgang der Raufhandel nehmen wird, noch welche und wie viele Personen sich beteiligen werden oder welcher Waffen man sich bedienen wird. Zu viele oft nicht rational fassbare Faktoren, zu denen neben der körperlichen Konstitution jedes Beteiligten auch Unwägbarkeiten wie die augenblickliche Stimmung, der Wunsch, sich den Zuschauern gegenüber als tapferer Kämpfer hervorzutun, Angstgefühle der Angegriffenen oder eine bloße Rauflust gehören, beeinflussen das Geschehen. Selbst wenn mehrere Beteiligte eine Partei bilden, mithin von einem gemeinsamen Willen zusammengehalten werden, verliert das Geschehen schnell die Überschaubarkeit. Ist er einmal den Initiatoren aus den Händen geglitten, so erlangt der Raufhandel rasch jene Eigenexistenz und motorische Wucht, die fast zwangsläufig zu schweren Verletzungen führen.

In Rechtsprechung und Literatur findet sich häufig die Behauptung, der Raufhandelstatbestand halte andere davon ab, sich an solchen gefährlichen Schlägereien zu beteiligen[463]. Im Folgenden soll dieser Aussage nachgegangen werden.

a) Generalprävention

Der Schlägereitatbestand soll auf mögliche Straftäter wirken und sie hindern, eine Straftat gemäß § 231 StGB zu begehen. Dabei wird unterschieden zwischen der abschreckenden Wirkung der Strafandrohung und der abschreckenden Wir-

---

[463] BGHSt 14, 132 (134); *Longard*, Raufhandel (1912), S. 9.

kung des Strafvollzugs[464]. Diese Funktion eines Straftatbestandes bezeichnet die herrschende Meinung als Generalprävention[465]. Generalprävention ist auf zweierlei Weise möglich: Zum einen durch Strafen, die potenzielle Täter abschrecken sollen (so genannte negative Generalprävention), zum anderen durch die Eigenart der Strafe, das Rechtsbewusstsein und das Vertrauen der Allgemeinheit in die Rechtsordnung zu stärken (so genannte positive Generalprävention).

aa) Negative Generalprävention

Auf *Feuerbach* geht der Gedanke der negativen Generalprävention zurück[466]. Rechtsverletzungen durch die Bürger gefährden nach dieser Konzeption den vom Staat geschaffenen Zustand der rechtlichen Ordnung. Um solche Verletzungen zu vermeiden, sei es nötig, den potentiellen Gesetzesbrecher durch Androhung und Verhängung von Strafe abzuschrecken. Der Täter müsse zu der eigenständigen Überlegung kommen, dass sich eine Straftat nicht lohne[467]. Dieser Abschreckungsgedanke prägt die negative Generalprävention. In der strafrechtlichen Literatur sind der Nutzen und die Tragweite der negativen Generalprävention höchst umstritten. Tatsächlich lassen sich durchgreifende Bedenken gegen den Abschreckungsgedanken vorbringen. An dieser Stelle soll nur das stichhaltigste Argument dargelegt werden: Die negative Generalprävention berücksichtige in ihrem allgemeinen Ausgangspunkt nicht – zumindest nicht hinreichend – die Individualität des Täters[468]. Der Grad, also der Erfolg der Abschreckung sei von Person zu Person unterschiedlich. Mag auch der eine potentielle Straftäter sich schneller von seinem Vorhaben distanzieren, sei die Hemmschwelle bei einem anderen wesentlich niedriger angesetzt.

Nichtsdestotrotz wird § 231 StGB in der strafrechtlichen Literatur aus Sicht der negativen Generalprävention diskutiert und beurteilt. *Stree* beispielsweise stellt die generalpräventive Funktion des geltenden Schlägereitatbestandes gerade in neuerer Zeit in Frage[469]. Dabei verweist er auf die zunehmende Zahl von Krawallen mit tätlichen Auseinandersetzungen, die speziell unter Fußballrowdies auftreten. Dem ist zuzugeben, dass die erschreckend große Zahl von körperlichen Auseinandersetzungen unter vielen Personen die Befürchtung nahe legt, dass die abschreckende Wirkung des § 231 StGB eher gering ist.

[464] *Naucke*, § 1 Rn. 140.

[465] *Schwind*, FS-Blau, 573 (582).

[466] *Feuerbach*, S. 35 ff.

[467] *Naucke*, § 1 Rn. 140.

[468] *Hassemer/Lüderssen/Naucke*, Hauptprobleme (1979), S. 45; *Streng*, ZStW 92 (1980), 637 (668).

[469] *Stree*, FS-Schmitt, 215 (215).

Dieser Einwand *Strees* greift dann aber nicht mehr, wenn die schwere Folge aus dem Raufhandel gestrichen wird. Der generalpräventive Nutzen des heutigen § 231 StGB ist selbstverständlich wegen seiner geringen praktischen Bedeutung mehr als fragwürdig. Von einer weitgehend unbekannten Norm lässt sich der Straftäter wohl kaum abschrecken. So stellt *Paeffgen*[470] treffend fest, dass der heutige Schlägereitatbestand „eine bedingte Strafbarkeit" darstellt, „die den präventiven und erzieherischen Impetus der Norm sehr in Frage stellt." Anders wäre es, könnte man jeden Beteiligten an einer körperlichen Auseinandersetzung mehrerer bestrafen, auch wenn es nicht zum Tod eines Menschen oder einer schweren Körperverletzung gekommen ist. Sicherlich bleiben immer noch die generellen Bedenken gegenüber dem Nutzen der negativen Generalprävention bestehen. Allerdings darf nicht verkannt werden, dass, selbst wenn sich nicht jeder Täter abschrecken lässt, ein umfassendes Schlägereiverbot bei einzelnen Tätern seine Wirkung haben würde.

bb) Positive Generalprävention

Die so genannte positive Generalprävention setzt entgegen der negativen Generalprävention auf eine andere Wirkung der Androhung und Verhängung von Strafe: „das Vertrauen der Bevölkerung in die Unverbrüchlichkeit des Rechts und in den Schutz der Rechtsordnung vor kriminellen Angriffen"[471]. Der Bürger soll eine befriedigende Antwort auf die Frage erhalten: „Was wäre, wenn...". Als abschreckende Strafe gilt mithin auch die Strafe, die soziale Gewohnheiten verstärken kann[472]. Man spricht in diesem Zusammenhang von der „sittenbildenden Kraft" der Strafe[473].

Ob der bisherige Schlägereitatbestand eine solche „sittenbildende" Wirkung besitzt, kann insofern bezweifelt werden, als der Bürger zu der Auffassung gelangen kann, das Strafrecht verbiete nur solche Schlägereien oder Angriffe mehrerer, die ein besonderes folgenschweres Ereignis nach sich ziehen. Der Eindruck könnte entstehen, dass es dann nicht zu Sanktionen kommt, falls man sich an „harmlosen" Schlägereien beteiligt. Die typische Gefahr der Eskalation und der schwersten Verletzungen wird dem Bürger aber dann bewusst, wenn schon die Beteiligung an jedem Raufhandel unter Strafe gestellt wird – losgelöst vom Erfordernis des Eintritts der schweren Folge.

---

[470] NK-*Paeffgen*, § 231 Rn. 2.

[471] BVerfGE 45, 187 (256 ff.).

[472] *Naucke*, § 1 Rn. 140.

[473] *Mayer*, S. 26.

b) Spezialprävention

Die Spezialprävention zielt auf den Täter ab: Der sozial integrierte Täter soll vor weiteren Taten abgeschreckt und der sozial desintegrierte soll in die Gesellschaft wieder eingegliedert, d. h. resozialisiert werden[474].

Im Rahmen der Spezialprävention wird ebenfalls zwischen negativer und positiver Spezialprävention unterschieden. Während letztere die Besserung des Täters erstrebt, dient die erstere der Sicherung der Gesellschaft vor dem Täter, indem dieser schlicht weggesperrt wird. Man muss hier also unterscheiden zwischen Resozialisierungs- und Sicherungsgesichtspunkten.

Dem Sicherungsaspekt würde ein neugefasster Raufhandelstatbestand durchaus dienlich sein: Jeder, der sich schuldhaft an einer Schlägerei beteiligt, trägt ein Aggressionspotential in sich, dass er noch durchaus in der Zukunft in strafrechtlich verbotener Weise ausdrücken könnte – falls er nicht schon frühzeitig bestraft wird.

Unter Gesichtspunkten der Resozialisierung könnte ein umfassendes Verbot der Raufhandelsbeteiligung dem Täter gewahr werden lassen, dass solche körperlichen Auseinandersetzungen ein immenses Gefährlichkeitspotential in sich tragen. Käme es zu einer solchen wünschenswerten Einsicht, wäre ein Schritt zur Besserung getan.

c) Zusammenfassung

Unter dem general- und spezialpräventiven Gesichtspunkt würde die Streichung der schweren Folge aus dem Schlägereitatbestand zu einem völlig neuem Verständnis der Norm führen.

In seiner Dissertation untersucht *Geisler* die objektiven Bedingungen der Strafbarkeit und prüft hierbei, ob den Tatbeständen, die solche Strafbarkeitsbedingungen enthalten, noch ein eigenständiger Bedeutungsgehalt zukommt, falls man diese „abzieht“[475]. Im Rahmen des § 231 StGB kommt er dabei zu dem Ergebnis, dass die Vorschrift „auch als gleichsam „nacktes“ abstraktes Gefährdungsdelikt ohne Strafbarkeitsbedingung noch einen proportionalen Eingriff in

---

474 *Roxin*, AT I, § 3 Rn. 12; *Naucke*, § 1 Rn. 141.

475 Zu der von *Geisler* vertretenen „Abzugsthese“ vergleiche *Geisler*, Objektive Bedingungen der Strafbarkeit (1998), S. 211 ff.; ders., GA 2000, 166 ff.

die allgemeine Handlungsfreiheit darstellen würde und dabei sehr wohl präventiv gerechtfertigt werden könnte“[476].

Dem ist uneingeschränkt zuzustimmen. § 231 StGB würde durch eine Neufassung eine weit größere präventive Bedeutung eingeräumt, die gerade mit Blick auf die große Zahl der heute noch stattfindenden Schlägereien oder Angriffe mehrerer wünschenswert wäre.

3. Nutzen dieser Lösung aus dem kriminalpolitischen Blickwinkel

Eng sachlich verbunden mit dem general- beziehungsweise spezialpräventiven Nutzen sind die Vorteile, die sich aus einem kriminalpolitischen Blickwinkel ergeben.

a) Der Schlägereitatbestand als Auffangnorm

§ 231 StGB bildet eine (dritte) vielschichtige Verteidigungslinie bei der Bekämpfung schwerster Kriminalität[477]. Zum einen stellt der geltende Raufhandelstatbestand eine Auffangnorm für bestimmte Fälle der Körperverletzung mit Todesfolge dar, nämlich solche, bei denen die fahrlässige Verursachung der Todesfolge (nach § 227 StGB) nicht nachweisbar ist. Ihrerseits bildet die Vorschrift des § 227 StGB eine Auffangnorm für diejenigen Sachverhalte des Totschlages, bei denen dem Täter sein (mindestens bedingter) Tötungsvorsatz nicht nachzuweisen ist. Zum anderen fängt die Angriffsmodalität solche Gewaltdelikte mit Todesfolge (beispielsweise Raub oder Vergewaltigung) auf, bei denen zwar der Tod eingetreten ist, aber der Zweck des Angriffs nicht nachweisbar ist. Außerdem erweitert § 231 StGB seinen Nutzen nicht nur auf jene Fälle, in denen es zum Todeserfolg gekommen ist; darüber hinaus werden von der Vorschrift solche Konstellationen erfasst, die dem § 226 StGB, der schweren Körperverletzung, entsprechen.

Die hier vorgeschlagene Neufassung erweitert die Möglichkeiten der Nutzung des § 231 StGB als Auffangnorm. Immer dann, wenn sich jemand an einer Schlägerei oder einem Angriff mehrerer beteiligt, ihm aber nicht nachweisbar ist, dass er tatsächlich eine nach § 223 StGB zu ahndende Körperverletzung begangen hat, würde der Schlägereitatbestand greifen.

Eine solche Ausdehnung der Strafbarkeit des Raufhandels wird aber nicht durchgängig befürwortet. *Stree* schrieb 1962: „Andererseits soll die Beteiligung

---

[476] *Geisler*, Objektive Bedingungen der Strafbarkeit (1998), S. 290.

[477] *Montenbruck*, JR 1986, 138 (138).

nicht schlechthin eine Strafe nach sich ziehen, weil sonst auch harmlose Balgereien und Prügeleien, an deren Bestrafung kein öffentliches Interesse besteht, erfaßt würden. Kriminalpolitisch notwendig ist allein, die Beteiligung an Rauf-händeln mit tatsächlich gefährlicher Natur zu ahnden“[478]. Diese Formulierung *Strees* wirft unweigerlich die Frage auf, was denn nun „harmlose Balgereien und Prügeleien“ sind und ob diese nicht auch ein gefährliches Potential in sich tragen. Auch zunächst harmlose Schlägereien können eine gefährliche Eigendynamik entwickeln: Eine Rauferei artet, mangels übereinstimmenden Willens und der Tatsache, dass sie zu keinem Zeitpunkt von den Beteiligten vollständig beherrscht wird, leicht aus. Je mehr Körperverletzungshandlungen stattfinden, desto größer ist die Wahrscheinlichkeit, dass ein Beteiligter zu Schaden kommt. Die Zahl der Tätlichkeiten erhöht sich mit zunehmender Größe des Personenkreises, der sich an dem Kampf beteiligt, sowie mit der Dauer der Streitigkeiten und ihrer Intensität. Trotzdem bleibt folgendes selbst bei Auseinandersetzungen weniger festzustellen: Schon bei jeder körperlichen Auseinandersetzung – selbst wenn ein bloßer Zweikampf vorliegt – kann eine schwere Folge eintreten. Dazu genügt beispielsweise ein harter Schlag, der das Opfer unglücklich trifft, oder ein kampfbedingter Sturz. Es stimmt also zwar, dass wenn mehr geschlagen wird, erfahrungsgemäß die Gefahr wächst, dass einer der Täter seinen Gegner schwer verletzt oder im schlimmsten Fall tötet. Nichtsdestotrotz können selbst zunächst „harmlose Balgereien und Prügeleien“ in eine Situation umschlagen, in der urplötzlich die Gefahr schwerster Verletzungen droht.

Zudem ist häufig festzustellen, dass selbst dann, wenn vor der Schlägerei von den Beteiligten verabredet wird, dass keine Waffen zum Treffen mitgebracht werden dürfen, ein Beteiligter – oder sogar Mehrere – sich schließlich doch bewaffnen. Ein solches quasi-vertragswidriges Verhalten birgt dann nämlich wieder die Gefahr der Eskalation der Rauferei in sich. Solche vereinbarten Schlägereien sind gerade im Umfeld von Fußballspielen keine Seltenheit[479].

Wenn nun also *Stree* von lediglich „harmlosen Balgereien und Prügeleien“ spricht, an denen kein öffentliches Interesse der Strafverfolgung bestehen solle, kann dem nicht uneingeschränkt zugestimmt werden. Vielmehr kann dann der von der schweren Folge losgekoppelte Raufhandel eine Strafe gewährleisten, die dem verwirklichten Unrecht angemessen ist.

Nach ständiger Rechtsprechung sind die durch § 231 StGB geschützten Rechtsgüter zum einen das Leben, zum anderen, und zwar gleichrangig, das körperli-

[478] *Stree*, JuS 1962, 93 (94).

[479] Siehe Vierter Teil, C., V., 3., b).

che Wohl aller durch den Raufhandel gefährdeter Personen[480]. Dieser Schutz wird aber durch den geltenden § 231 StGB wegen der objektiven Bedingung der Strafbarkeit unnötig eingeschränkt. Einen umfassenden Schutz der körperlichen Integrität strebt wohl auch *Rengier* an[481]. Die Beschränkung des geltenden § 231 StGB auf die schweren Folgen Tod oder schwere Körperverletzung im Sinne des § 226 StGB hält er für nicht ausreichend. Vielmehr soll statt des Verweises auf § 226 StGB das Merkmal der „schweren Gesundheitsschädigung" Berücksichtigung finden. Dem ist zuzugeben, dass es fragwürdig erscheint, dann, wenn eine Folge nach § 226 StGB eintritt, mit der Strenge des § 231 StGB zu bestrafen, aber auf der anderen Seite Straflosigkeit anzunehmen, wenn es zu sonstigen schweren Verletzungen kommt (beispielsweise schwere Schädelverletzungen). Unter diesem Gesichtspunkt erscheint die gesetzgeberische Auswahl des § 226 StGB beinahe willkürlich, da § 231 StGB das körperliche Wohlbefinden umfassend schützen soll. Diese Problematik ist gelöst, wenn § 231 StGB auch die folgenlose Beteiligung an einer Schlägerei oder einem Angriff mehrerer sanktioniert.

b) Der Schlägereitatbestand im Rahmen der Hooligan-Szene

Im Zusammenhang mit Fußballspielen kommt es vermehrt zu Schlägereien, die für einzelne Beteiligte oft schwerste Verletzungen nach sich ziehen. Die so genannten Hooligans nehmen den sportlichen Wettkampf nur zum Anlass, um ihre Gewaltbereitschaft auszuleben[482].

Es ist in den letzten Jahren verstärkt zu beobachten, dass insbesondere in den Revierderbys einzelne Gruppierungen bewusst die Konfrontation mit den Fans der gegnerischen Mannschaft suchen. Hooligans geht es nicht darum, das Fußballspiel zu verfolgen; vielmehr suchen sie die Möglichkeit, ihre Bedürfnisse nach Spannung, Abenteuer und Risiko zu befriedigen. Dabei ist ein früher noch vorzufindender „Ehrenkodex", nachdem Opfer, die bereits am Boden liegen, als besiegt in Ruhe gelassen werden, wohl inzwischen aufgegeben worden. Mit höchster Brutalität wird auf schon „besiegte" Gegner weiter eingeschlagen oder -getreten.

Die körperlichen Auseinandersetzungen unter den Hooligans können geradezu als Paradebeispiel für die Verwirklichung des Schlägereitatbestandes dienen. Zunächst wird wohl häufig die erste Modalität erfüllt sein, trotzdem sollte in diesem Zusammenhang auch die Bedeutung der Angriffsmodalität nicht unter-

---

[480] BGHSt 33, 100 (104); so auch MüKo-*Hohmann*, § 231 Rn. 4.

[481] *Rengier*, ZStW 111 (1999), 1 (25 f.).

[482] Einen Überblick über die Kriminologie bei Hooligans liefert *Schwind*, § 28 Rn. 29 ff.

schätzt werden. Dies zeigt auf erschreckende Weise der am 21. Juni 1998 während der Fußballweltmeisterschaft stattgefundene Angriff auf den französischen Polizisten Daniel Nivel, welchem so stark mit einer Eisenstange auf den Kopf geschlagen wurde, dass sein Helm zerbrach und er mit schweren Kopfverletzungen ins Koma fiel. Durch diesen Übergriff eröffnet sich eine neuere Entwicklung in der Hooligan-Szene: Immer häufiger werden die Ordnungskräfte im und rund ums Fußballstadion attackiert. Die Polizisten werden als „dritte Kraft" angesehen, die es anzugreifen gilt.

Diesen erschreckenden Entwicklungen könnte ein umfassendes Schlägereiverbot durchaus wirkungsvoll begegnen. Wenn schon die Beteiligung an einer Hooligan-Auseinandersetzung bestraft wird, und nicht erst eine solche Beteiligung, die zu schwersten Verletzungen geführt hat, besteht die Hoffnung, dass die Zahl der Schlägereien rund um die Fußballstadien abnehmen werden.

c) Der Schlägereitatbestand im Rahmen der Ausländerkriminalität

Gloede schrieb in seiner Dissertation von 1967[483]: „...erklärt sich die Tradition der Wirtshausschlägerei – fast unvermeidliches Requisit ländlicher Kirmesfeste – als häufigste Erscheinungsform des Raufhandels". Obwohl auch heute noch häufig Schlägereien in Gaststätten und Diskotheken stattfinden, hat die bisherige Untersuchung ein anderes Feld für die Anwendung des § 231 StGB – und zwar in seiner zweiten Modalität entdeckt: Die steigende Gewaltbereitschaft von rechtsextremistischen Gruppierungen führt immer häufiger zu Übergriffen auf ausländische Bevölkerungsgruppen. Durch diese Tatsache veranlasst, sah sich der Gesetzgeber einem Novellierungsdruck ausgesetzt, der sich verdeutlicht hat am Verbrechensbekämpfungsgesetz von 1994, bei dem die Strafandrohung für Körperverletzungsdelikte angehoben wurde. Es muss also auch Aufgabe des Strafrechts sein, auf scheinbar rein gesellschaftliche Probleme wie Ausländerfeindlichkeit zu reagieren. In diesem Zusammenhang ist festzustellen, dass es neben den Molotowanschlägen in Hoyerswerda, Hünxe, Rostock-Lichtinghagen, Mölln und Solingen zu Beginn der 90er Jahre[484] immer wieder zu Verfolgungssituationen kommt. Dabei erzeugt die unmittelbare körperliche Auseinandersetzung bei den Rechtsradikalen das Gefühl, ihre Opfer „öffentlich besiegt" zu haben. Diese Bestätigung vermag dabei für die Täter befriedigender zu sein als der scheinbar anonyme Angriff mit geworfenen Molotowcocktails oder Steinen. Zudem zeigt man der Gruppe, der man selber angehört, dass man sich so sehr mit den Zielen der Gruppe identifiziert, dass man unmittelbare Gewalt anwendet. Das „Türken-Klatschen" wird zur Möglichkeit, sich Ansehen und Respekt

---

483 *Gloede*, Der Raufhandel (1967), S. 1.

484 Übersicht bei *Schwind*, Kriminologie, § 28 Rn. 28.

innerhalb der rechtsradikalen Organisation zu verschaffen. Auch der Beifall bestimmter Bevölkerungskreise, der mit Bedrohtheitsgefühlen und Fremdenangst (so genannte Xenophobie) zu tun hat, beziehungsweise damit, dass den Ausländern die Schuld für mangelnde Zukunftsperspektiven gegeben wird, dürfte bestätigend wirken und die Gewalttäter zur Wiederholung von Gewalttaten ermuntern. In diesem Zusammenhang kann man von einer Vollstreckermentalität sprechen, die die Täter zusätzlich motiviert. So jagte beispielsweise am 12. Mai 1994 eine Gruppe von alkoholisierten Skinheads zehn schwarzafrikanische Asylbewerber quer durch die Innenstadt von Magdeburg. Dabei brüllten sie ausländerfeindliche Parolen und schlugen auf ihre Opfer ein. Gerade in diesem auch gesellschaftspolitisch bedeutsamen Bereich kann eine erweiterte Raufhandelsvorschrift dazu beitragen, die Anzahl der tätlichen Übergriffe zu verringern.

d) Der Schlägereitatbestand im Rahmen der Bandenkriminalität

Der Bundesrat verweist in seiner Stellungnahme zur Beibehaltung des Schlägereitatbestandes auf zwei von einer großen Strafkammer behandelte Fälle, die prägnant auf Konstellationen aufmerksam machen, die typischerweise auch in heutiger Zeit auftreten können[485]. Zunächst ging es dabei um einen gewalttätigen Überfall auf einen Ausländer, bei dem dieser an den Folgen der Verletzungen verstarb. Fälle dieser Art und ihre kriminalpolitische Bedeutung sind vorstehend schon erörtert worden. Dass dies nicht der einzige aktuelle Anwendungsbereich des § 231 StGB ausmacht, zeigt der zweite vom Bundesrat geschilderte Fall. Dabei ging es um einen Bandenkrieg zwischen zwei konkurrierenden illegalen Zigarettenhändlerringen, in dessen Folge ein Mitglied durch den Schusswechsel zu Tode kam und weitere Personen, unter anderem unbeteiligte Passanten, verletzt oder erheblich gefährdet wurden. Das Phänomen des Bandenkriegs darf also auch in heutiger Zeit nicht unterschätzt werden. Auch hier ist einer – vom Erfordernis des Eintritts der schweren Folge losgekoppelten – Schlägereivorschrift ein kriminalpolitischer Nutzen zuzuschreiben.

e) Zusammenfassung

Falls die bloße Beteiligung an einem Raufhandel unter Strafe gestellt wird, ohne dass es zu Eintritt einer schweren Folge gekommen sein muss, ergeben sich enorme kriminalpolitische Vorteile.

§ 231 StGB ist ein Delikt, das Rechtsgüter der Allgemeinheit schützen soll. Geschützt werden muss dabei auch vor der Gefährdung durch letztendlich harmlose Schlägereien, bei denen es nur vom Zufall abhing, dass es nicht zum schweren

---

[485] BT-Drucks. 13/8587, S. 61.

Erfolgseintritt gekommen ist. Die Norm wird dann zu einem griffigen Auffangtatbestand. Zudem kann ein erweiterter § 231 StGB der Hooligan-, Ausländer- und Bandenkriminalität vorbeugen.

4. Nutzen dieser Lösung mit Blick auf die gerichtliche Praxis

Endlich kann die Streichung der schweren Folge aus § 231 StGB auch der gerichtlichen Praxis zugute kommen.

Das Erfordernis des Eintritts einer schweren Folge stellt bei materiell-wertender Betrachtung eine Strafbarkeitseinschränkung dar. Die Zahl der Raufereien ohne folgenschweren Ausgang dürfte deutlich höher anzusetzen sein als die Zahl derjenigen Schlägereien, die zu einer schweren Folge führen. So könnte man vordergründig denken, dass die Streichung der schweren Folge in der Praxis zu einem erhöhten Aufwand für die Strafverfolgungsbehörden führen könnte. Dem muss aber entgegengehalten werden, dass zumeist auch bei folgenlosen Schlägereien eine Strafbarkeit wegen der möglicherweise verwirklichten Körperverletzungsdelikte in Betracht kommt. Der Ermittlungsaufwand würde also wohl kaum erweitert werden, falls die schwere Folge im Rahmen des § 231 StGB wegfällt.

In diesem Zusammenhang darf natürlich nicht übersehen werden, dass die Verfolgung der in Frage kommenden Körperverletzungsdelikte einen Strafantrag voraussetzt. Somit könnte man wiederum von einem erhöhten Ermittlungsaufwand ausgehen. Dem ist aber zweierlei entgegenzuhalten. Erstens wird häufig ein Strafantrag gerade bei den Delikten, die die körperliche Unversehrtheit schützen, gestellt werden. Wird der einzelne Bürger in dieser Weise höchstpersönlich betroffen, wird das Bedürfnis nach Strafverfolgung des Täters wohl dazu führen, dass die Schwelle, sich an die Polizei zu wenden, überschritten wird. Zweitens darf aber auch nicht außer Acht gelassen werden, dass § 231 StGB ohne die schwere Folge gerade ein Auffangtatbestand sein soll. Der Strafverfolgung soll die Möglichkeit geboten werden, Schlägereien oder Angriffe mehrerer zu sanktionieren, ohne dass das Opfer eine schwere Folge erleidet oder einen Strafantrag stellt.

Die Ausgestaltung des § 231 StGB als Auffangtatbestand gibt den Gerichten einen mithin wünschenswerten größeren Spielraum an die Hand.

VI. Ergebnis

Die Streichung der schweren Folge aus dem Schlägereitatbestand begründet eine Vielzahl von dogmatischen, präventiven, kriminalpolitischen und praktischen Vorteilen.

Für die Anwendung des Raufhandelstatbestandes bringt die hier vorgeschlagene Lösung eine weitestgehende Klärung der schon seit langem umstrittenen Probleme. Insbesondere die vor- und nachzeitige Beteiligung lässt sich mit Hilfe des Grunddeliktes und der Erfolgsqualifikation leichter handhaben. Zudem korrespondiert mit der Neufassung die durchaus wünschenswerte Möglichkeit der Gerichte, § 231 StGB zu einem Auffangtatbestand für nicht beweisbare Körperverletzungen zu machen. Dabei werden dann auch – im Unterschied zur bisherigen Fassung – diejenigen Fälle erfasst, die zwar keine schwere Folge nach sich gezogen haben, bei denen es aber lediglich vom Zufall abhing, dass es nicht zu einem folgenschweren Ereignis gekommen ist. In diesem Zusammenhang kann ein neugefasster Schlägereitatbestand unter präventiven Gesichtspunkten dazu beitragen, der Öffentlichkeit, aber auch dem schon nach § 231 StGB Verurteilten die Erkenntnis zu eröffnen, welches Gefahrenpotential eine Schlägerei oder ein Angriff mehrerer in sich tragen.

D. Zusammenfassung

Der geltende Schlägereitatbestand ist erheblichen Bedenken verfassungsrechtlicher Art ausgesetzt. Bedenken, die Verstöße des § 231 StGB gegen das Schuldprinzip, Art. 3 GG und das Verhältnismäßigkeitsprinzip befürchten, lassen sich nicht lediglich mit Blick auf die beim Schlägereigeschehen oftmals auftretenden Beweisschwierigkeiten „vom Tisch wischen".

Wie *Hund* bereits in seiner Dissertation vorgeschlagen hat[486], könnte der Gesetzgeber die Vorschrift aufgrund der unabweisbaren verfassungsrechtlichen Bedenken schlicht streichen. Eine solche Streichung wäre kriminalpolitisch aber nicht ratsam: Die Umgestaltung in ein allgemeines Gefährdungsdelikt ohne das Erfordernis der besonderen Schlägereifolge würde der Vorschrift des § 231 StGB eine Bedeutung verleihen, die gerade mit Blick auf das Gefahrenpotential eines Raufhandels angemessen wäre.

Als Ergebnis der genaueren dogmatischen Untersuchung des § 231 StGB bleibt festzustellen, dass die mit der Vorschrift verbundenen erheblichen Schwierigkeiten vermieden werden können, wenn der Eintritt der schweren Folge aus dem

[486] *Hund*, Beteiligung an einer Schlägerei (1988), S. 132.

Tatbestand gestrichen wird. Ein Großteil der mit der Vorschrift verbundenen Rechtsprobleme könnte auf diesem Wege gelöst werden, da diese Probleme aus dem Erfordernis der schweren Folge resultieren. Zudem sprechen präventive, kriminalpolitische und praktische Erwägungen für die Streichung der besonderen Schlägereifolge.

Das Merkmal der schweren Folge sollte aber nicht vollständig aufgegeben werden. Es empfiehlt sich die Schaffung einer Erfolgsqualifikation, die von Vorsatz beziehungsweise Fahrlässigkeit umfasst ist.

Fünfter Teil: Schlussbetrachtung

Wie die Untersuchung gezeigt hat, ist § 231 StGB ein höchst komplexer und umstrittener Tatbestand, der Rechtsprechung und Literatur immer wieder beschäftigt.

Richtigerweise hat sich der Raufhandel von dem Präsumtionsgedanken des 18. Jahrhunderts entfernt und beinhaltet nunmehr den Gefährdungsgedanken, dass Schlägereien oder Angriffe mehrerer immer die Möglichkeit schwerster Verletzungen und der Eskalation der Auseinandersetzung implizieren.

Während *Rengier* § 231 StGB als Norm mit „Zufallscharakter" tituliert[487], bezeichnet *Günther* sie gar als „Fossil"[488]. Gerade mit Blick auf die dogmatischen Probleme ist die Kritik an der Vorschrift begründet. Schon die nähere Auseinandersetzung mit den dogmatischen Grundlagen löst keine Probleme, sondern offenbart die Schwierigkeiten, mit denen der Schlägereitatbestand einhergeht. Sowohl die Auslegung als abstraktes als auch die als konkretes Gefährdungsdelikt ist möglich und gut begründbar. Näher liegt es jedoch, beide Modalitäten – gerade mit Blick auf den eigenständigen Bedeutungsgehalt der Angriffsmodalität – selbständig nebeneinander zu stellen und dabei die Schlägereimodalität als abstraktes, die Angriffsmodalität als konkretes Gefährdungsdelikt zu behandeln.

Nach dem heutigen herrschenden Verständnis stellt der Raufhandelstatbestand ein abstraktes Gefährdungsdelikt dar, was konsequenterweise zur Folge hat, dass der Eintritt der schweren Folge als objektive Bedingung der Strafbarkeit nicht zum tatbestandlichen Unrecht gehört.

Allerdings erscheint es irritierend, mit den bloß „einfachen" Schlägern Nachsicht zu üben, und urplötzlich Strenge walten zu lassen, sobald ein besonders schwerwiegender Erfolg eingetreten ist. Deswegen sieht sich § 231 StGB Angriffen ausgesetzt, die einen Verstoß gegen das Schuldprinzip, aber auch gegen Art. 3 GG und das Verhältnismäßigkeitsprinzip annehmen.

Die enormen Auslegungsschwierigkeiten bei der Rechtsanwendung lassen eine Beibehaltung der bisherigen Vorschrift problematisch erscheinen. Die Abschaffung der Vorschrift ist hingegen aus kriminalpolitischen Gründen nicht vorteilhaft. Tatsächlich sollte der Blick darauf gerichtet werden, ein allgemeines Gefährdungsdelikt zu schaffen, welches einer schweren Folge nicht länger bedarf. So kann der Schlägereitatbestand als Auffangnorm für nicht nachweisbare Kör-

[487] *Rengier*, ZStW 111 (1999), 1 (25).

[488] *Günther*, JZ 1985, 585 (586).

perverletzungs- oder Tötungsdelikte genutzt werden. Schließlich darf nicht außer Acht gelassen werden, dass § 231 StGB in der richterlichen Praxis wesentlich einfacher zu handhaben ist, sofern man lediglich den Nachweis der bloßen Beteiligung erbringen muss, um eine Strafe auszusprechen.

Der Gesetzgeber ist deshalb aufgefordert, de lege ferenda § 231 StGB so zu gestalten, dass die mit der Vorschrift verbundenen dogmatischen und praktischen Probleme gelöst werden können.

Zum einen bedarf es der Schaffung eines allgemeinen Grundtatbestandes, der schon die bloße Beteiligung an einer Schlägerei unter Strafe stellt, ohne dass es zum Eintritt des Todes einer Person oder einer schweren Körperverletzung im Sinne des § 226 StGB gekommen ist. Zum anderen muss eine solche schwere Folge in Form einer Erfolgsqualifikation erfasst werden, für die als einschränkendes Kriterium zumindest Fahrlässigkeit vorliegen muss, § 18 StGB.

Käme es zu einer solchen wünschenswerten Neugestaltung des Schlägereitatbestandes, könnte man wesentlich treffender als bisher die eingangs erwähnte Formulierung verwenden: „Mitgerauft, mitbestraft.“

Sechster Teil: Gesetzesvorschlag

§ 231 Beteiligung an einer Schlägerei

(1) Wer sich an einer Schlägerei oder an einem von mehreren verübten Angriff beteiligt, wird mit Freiheitsstrafe bis zu einem Jahr oder mit Geldstrafe bestraft.

(2) Nach Absatz 1 ist nicht strafbar, wer an der Schlägerei oder dem Angriff beteiligt war, ohne dass ihm dies vorzuwerfen ist.

(3) Hat die Schlägerei oder der Angriff den Tod eines Menschen oder eine schwere Körperverletzung (§ 226) zur Folge, ist auf Freiheitsstrafe bis zu drei Jahren zu erkennen.

SCHRIFTEN ZUM STRAFRECHT UND STRAFPROZESSRECHT

Herausgegeben von Manfred Maiwald

Band 1 Christian-Peter Frees: Die steuerrechtliche Selbstanzeige. Zur kriminalpolitischen Zweckmäßigkeit des § 371 AO. 1991.

Band 2 Norbert Joachim: Der Hörensagenbeweis im Strafverfahren. 1991.

Band 3 Alfred A. Göbel: Die Einwilligung im Strafrecht als Ausprägung des Selbstbestimmungsrechts. 1991.

Band 4 Karl-Heinz Vehling: Die Abgrenzung von Vorbereitung und Versuch. 1991.

Band 5 Heiko Hartmut Lesch: Das Problem der sukzessiven Beihilfe. 1992.

Band 6 Dirk Schwerdtfeger: Besondere persönliche Unrechtsmerkmale. 1992.

Band 7 Stefan Göhring: Polizeiliche Kontrollstellen und Datenverarbeitung. § 163 d StPO und novellierte Polizeigesetze der Länder zwischen Strafverfolgung, Gefahrenabwehr und vorbeugender Straftatenbekämpfung. 1992.

Band 8 Werner Kemper: Horizontale Teilrechtskraft des Schuldspruchs und Bindungswirkung im tatrichterlichen Verfahren nach der Zurückverweisung. §§ 353, 354 Abs. 2 StPO. 1993.

Band 9 Ovvadias Namias: Die Zurechnung von Folgeschäden im Strafrecht. 1993.

Band 10 Jan Zopfs: Unfallflucht bei eindeutiger Haftungslage? Unverzüglichkeitsgebot und Wahlmöglichkeit in § 142 Abs. 2 und 3 StGB. 1993.

Band 11 Stefan Hiebl: Ausgewählte Probleme des Akteneinsichtsrechts nach § 147 StPO. 1994.

Band 12 Ralf Krack: List als Straftatbestandsmerkmal. Zugleich ein Beitrag zu Täuschung und Irrtum beim Betrug. 1994.

Band 13 Henning Radtke: Zur Systematik des Strafklageverbrauchs verfahrenserledigender Entscheidungen im Strafprozeß. 1994.

Band 14 Bernd J. A. Müssig: Schutz abstrakter Rechtsgüter und abstrakter Rechtsgüterschutz. Zu den materiellen Konstitutionskriterien sog. Universalrechtsgüter und deren normentheoretischem Fundament – am Beispiel der Rechtsgutsbestimmung für die §§ 129, 129a und 324 StGB. 1994.

Band 15 Heinz Koriath: Über Beweisverbote im Strafprozeß. 1994.

Band 16 Burkhard Niepoth: Der untaugliche Versuch beim unechten Unterlassungsdelikt. 1994.

Band 17 Karsten Altenhain: Die Strafbarkeit des Teilnehmers beim Exzeß. 1994.

Band 18 Ina Walbaum: Schuldspruch in der Revisionsinstanz nach freisprechendem Urteil des Tatgerichts. 1996.

Band 19 Birgit Dalbkermeyer: Der Schutz des Beschuldigten vor identifizierenden und tendenziösen Pressemitteilungen der Ermittlungsbehörden. 1994.

Band 20 Thomas Hackner: Der befangene Staatsanwalt im deutschen Strafverfahrensrecht. 1995.

Band 21 Hartmut Loritz: Kritische Betrachtungen zum Wert des strafprozessualen Zwischenverfahrens. 1996.

Band 22 Heinz-Hermann Berghof: Therapie und Strafe im Betäubungsmittelrecht. Recht und Wirklichkeit der Behandlung Drogenabhängiger unter besonderer Berücksichtigung der §§ 35 ff BtMG. 1995.

Band 23 Oliver Mertens: Strafprozessuale Grundrechtseingriffe und Bindung an den Wortsinn der ermächtigenden Norm. 1996.

Band 24 Sönke Bahnsen: Das Akteneinsichtsrecht der Verteidigung im Strafverfahren. Dogmatische Grundlagen und Einzelprobleme im Lichte einer rechtsstaatlichen Verfahrensgestaltung. 1996.

Band 25 Dirk Schwieger: Der Vorteilsbegriff in den Bestechungsdelikten des StGB. 1996.

Band 26 Stephanie Meinecke: Die Auswirkungen von Verfahrensfehlern auf die Strafbarkeit nach den Aussagedelikten. 1996.

Band 27 Ute Lambrecht: Strafrecht und Disziplinarrecht. Abhängigkeiten und Überschneidungen. 1997.

Band 28 Carsten Momsen: Verfahrensfehler und Rügeberechtigung im Strafprozeß. Die Strukturen der Revisionsberechtigung unter besonderer Berücksichtigung des Begriffs "Rechtsnormen, die lediglich zugunsten des Angeklagten gegeben sind" in § 339 StPO. 1997.

Band 29 Ursula Epp: Die Abgeordnetenbestechung – § 108 e StGB. 1997.

Band 30 Bernd Scheiff: Wann beginnt der Strafrechtsschutz gegen kriminelle Vereinigungen (§ 129 StGB)? 1997.

Band 31 Ulrike Fontaine: Max Grünhut (1893-1964). Leben und wissenschaftliches Wirken eines deutschen Strafrechtlers jüdischer Herkunft. 1998.

Band 32 Claudia Keiser: Das Kindeswohl im Strafverfahren. Zur Notwendigkeit eines am Kindeswohl orientierten Umgangs mit minderjährigen Opfern und Zeugen, den Möglichkeiten de lege lata und den Erfordernissen de lege ferenda. 1998.

Band 33 Wiebke Schürer-Mohr: Erlaubte Risiken. Grundfragen des "erlaubten Risikos" im Bereich der Fahrlässigkeitsdogmatik. 1998.

Band 34 Stephan Voigtel: Zum Freibeweis bei Entscheidungen der Strafvollstreckungskammer. Eine Untersuchung zu ausgewählten Fragen des Beweisrechts im gerichtlichen Verfahren in Strafvollstreckungs- und Strafvollzugssachen. 1998.

Band 35 Volkmar Wißgott: Das Beweisantragsrecht im Strafverfahren als Kompensation der richterlichen Inquisitionsmaxime. Die Judikatur des Reichsgerichts zum strafprozessualen Beweisrecht. 1998.

Band 36 Susanne Merz: Strafrechtlicher Ehrenschutz und Meinungsfreiheit. 1998.

Band 37 Uwe Schlömer: Der elektronisch überwachte Hausarrest. Eine Untersuchung der ausländischen Erfahrungen und der Anwendbarkeit in der Bundesrepublik Deutschland. 1998.

Band 38 Michael Liedke: Die Vermögensstrafe gemäß § 43a StGB in ihrer kriminalpolitischen Bedeutung. 1999.

Band 39 Danja Domeier: Gesundheitsschutz und Lebensmittelstrafrecht. Zur Konkretisierung der Verkehrspflichten und ihrer Strafbewehrung, insbesondere mit Blick auf §§ 8 ff. LMBG. 1999.

Band 40 Ritva Westendorf: Die Pflicht zur Verhinderung geplanter Straftaten durch Anzeige. Eine kritische Betrachtung der §§ 138, 139 StGB im Kontext der Unterlassungsdelikte. 1999.

Band 41 Hans Theile: Tatkonkretisierung und Gehilfenvorsatz. 1999.

Band 42 Nicole Lange: Vorermittlungen. Die Behandlung des staatsanwaltschaftlichen Vorermittlungsverfahrens unter besonderer Berücksichtigung von Abgeordneten, Politikern und Prominenten. 1999.

Band 43 Tanja Gunder: Der Umgang mit Kindern im Strafverfahren. Eine empirische Untersuchung zur Strafverfolgung bei Sexualdelinquenz. 1999.

Band 44 Sven-Markus Thiel: Die Konkurrenz von Rechtfertigungsgründen. 2000.

Band 45 Jan Schlüter: Die Strafbarkeit von Unternehmen in einer prozessualen Betrachtung nach dem geltenden Strafprozeßrecht. 2000.

Band 46 Detlef Heise: Der Insiderhandel an der Börse und dessen strafrechtliche Bedeutung. Eine Untersuchung des neuen deutschen Insiderrechts speziell unter Bezugnahme auf die strafrechtstheoretischen und strafrechtsdogmatischen Grundlagen. 2000.

Band 47 Hermann Wichmann: Das Berufsgeheimnis als Grenze des Zeugenbeweises. Ein Beitrag zur Lehre von den Beweisverboten. 2000.

Band 48 Rainer T. Cherkeh: Betrug (§ 263 StGB), verübt durch Doping im Sport. 2000.

Band 49 Kristian Hohn: Die Zulässigkeit materieller Beweiserleichterungen im Strafrecht. Eine Untersuchung über Erscheinungsformen und Grenzen der Lösung beweisrechtlicher Probleme im materiellen Strafrecht. 2000.

Band 50 Malte Rabe von Kühlewein: Der Richtervorbehalt im Polizei- und Strafprozeßrecht. 2001.

Band 51 Donata Meinecke: Die Gesetzgebungssystematik der Versuchsstrafbarkeit von Verbrechen und Vergehen im StGB. 2001.

Band 52 Joachim Bock: Begriff, Inhalt und Zulässigkeit der Beweislastumkehr im materiellen Strafrecht. 2001.

Band 53 Gabriele Rose: Grenzen der journalistischen Recherche im Strafrecht und Strafverfahrensrecht. 2001.

Band 54 Wiebke Reitemeier: Täuschungen vor Abschluß von Arbeitsverträgen. Zum Verhältnis zwischen dem Straftatbestand des Betrugs und dem Anfechtungsrecht wegen arglistiger Täuschung (§§ 263 Abs. 1 StGB, 123 Abs. 1 Alt. 1 BGB). 2001.

Band 55 Peter Rackow: Das DNA-Identitätsfeststellungsgesetz und seine Probleme. 2001.

Band 56 Frank Zschieschack: Geiselnahme und erpresserischer Menschenraub (§§ 239a, 239b StGB) im Zwei-Personen-Verhältnis. 2001.

Band 57 Natascha Sëyfi: Das Sicherungsverfahren (§§ 413 - 416 StPO). 2002.

Band 58 Dirk Seiler: Die *Sperrwirkung* im Strafrecht. 2002.

Band 59 Dorothee Sydow: Die actio libera in causa nach dem Rechtsprechungswandel des Bundesgerichtshofs. 2002.

Band 60 Inga Metrikat: Die Unterbringung in einer Entziehungsanstalt nach § 64 StGB – Eine Maßregel im Wandel? Eine vergleichende, empirische Untersuchung zur Entscheidung des Bundesverfassungsgerichts vom 16.03.1994, BVerfGE 91, 1 ff. 2002.

Band 61 Sabine Caroline Bechtoldt: Die Erledigungserklärung im Maßregelvollzug des § 63 StGB. Eine empirische Untersuchung der Erledigungserklärung und zugleich rechtsdogmatische Erörterung ihrer Rechtskraftproblematik. 2002.

Band 62 Sandra Schulte-Nover: Strafrichter in Deutschland und England. Ein systematischer Rechtsvergleich im Hinblick auf die richterlichen Kompetenzen im Strafverfahren. 2003.

Band 63 Tim Schurig: Belehrung und Beratung des Beschuldigten über sein Aussageverhalten. Eine gemeinsame Aufgabe von Gericht und Verteidigung? 2003.

Band 64 Markus Laski: Die strafrechtlichen Bezüge des Bundes-Bodenschutzgesetzes. 2003.

Band 65 Gunnar Lüer: Die Versäumung im Berufungsverfahren. Das strafprozessuale Anwesenheitsprinzip im Spannungsfeld von autonomer Subjektstellung und öffentlichen Interessen am Beispiel des § 329 Abs. 1,2 StPO. 2003.

Band 66 Thomas Grützner: Die Sanktionierung von Submissionsabsprachen. Eine Untersuchung der bestehenden Möglichkeiten einer Bekämpfung von Submissionsabsprachen unter besonderer Berücksichtigung des § 298 StGB. 2003.

Band 67 Bettina Noltenius: Kriterien der Abgrenzung von Anstiftung und mittelbarer Täterschaft. Ein Beitrag auf der Grundlage einer personalen Handlungslehre. 2003.

Band 68 Bettina Kraft: Tendenzen in der Entwicklung des Jugendstrafrechts seit der Jugendgerichtsbewegung. 2004.

Band 69 Jessica Däbritz: Die Bestimmung strafbaren fahrlässigen Verhaltens in der Forschung am Beispiel ärztlicher Humanerprobungen. Ein Beitrag zur methodischen Ermittlung und inhaltlichen Bestimmung von Sorgfaltspflichten in der Humanforschung. 2004.

Band 70 Maike Steenbock: Über die Unfallflucht als Straftat. Eine kritische Untersuchung zum Zusammenhang der Strafbarkeit der Unfallflucht mit den Besonderheiten des Straßenverkehrs. 2004.

Band 71 Holger Mann: Beschleunigungspotential im Jugendstrafverfahren. 2004.

Band 72 Dorothee Krutisch: Strafbarkeit des unberechtigten Zugangs zu Computerdaten und -systemen. 2004.

Band 73 Heinz-Helmut Fuhrmann: Das Begehen der Straftat gem. § 25 Abs. 1 StGB. Unter besonderer Berücksichtigung der sogenannten "eigenhändigen" Delikte. 2004.

Band 74 Gerwin M. Moldenhauer: Eine Verfahrensordnung für Absprachen im Strafverfahren durch den Bundesgerichtshof? 2004.

Band 75 Dirk Busch: Konzernuntreue. Eine Untersuchung spezifischer Untreuestrafbarkeit innerhalb von Konzernverbindungen mit Aktiengesellschaften und Gesellschaften mit beschränkter Haftung. 2004.

Band 76 Mitsuru Iijima: Die Entwicklung des strafrechtlichen Unrechtsbegriffs in Japan. Eine kritische Betrachtung aus strafrechtsdogmatischer und rechtsphilosophischer Perspektive. 2004.

Band 77 Lena Barbara Kötter: Private Elemente in der Strafvollstreckung. Zur Privatisierung von Bewährungshilfe, Gerichtshilfe und gemeinnütziger Arbeit. 2004.

Band 78 Martin Maria Laufen: Der Wucher (§ 291 Abs. 1 Satz 1 StGB). Systematische Einordnung und dogmatische Struktur. 2004.

Band 79 Maike Aselmann: Die Selbstbelastungs- und Verteidigungsfreiheit. Ein Beitrag zu den Garantiewirkungen von Verfahrensrechten im Hinblick auf die Beweiswürdigung, Strafzumessung und Strafbarkeit des Beschuldigten im Strafprozess. 2004.

Band 80 Ingmar Wolf: Graffiti als kriminologisches und strafrechtsdogmatisches Problem. 2004.

Band 81 Misuk Son: Straftatfolgen im deutschen und koreanischen Strafrecht. Ein prinzipieller Vergleich. 2004.

Band 82 Matthias Saal: Die Beteiligung an einer Schlägerei (§ 231 StGB). Ein Plädoyer für die Streichung der schweren Folge. 2005.

Heinz-Helmut Fuhrmann

Das Begehen der Straftat gem. § 25 Abs. 1 StGB

Unter besonderer Berücksichtigung der sogenannten „eigenhändigen" Delikte

Frankfurt am Main, Berlin, Bern, Bruxelles, New York, Oxford, Wien, 2004.
XX, 385 S.
Schriften zum Strafrecht und Strafprozeßrecht.
Herausgegeben von Manfred Maiwald. Bd. 73
ISBN 3-631-52339-4 · br. € 68.50*

Die Untersuchung hat die Begehungsformen der unmittelbaren und der mittelbaren Täterschaft zum Gegenstand; und zwar in ihrem Verhältnis zueinander sowie in ihrem Verhältnis zu den einzelnen Tatbeständen des Besonderen Teils des StGB. Der Autor kommt zu dem Ergebnis, dass der Figur der mittelbaren Täterschaft als Ausnahme gegenüber dem gesetzgeberischen „Normalfall" der unmittelbaren Täterschaft sowohl eine Funktion normativer Erfolgs- und Handlungszurechnung als auch – insoweit darüber hinausgehend – eine Funktion sprachlicher Klarstellung und semantischer Erweiterung der Handlungsmerkmale zukommt. Letztere findet ihren Ursprung und ihre Grenze am Gebot der Bestimmtheit der Tatbestände. Hiervon ausgehend analysiert der Verfasser die Frage der „nur-eigenhändigen" Begehbarkeit der Gruppe von Tatbeständen, die üblicherweise als „eigenhändige Delikte" bezeichnet werden. Er kommt zu dem Ergebnis, dass die „Eigenhändigkeit" eines Tatbestandes nicht selten erst aus – ggf. auch zufälligen – sprachlichen Wechselwirkungen einzelner Tatbestandsmerkmale und ihrer Beziehung zueinander folgt und in Einzelfällen sogar mitunter, je nach Sachverhaltsgestaltung, differenzierende Lösungen möglich sind.

Aus dem Inhalt: Täterschaftsformen · Unmittelbare und mittelbare Täterschaft · Eigenhändige Delikte

Frankfurt am Main · Berlin · Bern · Bruxelles · New York · Oxford · Wien
Auslieferung: Verlag Peter Lang AG
Moosstr. 1, CH-2542 Pieterlen
Telefax 00 41 (0) 32 / 376 17 27

*inklusive der in Deutschland gültigen Mehrwertsteuer
Preisänderungen vorbehalten

Homepage http://www.peterlang.de

FSC
www.fsc.org
MIX
Papier | Fördert gute Waldnutzung
FSC® C083411

Kolibri 360 GmbH
Ferdinand-Jühlke-Straße 7
99095 Erfurt, Deutschland
produktsicherheit@kolibri360.de

Druck:
CPI Druckdienstleistungen GmbH
im Auftrag der
Kolibri 360 GmbH
Ferdinand-Jühlke-Str. 7
99095 Erfurt